数字经济学
智能时代的创新理论

刘志毅 著

清华大学出版社
北京

内容简介

本书力求通过跨学科研究的方式探索智能经济时代数字经济运行的基本逻辑，通过融合复杂经济学、信息哲学、计算机科学、社会学、政治学等多个学科的思想，构建了价值网络理论、数字经济资本论及共识政治经济理论的核心知识体系，帮助读者建立理解信息科技和智能文明大格局的经济学视角的基本框架。

本书深入浅出，主要面向从事数字经济领域的专业工作者，包括企业、政府和智库中从事相关研究的人员，对于非该领域的专业人士也可以通过此书了解数字经济学这门新兴学科的现状，同时也可作为高校的教材或参考读物。

本书封面贴有清华大学出版社防伪标签，无标签者不得销售。
版权所有，侵权必究。举报：010-62782989，beiqinquan@tup.tsinghua.edu.cn。

图书在版编目（CIP）数据

数字经济学：智能时代的创新理论 / 刘志毅著 . —北京：清华大学出版社，2022.6
（2023.4重印）
ISBN 978-7-302-59858-9

Ⅰ.①数… Ⅱ.①刘… Ⅲ.①信息经济 Ⅳ.① F49

中国版本图书馆 CIP 数据核字（2022）第 003394 号

责任编辑：白立军　杨　帆
封面设计：刘　乾
责任校对：焦丽丽
责任印制：曹婉颖

出版发行：清华大学出版社
网　　址：http://www.tup.com.cn, http://www.wqbook.com
地　　址：北京清华大学学研大厦 A 座　　邮　编：100084
社 总 机：010-83470000　　邮　购：010-62786544
投稿与读者服务：010-62776969, c-service@tup.tsinghua.edu.cn
质量反馈：010-62772015, zhiliang@tup.tsinghua.edu.cn

印 装 者：三河市东方印刷有限公司
经　　销：全国新华书店
开　　本：148mm×210mm　　印　张：11.5　　字　数：286 千字
版　　次：2022 年 6 月第 1 版　　印　次：2023 年 4 月第 2 次印刷
定　　价：59.00 元

产品编号：092242-01

推荐语

数字经济的潮流,带来了社会结构的显著改变,也带来了社会组织与个人思维与行为方式的改变,并将催生新的理论。本书是这一层面的大胆尝试,其深邃洞察对深刻认知数字经济时代大有裨益。

——清华大学经济管理学院创新创业与战略系副教授、副系主任,
清华大学全球产业研究院副院长　李东红

人类早已进入数字经济或信息经济时代。数字经济时代与农耕经济和工业经济时代相比有许多完全不同的特征,如规模收益递增和锁定、赢者通吃、技术加速进步、去中心化、平台化,经济增长越来越少地依靠自然资源,越来越多地依靠知识、信息和智慧等。新古典经济学的基本理论假设和分析范式根本无法解释数字经济的这些划时代现象。我们需要新的经济学范式,需要从全新的角度去思考人的经济行为本质。这是令人激动的重大学术挑战,必将产生新的经济学理论。刘志毅的《数字经济学:智能时代的创新理论》做出了很有价值的思考,尤其是他开始从人性的本质角度来考察人的经济行为。这是一切经济学原理的基础。我相信这本书会刺激和激励更多人去研究数字经济时代的新现象和新规律,特此向年轻经济学者推荐刘志毅的《数字经济学:智能时代的创新理论》。

——中国人民大学国际货币研究所副所长,著名宏观经济学家
向　松

随着人工智能和区块链技术的发展,互联网的内涵发生了改变,我们已经进入数字经济发展的重要时期。本书围绕价值网络理论和共识政治经济理论来展开讨论数字经济,在当前互联网内涵变化以及政治经济秩序变革的大背景下,是一个非常及时、积极的探索。

——同济大学教授,英国工程与技术学会会士(IET Fellow),
IEEE 区块链全球社区联席主席　刘儿兀

数字经济时代刚刚被开启，此书已经在构建数字经济时代的数字经济学大厦。技术创新与市场转型仍是这个时代的主旋律。时代转换，人类认知亦有进步，传统经济理论和方法已很难解释和测度这些复杂经济现象。作者突破了传统经济学科界限，试图构建和形成一个复杂体系中的秩序与结构。

——对外经济贸易大学国际经贸学院教授、国际商务研究中心主任、
APEC跨境电子商务创新发展中心主任　王　健

本书基于数字时代复杂性科学的范式变迁，构建了数字时代的价值网络理论、资本理论和政治经济学理论，运思之宏大，跨学科之广博，都是近年来涌现出的诸多此类著作中所罕见的。

——中国信息经济学会信息社会研究所所长　王俊秀

作为青年经济学家，刘志毅尝试以一己之力，搭建数字经济学的宏伟大厦，实属勇气可嘉、学识可敬。对深入思考和领会数字经济学基本原理，本书提供了原创性的框架和有益的综合。

——跨界思想家，财讯传媒集团首席战略官，
苇草智酷创始合伙人　段永朝

青年经济学家刘志毅所著的《数字经济学：智能时代的创新理论》，以充沛的激情、远大的视角、渊博的知识，为我们呈现了一幅雄伟壮丽的数字经济学画卷。书中既有农业经济、工业经济回顾，又有平台经济、共享经济、加密经济穿越；既有主流经济学梳理，又有非主流经济学点缀；既有传统经济学思想发展，又有哲学、社会学、物理学、政治学等跨学科贯通。本书有经济学第四次大综合之势。

——中国企业家博士俱乐部副主席　杨运成

当下数字经济已成为全球发展之潮流大势。本书从基本学理层面，追本溯源，洞见深刻，纵横捭阖，建构宏大，堪为数字经济学基本原理。

——中国科学院大学数字经济与区块链研究中心执行主任　廖松强

人类正在经历一场从现实世界到数字世界，从原子到比特空前绝后的大迁

徙，人工智能开启了关系全人类命运的变革，其影响将超过任何一次工业革命，而自大航海时代以来建立的商业范式和经济学理论却仍在原有的框架下修修补补，亟待能适应数字经济的理论指导。数字经济学者刘志毅结合了数字化的特点，进行开创性的数字经济理论探索与创新，难能可贵，为学术界和工业界都提供了有益的理论参考和实践指引。

——原 SAP 硅谷创新中心首席数据科学家，复旦大学人工智能研究生课程客座讲师，第一财经"中国数据科学 50 人" 邬学宁

数字经济发展的社会实践证明：数字经济是一种新经济形态，工业经济发展所形成的理论和方法论不仅指导不了数字经济的发展，反而成为数字经济发展的羁绊。因此，数字经济发展亟须突破原有理论体系，建立新的理论架构。有了正确理论和方法论的指导，我们才能少走弯路，避免社会浪费。本书就是在新理论和新思想上具备重要学术价值的理论思考，值得向各位读者推荐。

——上海对外经贸大学人工智能与变革管理研究院副院长，中国开源工业 PaaS 协会秘书长 张国锋

数字经济作为一种新经济形态，有别于传统的实体经济和金融经济。作者以具有可读性和广泛性的方式给我们展示了数字经济学，以严谨的经济学思维探讨区块链、人工智能和互联网等新技术对经济要素、资本等的影响，探索出数字经济的框架，是作者对数字新经济形态的一次非常有意义的探索。

——贝尔实验室无线网络总监 沈 钢

作者分 4 个部分讨论数字经济学的内容，即信息世界的经济学、价值网络理论、数字经济资本论、共识政治经济理论。本书特别强调研究人们互相协作的行为及其影响，既要理解这些行为的动机及其背后的思想根源和社会共识，也要理解这些行为带来的人类协作制度及政治制度的变化。本书既是对传统经济学的深化和延伸，又是经济学、计算机科学、社会学、金融学、管理学、政治经济学、政治哲学等跨学科交叉融合的智慧结晶，建立起了一套逻辑自洽的、具备解释力的经济学框架。此为刘志毅老师极有意义和价值的探索。书中既有对已有知识的梳理，又有新知识的生产，读来让人深感耳目一新，开卷有益。

——南京大学副教授，斯坦福大学金融工程及统计学博士 丁晓蔚

哥白尼革命、达尔文革命、计算机革命、信息革命……我们谈起科学或技术，总是冠以革命已经不足为奇。几乎科学技术领域里的每次大的变化，我们都称之为革命性的变化，或者新技术浪潮。从互联网浪潮到区块链技术，乃至包括人工智能、大数据、物联网、量子技术等集合在内的科技创新浪潮，我们人类都不可避免地进入了一个数字经济的时代。但与这个时代的前进步伐相比，关于数字经济的思想启蒙、理论研究的成果还相对滞后。即使有，也多数集中在某一垂直领域的研究或者是宽泛之作，极少涉及整个数字经济的理论研究和思想体系。

正如科学是通过一系列的革命而进步的一样，数字经济学也是通过一系列的技术实现、思想研究以及百家争鸣而具有磅礴生命力的。万物生长，共享丰盛，我很荣幸向读者们推荐此部佳作。

——财经作家，荣格财经发起人和总编辑，区块链思想者四十人论坛
发起人　赵洪伟

序一

勇闯新经济理论的汪洋大海

在阅读了青年经济学家刘志毅的新作《数字经济学：智能时代的创新理论》以后，第一个感受就是被作者的勇气所感动。作为最容易引起争议的学术领域之一，经济科学从来就是是非和纷争最多的地方。正如哲人早已指出的，经济学的研究对象——财富的创造与分配，注定会把人的自私之心召唤出来，从而似乎很难摆脱利益之争和门户之见，进行客观的、科学的研究和讨论。没有足够的勇气和必要的思想准备，是不敢迈过这道门槛的。

近几十年来，人类社会和科学技术经历了而且继续经历着令人眼花缭乱、目不暇接的巨大变革。这种现状更加剧了人们对于经济现象和经济规律的关注。毫无疑问，这早已超出了纯学术的研究范畴，而确实是出于迫在眉睫的、实实在在的生存和切身利益的驱使。在这样的大背景下，经济领域的百家争鸣局面显然是预料之中且必然发生的事情。粗略地浏览一下文献，冠以"某某经济""某某经济学"的名词不下几十个。就拿作者所使用的"数字经济"或"数字经济学"来说，也可以举出众多不同的诠释和解读，导致各种各样说不明白的争论和冲突。这种情况虽然是有一定道理的，也是可以理解的，但是，也必定会导致人们无所适从，产生概念疲劳。在这种情况下，进入这种研究和讨论，必需的准备就是接受批评和陷入争论。对此确实是需要有勇气的，我相信作者是有这样的准备的。

那么，对于有志于经济研究的人来说，应当怎样办呢？说得再具体一点，今天需要怎样的研究态度和研究方法呢？我认为，应该老老实实地承认，经济是一个典型的复杂系统，必然存在着不同的视角和不同的研究切入点，它们都是对的，都有其合理性和必要性。我们不能指望一下子建立一个包罗万象的、统一的、全新的经济理论体系。建设性的态度应该是超越概念和名词的纠缠，深入现实的经济生活，研究新现象、新事物，在理论和实践两方面进行探索。

理论探索是寻找新的规律和视角、新的思想火花；实践探索是为迫切的现实议题提供解决方案，包括政策议题和管理议题。用经济学的概念来讲，这两方面是分工合作的关系，理念探索为回答实践探索提供思路，实践探索为理念探索提供案例。可喜的是，刘志毅的这本书，在这两方面都提供了他的思考和探索。

作者在书中讨论了一系列基础性的、经济领域的根本性议题，包括从信息技术的深刻影响、网络中的价值创造、货币和资本的意义及作用，直到社会公平和正义等。作者大胆地提出了自己的思考和回答，很值得同行关注和研究，在这里不详细展开讨论。

就我本人比较熟悉的信息经济学和复杂经济学来说，我感到他对布莱恩·阿瑟（Brian Arthur）的复杂经济学的观点和技术创新的作用进行了比较深入的学习和分析，有意识地运用了复杂经济学的理念，我是十分赞成的。而且值得注意的是，这种分析是建立在最新的技术进步之上的，其中最值得称道的就是关于区块链的讨论。作者从价值创造和网络的角度，对近年来讨论得十分热烈的区块链进行了深入的分析。这恰恰就是现代系统科学和复杂性研究一再强调的基本理念——"一加一大于二"。传统的经济理论囿于"一加一等于二"的思想束缚，纠缠于劳动价值论和边际价值论的非此即彼的悖论中。显然，正如姜奇平教授在《网络经济》一书中强调的，网络恰恰就把"一加一大于二"具体化了，回答了价值究竟是如何创造出来的这个问题。本书作者刘志毅把这一点进一步深入区块链的具体作用上，使我们对于价值创造这个问题有了新的理解和切入点。

由此我进一步联想到经济科学的社会作用问题。除了作为一门科学之外，经济科学的社会作用近年来也引起社会的广泛关注。2008年美国"次贷危机"之后，美国发生了"占领华尔街"的运动，著名经济学家约瑟夫·斯蒂格利茨（Joseph E. Stiglitz）为此写了一本书——《不平等的代价》，从经济学的角度分析了这一事件。由此可以进一步提问：经济学对于社会究竟应该发挥什么作用？我想，大概可以有三点：为政策制定者提供依据，为管理者提供思路，为社会公众提供保证社会和谐的共识。作者在第四部分提到了共识的问题，令人深思。任何社会的基础都是对于社会秩序的基础的共识，包括对于分工合作的认识、对于社会和个人关系的认识、对于公平和平等的理解等。这里值得讨论和研究的问题很多。例如在复杂的层次结构中，局部和整体的关系问题。按照赫伯特·西蒙（Herbert A. Simon）的提法，典型的复杂系统常常具有可分解的层次结构（见《人工科学》一书）。在这样的系统中，每个层次对于下一个层次来说是整体，而对于上一个层次来说则是局部。没有绝对的整体和局部。局部利益和整体利益既有联系又有冲突，这是普遍规律。要实现人类社会的和谐、平稳、可持续发展，就要有基本的共识。而从根本上讲，正是经济科学应当担负起构建这种共识的责任。

陈　禹
中国人民大学信息学院教授、博士生导师，
兼任经济科学实验室主任、中国信息经济学会理事长；
曾任中国人民大学信息系系主任、信息学院院长等职务；
2018年获中国信息经济学会颁发的"中国信息经济学终身成就奖"

序二

数字经济、数字化和数字经济学

何谓数字经济？通常的定义是基于计算机和互联网的经济。所以，数字经济又称互联网经济或者新经济。20世纪90年代中后期，数字经济开始进入人们的视野。1995年，全球著名的新经济学家唐·塔普斯科特（Don Tapscott）出版被公认为关于数字经济的第一本著作《数据时代的经济学：对网络智能时代机遇和风险的再思考》(The Digital Economy: Promise and Peril in the Age of Networked Intelligence)，直指数字经济的核心问题。至少从这本书开始，唐·塔普斯科特被誉为"数字经济之父"。

从20世纪90年代中期开始，四分之一世纪已过去。如今，数字经济的概念深入人心，数字经济已经成为全球经济发展的主要支撑，其绝对值和在GDP中的比重迅速上升。根据中国信息通信研究院于2021年发布的《中国数字经济发展白皮书》，2020年中国数字经济规模达到39.2万亿元，占GDP比重为38.6%，居世界第二位；增速同比上升9.7%，位居全球第一，是同期GDP名义增速的3.2倍多，标志着数字经济产业已成为中国经济稳定增长的重要引擎。不仅如此，数字经济正在与前沿科学技术紧密结合，包括区块链、数据分析、云计算、人工智能、增材制造、物联网，日益显现其巨大的生命能量，全方位地影响联合国可持续发展目标（Sustainable Development Goals, SDGs）的制定。

如果对数字经济加以深入观察与思考，不难发现，数字经济还改变了传统经济的生产要素、生产过程、市场竞争和垄断模式、产业结构和经济周期，还有世界财富分配规则。

因为数字经济的兴起，数字经济和数字技术交互作用导致了"数字化浪潮"。在这个浪潮下，人类迄今为止的人文和思想受到前所未有的冲击，经济学首当其冲；经济、政治、社会和文化秩序也因此而发生动摇。所以，数字化酝酿的人类文明的转型大幕已经悄然拉开。

正是在这样的背景下，刘志毅的《数字经济学：智能时代的创新理论》的撰写和出版就具有强烈的时代意义。这本书的价值所在包括如下几点：其一，提出数字经济学的若干理论假设；其二，解析数字经济和数字经济学的历史逻辑；其三，构建数字经济学的框架；其四，探讨数字经济学的思想和哲学基础。

刘志毅的《数字经济学：智能时代的创新理论》还有一个特点，那就是最大限度地覆盖了关于数字经济学作为经济学所不可回避的基本问题：数字经济学的价值理论、产权理论、资本理论、货币理论、价格理论、增长理论、均衡理论、创新理论、公共选择理论和信息理论；进而，扩展到数字经济学与古典经济学、奥地利经济学、制度经济学、算法理论、价值网络理论，甚至社会学和复杂科学的比较研究。所以，刘志毅的《数字经济学：智能时代的创新理论》展现了他宽阔的学术视野。没有这样的学术视野，踏入数字经济学领域几乎是不可想象的。这是因为，数字经济学与传统经济学存在不可分割的关系，数字经济学势必跨越人文科学和技术科学。所以，刘志毅在本书的最后部分阐述数字经济学是经济学的范式转换的观点是正确的。

本书不局限于理论与学术，正如作者在前言所写：本书有"帮助企业家和创新者在未来的数字世界的发展过程中建立一种更加深刻和宏大的格局，也建立一种更加具备实践价值的方法论"的使命，所谓实现"新时代的商业启蒙"。

2020年是数字经济的第四个十年伊始。没有任何悬念，数字经济在其第四个十年间将会爆炸式增长。联合国贸易和发展会议（UNCTAD）的《2019年数字经济报告》中提供了关于全球互联网交通指标：2002年每秒是100GB，2007年每秒2000GB，2017年每秒46000GB，而到了2022年，每秒则将达到150700GB，是2017年的3倍多。

数字经济的发展和趋势，最终影响着数字经济学的拓展和成熟。对此，刘志毅有着清醒的认知，这本《数字经济学：智能时代的创新理论》仅仅是数字经济发展史中的早期成果。而继续下去，需要相当的使命感，刘志毅在本书的前言中写道："希冀在有生之年能够尽我所能地推动这个领域的成果探索，这也算是我短暂一生中的小小使命所在。"我期待，更多的读者也会期待。

最后，特别要说，本书的关键词"信息、秩序、价值与共识"，确实触及了数字经济和数字经济学的深层结构，而且是支撑数字时代的核心要素。

朱嘉明
数字资产研究院学术与技术委员会主任

序三

数字经济领域需要新思想

根据2021年1月18日中国国家统计局公布的2020年经济发展数据,其中,GDP 101.6万亿元,同比增长2.3%,这是中国GDP首次超越100万亿元大关。在疫情肆虐的情况下,中国经济复苏强劲,成为全球唯一实现经济正增长的主要经济体,且增长率超过路透调查预估中值(2.1%),以及国际货币基金组织(International Monetary Fund,IMF)的最新预测(1.9%)。随着全球经济和政治格局的变化,如何在新时代解放思想和创造具备全球化视野和原创性思维的理论就成为中国学者的责任和义务。数字经济学者刘志毅的这本《数字经济学:智能时代的创新理论》,就是在这个领域富有创新性的工作。接下来我结合自己在数字经济方面的研究,从三方面讨论这本书的价值及其理论创新。

首先看到的是整本书中要解决的问题,是数字经济时代的经济学奠基理论,也就是针对新的经济现象如何构建对基本经济学问题的系统思考。《数字经济学:智能时代的创新理论》一书看到了在数字经济领域,缺乏一个系统性的、基础性的经济学理论体系,因此提出了数字经济学理论来思考和解决这个问题。作为学术界工作多年的研究者,看到年轻的经济学家能够有这样的勇气尝试基础理论的研究,是深感欣慰的。也是因为这个缘由,才邀请了这名年轻的研究者加入我的团队来共同推动原创性的理论的研究工作。

其次,我在《数字经济学:智能时代的创新理论》一书看到的最大价值点有三个:一是尝试重构数字经济领域的经济学思想脉络,书中通过价值网络理论、数字经济资本论和共识政治经济理论三部分的内容系统性地探讨了数字经济学的学科基础和基本框架。二是书中通过跨学科的研究来理解数字经济领域的基本问题。作为经济学领域的专著,《数字经济学:智能时代的创新理论》一书中引入了计算机科学、社会学、政治哲学、物理学、生物学等学科理论来探索新的经济现象,这一点难能可贵。三是本书所探讨问题的宽广范围与创新见解令人印象深刻,书中不仅讨论了常见经济学理论中的增长理论、价值理论以及货币理论等问题,还涉及技术创新与管理、制度经济与产权理论等非主流经济学问题,甚至讨论了政治经济学中的社会正义思想等,因此从创新思考角度来看,本书也提出了很好的问题以及独特的思想。

最后从数字经济发展及金融科技创新角度来看,区块链技术是金融科技创新中极具代表性的,也是目前信息技术中可能对未来整个金融秩序和经济发展影响最大的基础性技术之一。近几年来我陆续出版了《互联网+金融=众筹金融》《链金有法:区块链商业实践与法律指南》《区块链+监管=法链(RegChain)》等一系列的著作。研究了区块链在商业中的应用和相应的监管问题,指出区块链通过加密技术所形成的分布式数据库提供了可靠、透明、安全和可追溯的新网络措施,从而带来了金融监管和金融制度的挑战,并从法律和社会角度深入探讨区块链、数字经济与数字文明之间的关系。区块链带来的是生产关系领域的创新,也推动了交易规则的重构。我在贵阳、娄底等地辅助地方政府落地区块链实践,包括基于区块链的交易所,还提出了共票经济理论,指出基于区块链的新型数字权益证明(即共票)能够建立数据的确权、定价、交易的机制;具有开放、平等、共享、去中心化、去媒介等普惠属性。在区块链技术的支持下,真正实现还"数权"于民,实现价值更为公平合理的分配。未来还计划在英国出版 Blockchain and Coken Economics: New Economic Era,对此进行专门论述,而在这本《数字经济学:智能时代的创新理论》一书中,刘志毅从经济学角度讨论了区块链技术带来的影响和变革,不仅阐述了区块链技术自身的经济学基本思考,更深层次的是提出了数字技术和数字文明下经济学的基本思想的变化,让读者能够建立一整套理解数字经济发展的理论框架。难能可贵的是,作为一本提出新经济学理论的书籍,书中对西方经济学发展过程中的思想演变和理论探讨,尤其是前沿经济学思想理论研究也颇有涉猎。一个理论不仅仅要有创新和开拓,也要有继承和发展,《数字经济学:智能时代的创新理论》在数字经济领域的理论贡献是,为数字经济领域的经济学研究提出了新思想和新框架,也为未来的创新创业者们提供了新的思路。

随着数字经济的不断发展,数字技术和围绕着数字领域的创新在中国的社会主义实践中起到了越来越重要的作用。尤其是随着区块链、人工智能、物联网等新技术的不断落地,新的基于数字经济的经济秩序和内在逻辑已经在发生变化。在这个时代背景下,如何推动既有学术价值又有实践意义的原创理论的发展,这是我们面临的新挑战。刘志毅的《数字经济学:智能时代的创新理论》,亦是在这个领域上进行的思考和研究。我相信随着有价值的基础理论的创新和研究被越来越认可,会推动更多的研究者、企业家及其他有识之士用新思想来拓展新的领域。而正是因为有《数字经济学:智能时代的创新理论》这样的兼具广度和创新性的理论思考,才让我们对未来中国的学术发展充满信心,也相信这样的理论研究能够对我国的数字经济发展贡献重要的价值。

杨 东

中国人民大学教授、博士生导师,"共票经济理论"提出者;

曾任中国人民大学法学院副院长,

大数据区块链与监管科技实验室主任,

互联网与信息法律研究所执行所长;

现任中国人民大学区块链研究院执行院长

前言

从全球金融资本主义到数字经济启蒙

对于世界经济来说，2020 年是一个非常特别的时间，世界经济、贸易和投资显著衰退。受新冠肺炎疫情影响，2020 年全球经济遭遇了 20 世纪 30 年代大萧条以来的最严重衰退。

一方面全球经济正在经历着由于收入增长乏力和收入分配问题带来的低经济增长状态，并且其影响已经从经济领域扩散到了政治和社会领域。从 2008 年以来的全球金融危机非但没有彻底结束，反倒是导致了世界政治形势的内在逻辑的演变。可以说，全球经济并没有因为十年前的金融危机的阶段性结束而复苏，反倒是推动了逆全球化浪潮的不断升温以及长期化的贸易战争的发生。另一方面，中国进入了改革开放四十年的重大历史时期，国内外的经济形势也经历了很大的变化。中国过去十年从世界第三大出口大国成为全球第一大出口国，与此同时中国正在改变过去十年通过大幅度的增加杠杆促进经济发展的方式，从追求高速增长转变为高质量发展。政府推动去杠杆防范系统性金融风险、精准扶贫及改善生态环境等政策的实施，都是基于提升整个经济发展的质量，改变过去十年依赖出口和房地产拉动的经济模式，通过去产能和结构转型来实现经济增长的内在逻辑。简而言之，以 GDP 为唯一导向的经济发展逻辑正在退出历史舞台，中国经济正在经历着从高速增长到高质量发展的转型。

在这样的背景下，一个重要趋势是新经济尤其是数字经济的发展正在成为越来越重要的经济现象。工业经济加速向数字经济过渡，整个人类文明正在转向数字化世界。数字经济成为了继农业经济、工业经济之后一种新的经济社会发展形态，不仅仅是各个国家经济转型的主要驱动力，也成为新一轮产业竞争的制高点。从全球角度来看，作为数字经济规模全球第二的国家，中国的数字经济年复合增长率为 25.1%，大约是美国、日本和英国数字年复合经济增长率的 3 倍。而随着人工智能、云计算、区块链以及物联网等技术的发展，数字经济不仅推动了新的生产要素和基础设施的建构,也推动了整个人类社会向着智能时代转向。事实上,过去20年中国的数字经济是以互联网为核心在发展的,而随着区块链等技术的发展,信息互联网正在转变为价值互联网,数字经济发展的内在逻辑也在变化,从关注"商业模式创新"到关注"生产关系变革",这是接下来数字经济发展的重要变化。

简而言之,数字经济正在成为独立于实体经济和金融经济(虚拟经济)的一个重要领域,同时也发挥着为实体经济赋能以及通过金融科技改变传统金融格局的重要作用。作为数字经济学者和技术思想者,我在撰写完数字经济思想史专著《起源:从图灵测试到区块链共识》之后,也将研究重点从技术思想转向了数字经济对于社会和经济发展影响的思考,并将所有相关成果放在了"数字经济学"这样一门原创性的经济学子学科的框架里进行研究,以期提供一种新的思考范式来理解数字经济领域的现象。接下来,从三个角度探讨我对数字经济学这门学科的诞生背景和思考逻辑的看法,同时也希望通过这些介绍让读者对全书的内容框架和思想土壤建立初步的认知。

全球金融资本主义

2008年爆发的金融危机是第二次世界大战之后全球经济第一次真正意义上的全球性金融危机,正如美国联邦储备委员会(简称美联储)前主席格林斯潘所说,这是"百年仅见的金融危机",甚至是"人类历史上最严峻的金融危机"。他说:"尽管20世纪30年代导致了全球经济活动更大范围的崩溃,然而2008年金融海啸期间,全球范围内短期金融市场几乎瞬间崩溃和倒闭,却是史无前例的惊人现象。短期金融市场正是所有商业活动赖以运转的血液循环和神经中枢系统。"2008年的金融危机向所有对现代资本主义发展过度乐观的人们揭示了残酷的真相:世界经济的结构性问题难以根治,现有的一切宏观经济政策都已经失效。随着经济增速的急速下降以及失业率的上升,金融危机不仅仅带来了实体经济的萎缩,也带来了各国中央银行不顾一切地施行量化宽松的货币政策(虽然收效甚微),也就是说全球金融危机让所有人都开始意识到:现有的经济制度安排出现了问题,而所有人对这个问题几乎都束手无策。

从根本上来说,现在全球经济的问题实际上是全球金融资本主义所酝酿的危机的爆发，与此同时也是全球经济体系的新形式的体现。一方面是自20世纪70年代以来全球化的发展促使人类经济从国别经济转向全球经济，导致了以跨国公司为主体的经济生态逐渐形成。而这样的生态使得经济危机一旦爆发就会通过经济网络迅速扩散到每个国家的实体中，带来了金融危机的扩大化。另一方面，是资本主义制度进入了全球资本主义的时代，也就是以全球性的货币和信用创造为核心的时代。在这个时代，货币市场和金融市场代替了实体经济成为了经济的主体。在以美元本位制为主导的国际货币体系下，全球货币和金融市场逐渐形成了高度统一的市场机制，各国的经济无论是货币供应、通胀水平、国际贸易还是货币政策都深受美元以及美联储为代表的金融政策的影响。因此，就形成了一个全球化的金融资本主义现象。

全球金融资本主义带来的最大变化就是全球经济的"脱实向虚"现象，主要包括以下三方面：

第一，以货币市场、债券市场和股票市场为代表的金融市场成为支配全球经济体系最重要的市场。资本主义从商品资本主义、产业资本主义转向金融资本主义，带来了风险投资机制、股权激励机制以及资产证券化等金融创新工具，同时也带来了信息科技的发展和全球数字化的新时代。尤其是货币作为一般等价物的特殊商品，变成了以"纸币"甚至"数字货币"为载体的信用符号，自从布雷顿森林体系解体之后，以美元为代表的货币信用的扩张带来了全球经济向金融资本主义转型，金融市场演化成为了一个复杂多样，以及影响全球产业分工和贸易体系的最重要的市场。

第二，三大关键价格信号决定了每个国家的资源配置、经济结构和收入分配。这三大关键价格信号就是利率、汇率和资产价格，也是全球金融资本主义的基本变量。三大关键价格信号不仅完全脱离了实体经济的基本面，也脱离了主权国家的宏观政策影响，导致各国政府和中央银行的货币政策和财政政策的乏力，同时也导致了全球经济体系存在结构性的不稳定性和不确定性。尤其是随着金融工程和金融创新的发展，金融衍生品的市场发行和交易成为全球经济中的一种超过实体经济数十倍规模的交易市场，导致2008年的金融危机以及随之而来的全球性的贸易保守化趋势。

第三，创新能力成为企业最重要的能力，而通过创新为股东创造价值成为全球金融资本主义时代企业的主要任务。全球金融资本主义的发展，推动了以硅谷为代表的创新企业的诞生，也带动了以市盈率、股东价值和企业市值为核心的创新文化的发展。因此这样的激励机制重塑了全球产业模式和产业分工体系，也成为全球数字化经济发展的现实制度基础。

正因为以上特质，全球金融资本主义衍生出了一个动态演化、非均衡、非线性的复杂体系，而以封闭经济体系为研究对象的主流经济学难以揭示全球金融资本主义的运行规律和内在矛盾。由于全球金融资本主义是一个真正开放的经济体系，而任何一个国家和地区经济都被迫卷入了这个开放体系中。由于现有的理论都是封闭经济模型下成立的理论，因此现有理论在全球开放经济条件下会部分或者全部失效。一方面，新的经济现象导致了现代经济学的核心理论丧失了其解释力，如均衡价格理论对金融资产价格的解释就相对乏力，传统的市场理论对投资性生产要素的市场也缺乏洞察。另一方面，新的经济学理论框架的需求和相关的理论探讨不断产生，尤其是在数字经济研究领域需要解决新的经济现象，如区块链和人工智能带来的经济要素的重新配置、资本理论的重新梳理以及传统企业理论框架的有限性等。

新的经济现象需要学者们开始基于这样的新的经济生态来重新思考经济学，思考人类经济在全球金融资本主义下的解决之道，建立一种不同于传统经济学的理论框架和范式，这是数字经济学诞生的重要背景。这里面尤其要提到的是，全球金融资本主义产生的背后的逻辑就是西方自启蒙运动以来的进步主义精神。西方的唯理论和经验论的哲学思想奠定了整个西方主流经济学的思想，当代西方主流经济学基本上也是沿着西尼尔—穆勒—凯恩斯的科学主义取向的传统，换言之，西方哲科思维奠定了现代经济学的基础。那么，当西方的进步主义思想和工具主义思想推动整个人类文明朝着全球金融资本主义的巨浪一路狂飙的时候，我们是否应该回到东方的哲学思想和人文关怀理念中，重新思考数字经济时代的基本哲学理念。

数字经济的新时代

全球金融资本主义不仅带来了全球经济的"脱实向虚"，与此同时也奠定了数字经济发展的制度基础和创新土壤。正是全球金融资本所带来的风险投资、创业板（以纳斯达克为代表）以及股权激励等机制，使得数字经济逐渐成为全球新一轮产业竞争的制高点，也成为全球经济发展的新思路。正如经济学家周其仁所说，"当今的数字和数字化，直接进入消费和交换，更重要的是直接进入生产过程，极其深刻地改变了所有经济社会活动。"数字经济并不只是产业的数字化或者数字的产业化，而是代表了一种抽象的数字文化，以及数字技术带给整个人类经济的内在发展逻辑和结构性的变化，对中国经济来说，从资源驱动转向依赖知识驱动与技术驱动的关键就是对数字经济的重视。具体来说，数字经济所塑造的新的经济生态有以下三方面的特征：

第一，数字化的知识和信息成为最核心的生产要素，尤其是随着人工智能的发展，我们可以预期到未来数十年现有的社会分工会被大规模改造，而如何通过数字化的知识和信息帮助人们获得新的技能是关键。

回顾历史上的两次工业革命带来的变化：18世纪60年代到19世纪50年代左右，第一次工业革命从英格兰中部地区扩散到整个欧洲大陆，然后影响了北美地区。在这段时间，人类生产逐渐转向新的制造过程，出现了以机器取代人力的趋势，以大规模的工厂生产取代个体工场手工生产的一场生产与科技革命。由于机器的发明及运用成为了这个时代的标志，因此历史学家称这一时期为机器时代，而机器成为了这一时期最重要的生产要素。19世纪下半叶发生的第二次工业革命的特质是"电气化"，随着社会化大生产以及产业资本主义的发展，企业家成为一个新的群体，同时也成为最重要的生产要素。产业资本主义时代产生了现代股份制有限公司、现代股票市场、现代商业银行和投资银行等金融创新，资本的所有权和经营权产生了分离，现代公司制度也随之产生。

20世纪80年代开始随着信息技术的发展，以无线通信、计算机和互联网为代表的第三次工业革命带来了人类产业革命的新时代，同时也带来了一系列金融制度的创新，如风险投资、私募股权、对冲基金等。以云计算、人工智能、区块链等技术为代表的新一轮科技革命成为这个时代经济发展的底座，同时以资产证券化和风险投资为代表的金融工具也正在将所有外部事物转化为可以交易的资产。在这一进程中，最大的变化就是人们获取知识和认知世界的能力被大大扩展，信息和数据成为数字经济时代最核心的生产要素，正如《二十国集团数字经济发展与合作倡议》中指出："数字化的知识和信息作为关键生产要素。"人类社会正在跑步进入数字经济时代，对每个个体来说也进入了一个终身学习成长和新的知识信息大爆炸的时代。

信息和知识带来了知识的爆炸，信息经济的发展挑战了传统的经济学思想。正如诺贝尔经济学奖获得者詹姆斯·布坎南（James M. Buchanan）所说："现代经济学已经迷失了救世的激情和公平的梦想。"我们需要新的经济学来讨论数字经济尤其是信息发展的底层逻辑。其中最重要的思考之一就在过去两百年间关于西方经济学理论中"看不见的手"和"利己之心能够产生利他之果"的悖论的思考，数字经济是建立于共享特质而不是资源稀缺的假设的，因此如何建立基于互利的经济学思想，这是研究数字经济学的一个重要挑战。

第二，数字技术成为生产力和生产关系变革的关键，这里尤其要提到人工智能和区块链技术。人工智能技术的普遍应用虽然还需要大概几十年时间，但是我们看到人工智能技术带来的经济和社会变革正在不断发生，例如机器人正在接管越来越多人的工作、自由职业的兴起以及劳动力市场的转型等。与此同时，区块链技术不仅带来了人们对机器信用以及技术契约的重新认识，也为建立一种"可信任"的生产关系和解决企业组织的收入分配问题提供了解决方案。因此，数字经济时代未来经济的变化很大程度上取决于新技术应用带来的社会和经济的变革。

第三，数字化素养成为每个个体面向不确定世界最重要的素质，这里关注的是对复杂世界的认知框架的形成。数字时代所形成的知识经济决定了数字素养成为每个个体的基本要求。欧盟将数字素养作为公民的核心素养，提出了包括信息域、交流域、内容创建域、安全意识域以及问题解决域五个领域的数字素养框架。而我认为将数字素养作为建立复杂世界的认知框架的基本能力是非常必要的，只有具备了数字素养的个体才有可能通过跨学科的方式快速建立起认知数字世界的新框架和新方法。

在数字经济的新时代，数字经济的发展和改变，尤其是以中国为代表的发展中国家，科技是实现弯道超车和经济发展的最重要的基础。随着中国经济进入新常态，发展数字经济也成为供给侧结构性改革的重要内容。对于企业来说，如何推动实体经济和数字经济的融合发展成为了一个重要的挑战；对于企业家和创新者来说，如何面对数字经济时代的新挑战，尤其是在信息和知识领域不断产生新概念和新思想的前提下，如何建立一整套理解数字经济的认知框架，是亟须解决的问题。数字经济时代不同于工业经济时代的发展规律，数字化的服务和产品具备边际成本为零、异质化效应以及共享模式等特质，如何理解新技术带来的新经济现象的底层逻辑，如何构建基于技术创新和企业家的创新思维的新经济模型，如何构建一整套基于中国现实的数字经济发展的整体理论框架,这都是我构建数字经济学理论之初思考的重要问题。

新时代的商业启蒙

在理解了数字经济学产生的两个背景——全球金融资本主义和数字经济的新时代——之后,下面具体探讨数字经济学研究的内容框架,以及这个理论体系要解决的基本问题。本书中分四部分讨论数字经济学的内容。

第一部分,信息世界的经济学。主要对数字经济学所涉及的技术创新、经济增长理论以及企业家相关理论进行了初步的探讨。重点在于基于技术创新和技术发展的逻辑,从经济学思维去解读数字经济学与传统经济学之间的差异。尤其是通过引入复杂经济学的相关理论,建立一种基于演化和涌现的经济学思想,这是数字经济学在研究过程中最基本的方法论,也结合了复杂经济学中关于跨学科研究的理论来对数字经济学进行深层次的探索。换言之,这部分重点探讨的是数字经济增长的内在逻辑,以及构建一整套围绕企业家创新和报酬递增理论的数字经济增长模型。

第二部分,价值网络理论。主要对数字经济学价值理论、产权理论以及企业理论进行讨论。通过对传统经济学以及奥派经济学思想的研究,将数字经济学在这几个领域的差异和共同点提炼出来,建立一种吸收了前沿经济学思想的成果,又在此基础上进行创新的理解范式。这部分的重点在于通过引入区块链技术,将区块链所形成的网络组织结构与企业组织结构进行对比和分析,研究共识社群与复杂网络的思想在企业组织理论上的经济学原理,并基于此探讨加密经济学以及网络组织的商业生态理论。正是因为将网络组织视为一种兼具市场和企业的双重结构的主体,数字经济学的理论才有了一个新的理解企业和市场关系的范式,而这种范式能够对数字经济领域的基本经济学原理有更深刻的理解。这部分重点关注的是在数字经济学视角下解读传统经济学理论中较少关注的技术创新、组织变革以及产权和价值理论,将新制度经济学、新结构主义经济学、奥派经济学等非主流经济学的思想引入数字经济领域进行讨论和研究,构建基于"价值网络"的数字经济学视角的市场和企业理论。

第三部分,数字经济资本论。主要讨论的是数字经济学的货币理论、制度经济以及资本理论。由于区块链技术带来了全新的生产关系的变化,互联网技术带来了基于信息的经济要素的重新分配,人工智能则带来了生产力的变革,因此建立一种适用于理解数字经济领域的资本理论就非常重要。不同于传统经济学中关于资本理论的研究,数字经济领域中的资本理论重点在于小众经济生态的研究,即通过对区块链、人工智能以及互联网技术的研究,将原本用于宏观经济的货币理论、制度经济学以及资本理论应用于产业研究和企业生态研究,从而获得一种更具备实践性和创新性的资本理论。这部分的关键在于如何将企业组织理解为一种基于共识网络建立的小众经济体,然后对这样的小众经济体进行经济制度建设,并以货币政策和制度经济的理论来构建企业组织的战略,这就是未来企业组织更需要"首席经济学家"而不需要"首席战略官"的原因。换言之,这部分不仅关注货币与资本相关的经济学问题,还关注技术创新带来的货币理论和金融理论在数字经济领域的变革和应用,尤其是以通证经济现象为代表的企业实践理论和产业理论的分析。

第四部分,共识政治经济理论。主要讨论了数字经济时代的商业启蒙精神、社会正义的秩序以及政治经济学框架在数字经济领域的应用。数字经济发展的基本逻辑就在于信息技术的发展使得人们将现实世界的经济要素通过比特或者信息映射到了虚拟世界,而人们的行为则是通过虚拟的身份在网络上开展。

一方面,虚拟和现实的世界通过网络连接起来,使得传统产业的生产效率提升、交易费用下降,并创造了诸如共享经济、电子商务、移动支付等数字经济新生态,这是实体经济和数字经济的关联之处。政治经济学作为一种不同于传统西方经济学的理论框架不仅能够对这些新的技术现象变化的内在逻辑进行解释,而且基于政治经济学框架所建构的经济学讨论能够脱离一般性经济增长问题的范畴,而将经济学与人们的根本需求、社会的基本共识,以及基于社会和谐共识的政治理想的安排等问题联系在一起,建构起更加符合社会现实的、具备更宏大理论框架的经济学思考。2008年的金融危机不仅仅是世界经济的转折点,对现代经济理论和全球金融资本主义的反思和批判从那之后就一直持续不断,另外也是政治经济学复兴的转折点,这个理论框架对揭示现代社会经济体系运行的内在规律、实现每个个体的自由而全面的发展有着非常重要的学术思考价值。

另一方面,数字经济也在逐步发展出一整套与现实世界相对隔离的社会生活和数字文化生态,尤其是对新世纪才降生的数字时代的"原住民"来说,数字世界是一个更加有吸引力和符合他们需要的世界。因此数字经济学要通过研究数字经济中人们的行为和共识,来理解人们在人与人关系和人与物关系上观念的变化,才能更加深刻地理解信息革命带来的深层次影响。经济不仅仅是财富的积累,而且是关于人类社会行为总体的研究,因此这部分内容也是非常重要的。区块链技术的概念也恰好产生于 2008 年年底,这不仅仅是技术极客们对全球金融资本主义带来的危机的自我救赎,即试图找到技术路径来解决中心化的信用机制带来的风险,同时也是建立基于技术契约的更大范畴的人类之间的共识的一种尝试。数字经济带来的改变不仅仅是经济层面的,而且也逐渐改变人们的日常消费行为、居住环境以及社会共识,从经济领域逐渐延伸到了所有人类社会的角落。

因此,第四部分的主要研究内容放在了数字时代的社会共识以及政治经济秩序安排的内在逻辑上,尤其是如何理解数字经济时代人们的多元化价值基础上的共识的达成。我们讨论了经济学者很少讨论的启蒙运动、社会正义观念的演化以及政治经济学的基本框架,希望通过这部分的内容来构建更完整的理解数字经济发展的内在逻辑。因为经济学研究的不仅仅是财富的增长,更重要的是研究人们互相协作的行为及其影响。理解人类的行为既要理解这些行为的动机,也要理解这些行为背后的思想根源和社会共识,还要理解这些行为带来的人类协作制度的变化,即要理解政治制度的安排。

简言之,数字经济学理论的目标一方面是针对数字经济这个特定领域,通过前沿的经济学思想和传统的经济学理论的结合,试图探索出一整套理解数字经济的框架,帮助企业家和创新者在未来的数字世界的发展过程中建立一种更加深刻和宏大的格局,也建立一种更加具备实践价值的方法论。另一方面,数字经济学也是一次对创新经济学理论的探索,尝试通过整合经济学、计算机科学、社会学、金融学、管理学、政治经济学及政治哲学等领域的知识,建立起一套逻辑自洽的、具备解释力的经济学框架。这是作为在这个大时代里的一个学者所做的一次有意义的尝试,也是作为数字经济大国的学者应该有的责任和勇气。

在我之前撰写的专著《无界:人工智能时代的认知升级》和《起源:从图灵测试到区块链共识》中,研究内容主要是通过对技术思想发展的历史以及跨学科的知识体系的构建来建立一种面向复杂世界的认知框架。而这次我在《数字经济学:智能时代的创新理论》一书中所做的尝试,则是希望通过对经济学领域的新问题的研究为各位创新者建立一种能够解决基本问题的框架和思想。

从人类文明发展历史上看,中国的改革开放是具备里程碑意义的历史事件,历史上也尚未有如此巨大人口体量的经济体在如此长的时间内实现如此高速的经济增长。一方面中国根据国情来实施社会主义的市场经济制度，并通过市场机制配置资源要素；另一方面中国不断通过理论创新实事求是地指导经济的发展，使自己逐渐成为具备全球性领导力的大国。中国经济学界的思想和理论也经历了从学习西方到提出符合自身实践理论的过程，这也是作为世界性大国应该具备的历史使命和责任担当，因此也陆续出现了很多具备国际视野同时立足于本土实践思想的经济学家。

由于编者才疏学浅，书中难免有不足之处，恳请各位读者不吝赐教。而这门原创性的学科刚诞生不久，因此需要做的工作还有很多，未来我也会通过孜孜不倦的学术研究工作和实践工作来不断迭代这个领域的成果。

未来，我还会陆续出版这个领域的相关专著以将数字经济学的理论逐步完善，建立具备全球视野和中国特色的数字经济学理论研究成果。尽我所能地推动这个领域的成果探索，这也算是我的小小使命。正如卡尔·马克思（Karl Marx）所说："如果我们选择了最能为人类福利而劳动的职业，那么，重担就不能把我们压倒，因为这是为大家而献身；那时我们所感到的就不是可怜的、有限的、自私的乐趣，我们的幸福将属于千百万人，我们的事业将默默地，但是永恒发挥作用地存在下去，而面对我们的骨灰，高尚的人们将洒下热泪。"我从事的未必是最伟大的事业，却是作为一个学者想要倾其所有完成的目标。虽然数字经济学正处于蹒跚学步的阶段，然而只要一以贯之，相信道阻且长，行则将至，吾道不孤。数字经济学作为一个新兴学科，也欢迎各位学者专家共同研究，一起同行。

当前，全球经济面临着巨大的挑战，而中国成为主要经济体中唯一正向增长的经济体，其中数字经济的贡献（尤其是人工智能、区块链、5G 等新基建相关技术）非常显著，而中国在 2020 年开启了双循环的经济战略，正是中国经济发展到这个阶段的必然要求，也是面临复杂的经济环境的重要举措。因此，可以说这本书的出版生逢其时。感谢各位老师的帮助，也期待本书在出版后能让更多的人关注数字经济学这个领域，关注中国的青年经济学者在数字经济领域的探索。

刘志毅
2021 年 10 月于上海

第一部分
信息世界的经济学

01 第1章
数字经济学思想序章 003

1.1 信息技术与经济发展 005
1.2 数字经济学的新秩序 009
1.3 共识思想的精神内涵 013

02 第2章
数字经济技术与创新 019

2.1 数字经济的浪潮之巅 020
2.2 计算机与互联网革命 024
2.3 数字经济技术与创新 029

03 第3章
数字经济学增长理论 035

3.1 数字经济增长方程 037
3.2 传统增长理论局限 041
3.3 数字经济学新视角 046

04 第4章
复杂经济学与演化秩序 052

4.1 《经济学原理》与连续性假设 053
4.2 基于演化和涌现的复杂性思想 057
4.3 复杂经济学与收益递增的原理 063

05 第5章
技术要素与企业创新 070

5.1 熊彼特的企业创新理论 071
5.2 技术演化论与经济结构 074
5.3 企业家理论与创新思想 082

第二部分
价值网络理论

06 第6章
经济学价值论的发展与演化 089

6.1 传统经济学价值论 091
6.2 奥派经济学价值论 094
6.3 数字经济学价值论 097

第7章
区块链的经济学思考 105

7.1 开放网络与加密经济 106
7.2 共识社群与复杂网络 112
7.3 平台与商业生态理论 116

第8章
区块链与奥派经济学 121

8.1 奥派的起源 123
8.2 奥派方法论 126
8.3 算法经济与奥派经济学 130

第9章
网络组织与创新管理 137

9.1 网络组织的双重结构 139
9.2 网络平台与生态构建 143
9.3 网络组织的创新战略 147

第10章
数字经济学的产权与均衡理论 152

10.1 数字经济学的均衡理论 154
10.2 数字经济学的产权理论 161
10.3 区块链网络与治理机制 164

第三部分
数字经济资本论

11 第11章
数字经济的货币理论 173

- 11.1 传统经济学的货币理论 175
- 11.2 奥派经济学的货币理论 178
- 11.3 小众经济体与通证经济 182

12 第12章
数字时代的制度经济学 190

- 12.1 经济与社会制度变迁 191
- 12.2 智能合约与科斯定律 195
- 12.3 制度变迁与数字经济 200

13 第13章
货币供需与通证经济生态 206

- 13.1 货币供需与信用媒介 207
- 13.2 经济生态设计的原理 212
- 13.3 通证经济的商业逻辑 214

14 第14章
数字经济学视角的资本论　222

14.1　两个剑桥之争与复杂性范式　224
14.2　奥派资本论　227
14.3　数字经济资本论与创新　230

15 第15章
开放网络下的经济秩序　238

15.1　交易网络与资本结构　240
15.2　开放经济与货币生态　243
15.3　通证经济与价格理论　247

第四部分
共识政治经济理论

16 第16章
启蒙思想与共识精神　257

16.1　启蒙运动的思想　259
16.2　数字时代新启蒙　264
16.3　基于偏见的共识　267

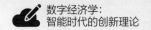

第17章
共享社会正义理论 271

17.1 社会正义观念的演化 273
17.2 正义理论与道德伦理 276
17.3 共享社会正义的原则 280

第18章
基于共识的政治秩序 287

18.1 政治经济学基本框架 289
18.2 政治社会与行为经济 295
18.3 制度经济与公共选择 298

第19章
数字经济的商业启蒙 303

19.1 数字商业认知启蒙 304
19.2 数字经济秩序启蒙 308
19.3 数字经济学方法论 315

第20章
数字经济学的科学原理 319

20.1 经济学的范式转换 321
20.2 不确定的经济系统 324
20.3 自组织与演化理论 328

第一部分

信息世界的经济学

第1章

数字经济学思想序章

身处数字经济时代,面对互联网、人工智能、区块链等新技术的涌现,我们需要建立新的经济理论框架以适应真实世界经济的变化。

在发表了一系列以区块链的技术思想为主要论题的文章,尤其是完成《起源:从图灵测试到区块链共识》一书的工作,我意识到不得不把研究扩展到经济学领域。这项研究主要有以下三个基本出发点。

(1)信息技术范式及技术思想的研究,本质是对从计算机发明以来的技术范式演化的研究,而技术演化带来最大变化的领域就是经济领域。无论是计算机、人工智能、互联网、大数据、物联网还是区块链,不同的技术范式带来的变化就是显而易见的经济和社会层面的变化。研究技术思想到研究数字经济是一个顺理成章的过程,是从底层的哲学思辨和对人类文明的关照延伸到对现实的经济现象和未来的发展趋势中的视角转变。

(2)在信息技术范式及技术思想的研究成果中,所总结的关于"信息、秩序与共识"的三个核心理念,不同程度地和经济学相关。信息描述了技术将实体世界进行比特化的理念,从而引起了我对通过经济学来探索数字世界的兴趣。秩序的理念关注的是在数字经济的世界中,如何去理解新的经济秩序的形成。共识的理念需要讨论在人类协作过程中,如何达成新的共识,以及什么样的共识才能推动人类文明演化出符合文明发展需要以及满足个体主观价值和感受的经济生态。通过这三个核心理念的研究,正好让技术思想与数字经济学之间产生了重要的内在逻辑联系,也构建起数字经济学的基本理念。

(3)在数字经济研究越来越受到重视的今天,大多数关于数字经济的研究集中于数字技术对经济发展以及传统产业的影响,而通过经济学研究数字经济发展的内在逻辑系统性还凤毛麟角。数字经济学的研究一方面通过前沿的经济学思想在技术领域的分析探索经济学意义上的数字经济相关的课题；另一方面通过跨学科的方式，引入信息技术科学、社会学、人类学、哲学等领域的研究成果，系统论述数字经济时代的新经济学思想内核。

以上这三个问题，实际上也和以新古典经济学为代表的主流经济学所面临的理论问题有着非常大的关系。

众所周知，目前的主流经济学（即新古典经济学）主要讨论的核心是资源配置问题，更准确地说是讨论价格问题。正如经济学家张五常所说："现在的主流经济学（包括宏观经济学和微观经济学）应该合并成一门价格理论。"而我们面临的这个数字经济时代，尤其是互联网、人工智能、区块链等新技术的发展，对我们提出的挑战就是要建立新的经济理论框架以适应真实世界经济的变化。而我要做的工作，就是基于现在的经济学前沿的研究成果，发展出一套适合数字经济时代的经济学思想。我将用"信息、秩序与共识"的体系整合这些新经济学的思想，形成一套逻辑自洽的学术理论。接下来从三部分讨论这个话题：信息技术与经济发展、数字经济学的新秩序和共识思想的精神内涵。

1.1 信息技术与经济发展

> 未来的企业组织需要的是首席经济学家而非首席战略官。竞争要素在首席经济学家眼中不再是企业发展的重点，资源配置和制度设计将成为未来商业竞争的关键要素。

首先讨论信息相关的概念，其范畴从狭义上定义就是任何可以数字化的对象,而数字经济学研究的主要范畴就是数字化世界经济学的发展规律和内在逻辑。广义上来说信息就是由于技术发展和演化,信息从单纯的媒介对象发展成了数字经济的主体,而经济学的范畴也从自然世界延伸到了虚拟世界,从传统工业经济延伸到了数字经济。

这个演变过程中,有三个关于信息的基本问题。

(1)信息的内涵和外延问题。我在之前撰写的关于技术思想的文章中专门讨论了信息在人类文明发展过程中的重要性。尤其是随着信息技术革命的发展,信息从文明的边缘发展为文明的基本要素,这个过程带来的不仅仅是信息技术和信息经济的发展,而且也带来了人类对世界认知方法的变化。无论是媒介领域的大师马歇尔·麦克卢汉(Marshall McLuhan),还是互联网领域的思想者凯文·凯利(Kevin Kelly)和尼古拉斯·尼葛洛庞帝(Nicholas Negroponte)等,都基于以信息为主体的技术和思想进行研究,信息已经成为理解技术思想的重要视角,也是判断人类未来文明发展的出发点。因此,有必要将信息技术的哲学思想引入对数字经济学的讨论范畴之中。

(2)信息技术狭义地说,包括但不限于从艾伦·麦席森·图灵(Alan Mathison Turing)发明计算机到人工智能、大数据、区块链等;广义地说,包括从语言、书写到电子媒介和互联网媒介等。对信息技术演变的讨论,本质上需要解决的问题是研究技术的发展和演化过程中,经济发展的规律和逻辑。我们可以认为,在目前的经济发展过程中,技术是超越价格和资源的更重要的要素,而信息技术的发展依赖的是对外部世界认知思想的重大转变。简言之,经济的演化是可以通过技术的演化进行解释的,而技术的演化依赖对思想范式变化的解读。因此,需要讨论技术演化的问题,并涉及关于具体技术的底层思想的探索。

(3)信息经济的重要主题是网络经济,注意这里指的是网络化的经济范式而不只是互联网。如果说工业化经济是以完全竞争为代表的同质化竞争，那么网络经济就是以垄断经济范式为代表的异质化竞争。网络经济不仅涉及互联网、区块链技术的发展，也同样通过网络化的维度讨论一切具体的网络和非网络现象，即将网络视为与企业、市场等经济学概念同样的经济学研究的底层概念。从这个意义来说，新古典经济学就是结构残缺的网络经济研究，而数字经济学研究的则是网络概念在所有不同交易中的基本逻辑。因此，在本书第二部分专门讨论了"价值网络理论"来研究广义上的"网络"在经济学上的课题，数字经济学也是构建于网络化的世界以及网络化的市场理论之中的。

2018年10月8日下午，诺贝尔奖委员会将当年的诺贝尔经济学奖颁给了来自美国的经济学家威廉·诺德豪斯（William D.Nordhaus）和保罗·罗默（Paul M.Romer），获奖理由是创新、气候和经济增长的研究。前者是耶鲁大学的学者，主要研究的是气候变化经济学。后者是世界银行前首席经济学家，主要贡献就是其著名的"内生增长理论"。这次奖项的颁布不仅仅是颁发给"发展经济学"和"环境经济学"的理论，而是对整个人类经济增长的基本逻辑进行了重新认知和思考。尤其是保罗·罗默的内生增长理论对我研究数字经济领域的增长问题，有着非常大的启发，也带来了我关于经济学发展过程中增长理论的系统思考。

经济学研究的核心问题之一就是如何增长，而围绕着这个问题形成了经济增长和周期理论，包括亚当·斯密（Adam Smith）的社会分工理论、托马斯·罗伯特·马尔萨斯（Thomas Robert Malthus）的人口决定论、约瑟夫·熊彼特（Joseph A. Schumpeter）的创新理论等，但是现代增长理论的起点是哈罗德-多马增长模型（Harrod-Domar growth model）的出现，而索洛增长模型（Solow growth model）的出现则意味着现代增长理论的成熟。索洛增长模型提出了人口增长率、储蓄率和技术水平决定了经济增长,但是技术水平——全要素生产率(Total Factor Productivity,TFP),是外生变量而非内生变量,因此无法解释长期经济增长的真正来源,而新古典经济学也始终无法解释各国经济的长期增长问题以及不同国家人均收入存在的巨大差异问题。

保罗·罗默在1980年提出了以内生技术变化为核心的全新经济增长理论,也建立了以内生技术变化为核心的长期增长模型,认为技术进步是经济增长的核心,从而提出创新能够使得知识成为商品,知识和人力资本具有规模收益递增效应,从而能够促进经济长期持续增长,而这个理论就是研究数字经济发展的基本逻辑之一,就是通过对技术的研究来理解数字经济领域的增长问题。

事实上,在人类历史发展的过程中,经济增长并不是一直稳定而持续的。过去2000年中的1800年,人类经济几乎没有明显的增长,而到了工业革命之后才出现了第一次快速增长。20世纪50年代以计算机和互联网为代表的信息技术革命,使得人类经济增长曲线成为一个几乎垂直的直线,也就是爆发式的指数级增长。保罗·罗默创造的"内生增长模型"的核心观点就是知识是经济增长的要素,知识累积会内生影响劳动力水平和资本回报率,而创新可以使得知识成为商品,创造垄断性理论。他的理论是我们研究数字经济的起点之一,而我们需要基于"技术内生理论"来研究数字经济领域的经济现象。

除了技术经济增长的内生模型外,数字经济学的另一个理论起点是具体的技术范式的研究,我们将重点放在区块链、人工智能与互联网等技术的经济范式的研究上。也就是说,如何用这些新的经济学思想来解读新技术下的商业案例应用和分析,尤其是区块链技术与其他技术范式融合带来的新的商业范式。通过这些案例的研究,我们能看到新的商业中,未来的企业组织需要的是首席经济学家而非首席战略官。首席经济学家们不再将竞争要素作为企业发展的重点,而把资源配置和制度设计作为未来商业中最重要的工作。例如基于区块链网络中的通证的要素分配以及社群激励逻辑的研究将成为新的经济分析学者需要关注的重点,我们会讨论这部分的经济学原理和基本思想。

总结一下,数字经济思想研究的第一个重要部分就是研究新经济思想和新的技术范式如何结合的问题。我将通过研究新的经济范式,如信息经济学、复杂经济学和网络经济学等来研究新经济要素的特质,并希望通过介绍目前经济学界关于这三个领域的理论思想的研究,为读者建立一种完全不同于新古典经济学范式理解经济的思考维度。

1.2 数字经济学的新秩序

> 不仅要讨论经典经济学相关的研究,更要借助其他领域(如社会学、心理学、哲学、人类学)的帮助,建立一套系统理解经济与社会运转本质的学术思想,这样有助于理解数字经济领域的新技术下的"秩序"建设。

主流的经济学逐渐发展成以数学化的经济模型研究为主导,而逐步忽略了经济学研究的很多方面,包括政治、历史和社会,而这些内容在经济学的发展过程中实际上是一个拥有悠久传统的理论体系。我要做的工作之一就是超越目前以数学为主要研究方式的新古典经济学范式,在更高层次上去研究经济学的本质,通过跨学科的方式(包括政治学、社会学、心理学、人类学等),来建立一个更加接近本质的新经济学思想。下面我们来讨论数字经济时代经济学研究的重要问题,即如何建立新的经济"秩序"。

首先讨论经济研究的本质，我认为经济学实际上是研究人的行为学科，尤其是从社会学角度研究人的行为，而不是研究 GDP 增长或者房价变化，这也是为什么行为经济学在近年来屡屡获得诺贝尔奖的原因。在著名学者安格斯·麦迪森（Angus Maddison）的专著《世界经济千年史》中，他描绘了过去两千多年欧洲经济的发展历史，包括人口的演变史、社会技术的变化等。

在《世界经济千年史》中，麦迪森总结出经济发展的三个基本维度。

（1）人类对自然的控制和殖民，也就是对自然的改造。无论是中国对长江以南地区的改造，还是欧洲人对美洲大陆的改造，都带来了经济的巨大发展。

（2）贸易和资本的流通。古代的经济发展的典型案例如威尼斯、中东，都是因为其在贸易和资本流通领域的优势，这是现代工业革命之前最重要的经济发展优势。

（3）技术和制度领域的创新。如英国在制度创新和航海技术上的优势带来了大不列颠的荣耀，而美国硅谷的技术创新和风险投资的制度，则带来了互联网技术的革命。

毫无疑问，在数字经济时代，第三个维度是目前最需要讨论的，之前讨论的是技术创新，现在需要讨论制度，也就是秩序的建立。

"秩序"的概念，实际上研究的就是人的行为受到影响的因素。经济学的著作里通常提到的秩序包括三个基本的秩序维度：①物的秩序，也就是从技术和物质的角度考察秩序如何形成；②社会秩序，也就是从人与人的关系角度考察秩序的可能性；③精神秩序，也就是讨论人的内心的精神诉求。在传统经济学研究里，几乎所有的经济学都可以放在这三种秩序中进行讨论，而本书选择了其中一些代表新经济学的理论，来为大家梳理这三种秩序。

（1）物的秩序是经济增长理论，经济学家们一直在讨论经济的增长话题。一部分经济学者属于悲观型，如马尔萨斯、大卫·李嘉图（David Ricardo）和詹姆斯·穆勒（James Mill），他们认为收益递减是不可避免的，技术进步与资本的增长不能对抗收益递减法则，这代表了相当大的主流学者的意见。另一部分经济学者属于乐观型，即非正统的经济学家，包括亨利·凯里（Henry Carey）和弗里德里希·李斯特（Friedrich List），他们认为经济的增长是无法终结的，因为通过技术开发能够永久性地克服边际收益递减。其中比较值得一说的是熊彼特在《经济发展理论》一书中讨论的增长理论。熊彼特认为经济增长的首要要素是非经济的，增长来自创新企业家的活动中，而并不来自其他方面。本书将在后面的内容中专门讨论数字经济时代的增长问题，尤其是研究技术经济带来的指数级增长现象以及对传统经济学思想的影响。

（2）社会秩序是从社会学角度研究经济学。这部分比较著名的前沿领域是行为经济学研究，更准确地说是通过演化理论的思想研究社会学。

这部分内容具体包括三部分。

①从演化秩序的视角讨论人类文明的发展秩序。这个视角目前已经成为诸多学科（如生物学、社会学以及管理学等）进行研究的基本逻辑，同时在经济学中行为经济也逐渐成为了"显学"，需要从中探索这个领域对数字经济学有助益的研究成果。

②社会演化动力学与人类行为的关系，这部分往往要讨论社会学和人类学的内容，通过人类文化和社会风俗等外在条件讨论经济学的课题，其中比较有名的是著名学者诺贝特·埃利亚斯（Norbert Elias）的《文明的进程》一书的研究成果。我们要看到文化行为的内涵就是不同文明的社会共识不同而带来的行为偏好的差异，而这些偏好所导致的就是经济行为的差异。将经济行为放在文明和文化的角度去探索，能够更加接

近经济学的本质,因为经济学研究的就是人类行为的学术。

③网络社会科学,也就是社会网络的经济学,我们要讨论网络结构中的经济要素是如何影响经济的发展的。事实上,我们将经济学称为"社会科学皇冠上的明珠",原因就在于经济学不仅仅研究财富增长或者是资源分配,而且研究人类的行为特质(包括个体行为和群体行为),并在这个基础上为人类总体的幸福提供理论上的解答。而具体来看区块链技术发展的当下,我们可以看到人们刚对财富增长的狂热引发了整个行业的行为偏差,我们需要通过更加完善的制度设计来引导人们的行为,而这就是数字经济学中所要讨论的政治经济学的范畴。

(3)精神秩序是通过讨论人类从事经济活动的精神上的依赖和现象,来讨论经济发展的本质,这里不得不提到的是哲学人类学的代表马克斯·舍勒(Max Scheler)和德国现代社会学和公共行政学的创始人之一马克思·韦伯(Max Weber)。前者通过讨论人是什么以及人的地位,讨论了人类的本质以及人类行为的基本动力,后者通过《新教伦理与资本主义精神》一书为资本主义的发展注入了精神上的动力和源泉。在区块链时代的精神秩序不能只由对财富的追求来定义,而是要平衡财富、幸福、道德、公平、正义等多个要素,建立起人们在道德上的崇高感而不只是基于对物质的冲动和刺激。如果要解决单纯的物质刺激带来的人的欲望对自然的控制问题,那么就不得不在新的经济发展中平衡生态的需求、个体道德的需求以及整个社会的总体价值等要素,否则就走上了资本主义过度扩张和发展带来的不和谐的老路,而以区块链技术为代表的新技术要素也就沦为了一种简单的技术工具,而不是革命性的经济范式的重新设计。

总结一下,本节讨论了"秩序"的概念,以及在这个概念下所要涉及的经济学的范畴。不仅要讨论经典经济学相关的研究,更要借助其他领域（如社会学、心理学、哲学、人类学）的帮助，建立一套系统理解经济与社会运转本质的学术思想，这样有助于我们理解在数字经济领域的新技术下，如何建立一套行之有效、兼容并蓄的理论。另外，我们需要在这个阶段将着眼点放在为新的秩序提供道德、幸福以及自然生态和谐等其他重要的观念上，以保障除了功利主义以外的价值体系能够在数字经济时代获得创新者们的认可，从而推动社会价值和经济秩序的重塑。尤其是区块链时代的经济学研究，不能缺乏对底层价值观和关于财富的道德的探讨。只有建立了合适的秩序和价值观，才能为社群提供正确的生产关系，也才能在更大程度上通过区块链技术推动社会和经济的变革。

1.3 共识思想的精神内涵

> 共识精神实际上首先解决的是道德问题，即陌生人相处时的基本动机和需求问题。然后要定义在技术应用过程中的价值问题。最后要解决经济学带给人们的幸福如何实现的问题，即效率和正义。所有的学问都应该是为人类总体带来幸福的学问。

共识的概念是区块链提供的一种技术机制，指的是区块链所构建的分布式账本技术应用的一种无须依赖中央机构来鉴定和验证某一数值或者交易的机制，同时共识机制是所有区块链和分布式账本的基础。而事实上，共识机制并不只是一种技术机制，我认为区块链技术中的共识精神实际上是回应了人类在技术发展过程中人性和文明底层的基本需求。建立共识不是一个新的概念，共识在人类开始群体生活时就已经存在了，共识机制讨论的是如何让一个多样化的价值群体在充分博弈的情况下进行协作和决策。在共识机制中,所有在网络中的成员都接受法律、规则以及契约的约束,所有成员也认可实施这些法律的机构,以及所有成员之间是存在着身份认同和共同价值观的,这也是共识机制能够达成的基础。如果说过去的共识是社会学的概念,那么区块链技术则将这个概念转化为一种技术机制放在了网络中。通过共识社群的成员就某些契约或者数据机制达成一致,并将这些技术契约放在分布式账本中进行不断更新的机制,也就是说,技术上的共识机制就是参与节点之间管理一系列连贯事实的规则和程序,共识机制形成了原子世界和比特世界关于制度的技术纽带。

除了技术和经济方面的讨论,我们在未来讨论的共识是一些更加底层的共识,即经济学得以成立的一些共识精神。如果说大多数研究者关注的是区块链技术的共识机制中的众多技术机制及所形成的价值互联网的技术理念,那么本书关注的就是应该建立怎样的共识精神,因此需要讨论关于幸福、正义、公平和自由等伦理学以及政治经济学的基本理念,这部分内容在本书第四部分会得到更加细致的讨论。

1. 道德哲学的概念

事实上,经济学中的商品(goods)在道德哲学中就是"善"的意识,而经济学中物品所具备的商品属性就是 goodness,因此可以认为经济学事实上是在道德层面追求"善"与"幸福"的学术,而不是我们看到的仅仅关于财富和效率的学问。从亚里士多德(Aristotle)的《尼各马可伦理学》、大卫·休谟(David Hume)的《道德原则研究》到乔治·摩尔(Geoge Moore)的《伦理学原理》,以及 1.2 节讨论的《新教伦理与资本主义精神》,都是关于人类道德研究的重要著作。只有弄清楚了道德的性质和本质,我们才能理解人们在经济行为当中的各种决策,从而才能破除新古典经济学所做的"理性人假设"的观念。我们在这部分还会讨论幸福的概念，因为现代人越来越追求幸福，而事实上幸福不是简单的财富效应的结果，而是一个道德选择的结果。数字经济时代，更要从人性本质和道德层面去梳理人们的行为，而不是停留在经济学的数字和财富相关的理论研究之中。

2. 价值理论

区块链技术会带来从"信息互联网"到"价值互联网"的演变，而价值的概念在经济学中又非常重要，因此需要讨论价值这一概念的演变以及需要什么样的价值理论。我们会讨论著名学者多米尼克·塞瓦尔（Dominique Séval）的《亚当·斯密之前的价值理论》一书中关于价值理论历史的研究，当然我们也会讨论黑格尔（Hegel）、亚当·斯密（Adam Smith）以及约翰·洛克（John Locke）等人关于价值的阐述。事实上，新古典经济学将人们的关注重点从价值转向了价格，整个现代经济研究的重点是"成本"而非"价值"。数字经济时代，更应该关注事物的价值而非成本，同样的事物在不同的人看来价值完全不一样，这也是为什么分享经济等新的经济形态能够产生的原理。本书在第二部分会专门讨论数字经济学的价值论与传统经济学、奥地利经济学派（简称奥派）的价值论之间的差异和延续，来帮助大家理解这部分的内容。

3. 政治经济学的理论

政治经济学的理论，也即如何分配才能够既有效率又兼顾正义。幸福的三个基本来源：效率、正义和自由。自由会在精神秩序这个领域讨论，而效率和正义正是目前政治经济学研究的核心。我们将要讨论詹姆斯·布坎南（James M. Buchanan）、尤尔根·哈贝马斯（Jürgen Habermas）以及乔治·斯蒂格勒（George Joseph Stigler）等学者关于这两个话题的学说。更重要的是，我们将通过讨论政治经济学的理论深入研究关于幸福的理论，经济学作为一种社会科学，其基本目的之一应该是解决人类幸福问题。而数字经济中解决幸福问题的方式就是通过基于智能合约的技术契约以及基于共识的社群网络,也就是通过技术方式达成契约和共识,从而形成社群中的基本价值观和基本契约,这也是区块链技术未来应该做的事情。

总结一下,我们讨论的共识精神实际上首先解决的是道德问题,即陌生人相处时的基本动机和需求问题。然后要定义在技术应用过程中的价值问题,这让我们采用一种新的方式来看待数字经济。最后要解决经济学带给人们的幸福是如何实现的问题,即效率和正义的问题,所有的学问都应该是为人类总体带来幸福的学问,这是我们研究的基本出发点之一。

以上三部分内容的梳理是对数字经济学的基本思想框架的简单介绍,事实上这个框架中所涉及的大部分内容,都是经济学思想从产生之初到现在所研究的问题,只不过很多问题被边缘化了。事实上这些问题并不应该因为技术的发展而被忽略掉,而是被更加系统和深刻地阐述。

> 信息背后讨论的是信息技术相关的学科思想,秩序关注的是经济学、社会学以及心理学等相关学科的思想,而共识讨论的则是哲学、政治学以及伦理学等学科的思想。这是一整套独立思考和观察这个世界的思想框架。

对数字经济进行研究的主要方式有三个特点。

(1)基于经济学的本质,即通过对"人"的研究来着手相关的工作,而不是只着眼于数学的分析或者商业价值的探索。由于新古典经济的发展和技术的发展被忽略掉的经济学作为社会学科研究的本质,我们看到这部分内容被想当然地忽略掉了。这部分的学术思想来自奥派以人类行为学为基础的经济学研究方法,因此在书中也会有部分内容专门介绍奥派的思想逻辑。我相信所有的学问都应该是"人"的学问，人性自数百万年之前就并无太大差异，因此不管什么样的社会和技术进步，都不能忽视对人的本质的讨论，以及对不同人生活在一起（尤其是陌生人）的社会学研究。因此，我们会把技术与人的关系、技术与社群的关系、技术与人的精神秩序的关系放在非常重要的位置，基于人的行为、理性以及如何分工协作等主题来构建数字经济学的理论大厦。

（2）讨论最前沿的经济学理论，并对经典进行解读。如技术对经济的影响，尤其是信息技术的发展对经济的影响。我们讨论的方式是通过对诸如信息经济学、社群经济学、网络经济学、复杂经济学的研究来梳理新的数字经济学应该涉及的理论。我并不偏好发明新的学术概念，也认为任何新事物都是在原来事物上的组合和进化，那么我们对数字经济的研究也应该是对新的经济学的研究和对传统经济学理论和思想的继承，而不是创造很多似是而非的新概念进行研究。因此，大部分时候我的工作就是将经典的经济学理论以及最新的经济学思想作为工具，同时也会吸收关于经济学研究的前沿理论来解释我们看到的数字经济时代的问题，从而为数字经济学的研究提供新的洞见。我相信建立理解数字经济的真实发展的逻辑和框架，以及基于经典的经济学思想对真实世界进行解释，是我个人在这门学科发展的过程中最重要的价值。

（3）关心作为人类族群的幸福以及创新者们的智识与格局的形成，这是我做学术的重要驱动力，因此我力图通过跨学科的思想来帮助大家建立一种观察世界的方式。我撰写的第一本专著《无界：人工智能时代的认知升级》讨论的就是如何提升智识的问题。作为一个学者，我相信并不存在唯一的真理，但是通过知识的系统学习有助于帮助大家建立一种更加坚实和有力量的认知能力。这个时代并不缺乏标新立异和哗众取宠，但是只有通过熟读经典和小心求证，才能实事求是地获得真知灼见，才能真正地在认知上获得新的拓展。这是我希望读者能够通过我的文章和后续的讲学得到的最重要的收获，也是我作为"创新者的经济学家"在工作中的主要目标。

简而言之，在这本书的关键词中，信息背后讨论的是信息技术相关的学科思想，秩序关注的是经济学、社会学以及心理学等相关学科的思想，而共识讨论的则是哲学、政治学以及伦理学等学科的思想，我想通过这些学科的思想，来帮助大家建立一整套独立思考和观察这个世界的思想框架。

作为一个经济学和哲学的研究者，个人认为独立思考和热爱智慧，是这个时代极为稀缺的品质。这个品质，无论是企业家还是普通人都应该具备。而提升智识的方式，我相信通过跨学科和新的认知系统的建立是个非常好的选择和尝试，这部分工作也会在我的研究过程中不断地被提到。

以上就是我对数字经济学的基本思想研究的系统性介绍，也是我在本书中的一个提纲挈领的工作。值得注意的是由于我采取的是不断迭代的方式来对数字经济学进行讨论，所以后续内容肯定会有更多的完善和补充，同时也会对更多前沿思想的内容进行引入和论述。因此，希望各位读者能领会这篇文章的精髓和框架，而不只是专注于某些知识模块。接下来就要开始对数字经济学理论的大厦逐步进行构建了，希望能够对你的思考有更多的帮助。

第2章

数字经济技术与创新

02

理解数字经济的关键,就是理解其发展基础是通过数学和算法的思想将现实世界比特化和信息化,而这正是这轮科技革命与以往几次科技革命的差异。

本章讨论数字经济与创新之间的历史和关系,事实上我们之所以热衷于讨论数字经济,就是因为它事实上就是过去七十年间以计算机、互联网以及人工智能为代表的信息技术革命创新的重要成果的总称,也是因为信息革命的速度是如此之快,对人类社会和经济产生了重要影响。

那么,下面我们就来讨论下数字经济与创新的历史以及基于数字经济的创新理论。通过这部分内容的讨论可知,理解数字经济的关键,就是理解其发展基础是通过数学和算法的思想将现实世界比特化和信息化。另外,我们也来看看这轮科技革命与以往几次科技革命之间的差异。

下面分三个部分讨论:数字经济的浪潮之巅、计算机与互联网革命、数字经济技术与创新。

2.1 数字经济的浪潮之巅

> 我们正在经历人类社会从 18 世纪第一次工业革命开始后经历的第四次重大产业及社会变革,其主要特征是由诸多技术创新带来的物理空间、网络空间及生物空间的融合。本次重大产业及社会变革无论是技术发展还是扩散速度,抑或是对人类社会影响的深度和广度都是史无前例的。

数字经济的代表性技术,从大的范畴来说是以通信和计算机相关技术为代表的信息技术,从小的范畴来说主要指的是以互联网、云计算、大数据、区块链、物联网和人工智能为代表的技术。不论用哪个范畴来划分，我们都将其总结为第四次工业革命的重要部分，其中最重要的技术就是计算机与互联网信息技术，以及基于这两个技术发展出来的人工智能、区块链、物联网以及量子计算等技术。由于我们主要关注的是数字经济，因此不讨论新能源、生物技术以及其他非信息类技术。我们重点分析数字化相关的技术演变。

自从20世纪60年代商业计算机逐渐普及以来，计算机的性价比呈现指数化增长，这种增长速度超过了过去所有技术的增长速度，特别是从20世纪90年代中期之后，这种技术变革的速度让所有的专家学者都认为会大规模地改变世界经济的基本格局。因此基于计算机产生的其他技术范式（如互联网、大数据、人工智能、区块链等）被科技媒体与各国政府所关注，而事实情况是迄今为止这些技术对经济增长的贡献还较小，尤其是对其他行业的渗透和改变不足。究其原因就是计算机与互联网等领域占总体GDP的份额太少，无法弥补其他领域创新放缓带来的经济增长速度下降，而且数字化实际上在全球是极为不平等的，这一点要提醒下对数字经济发展过于乐观的人们，目前仍然是以传统工业经济为主导的全球经济结构。

我们可以拿两份麦肯锡发布的研究报告的数据来对比下数字经济的发展水平：一份是2015年年底发布的美国数字化研究报告，另一份是2017年9月发布的《中国数字经济如何引领全球新趋势》报告。前一份报告主要用数字化指数来衡量美国不同行业的数字化发展水平，采用了数字化资产、数字化应用、跨各经济领域工人的整体情况等27个指标，结论是除ICT行业外，多媒体、金融服务和专业服务也发展突出。但多数行业的数字化水平不足领先行业的15%。尽管数字化应用增长迅速，但过去10年，差距几乎没有缩小，包括企业和行业层面。20世纪 80 年代末开始,各行业都进行数字化,但效果不明显。1975—1995 年,生产率增长只有 0.7%,此后的 10 年,生产率平均增长 1.6%,增长了近 2.5 倍。这部分得益于 ICT 工具改进。生产率增长反映在 GDP 增长上,1985—1995 年为 3.3%,随后的 10 年为 4%。生产率和 GDP 的增长源于效率的提高和产出总量与价值的增加。2005 年后,生产率下降了 2/3,实际 GDP 增长只有 2%。虽然投资增加、创新改变了商业过程、组织和管理,效率更高,资本化提高了 GDP、促进了需求增长,生产率提高,但雇用人数减少。简而言之,数字经济提高了生产率,但是带来了就业市场的压力和竞争的扩大,并且其渗透率和增长速度并不高。

值得一提的是,在报告中麦肯锡指出了一个行业数字化驱动的四个基本要素。

(1)企业的规模。规模越大,数字化的程度往往越高,也就是数字化能够较好地解决企业大规模应用时的效率问题。

(2)经营的复杂性。复杂性越高,往往更容易使用数字化工具,简单的商业模式反倒是不适用于数字化技术的应用。

(3)知识和技能水平。服务行业对知识和技能的要求更高,以互联网和人工智能为代表的行业技术人才的集中度以及对专业水平的要求程度更高。

(4)面临的竞争威胁。尤其是创新性商业模式,促使企业数字化。典型的数字资产密集行业,如通信、交通、公共设施和金融,特别是与传统行业相比,更容易数字化。

下面来看另一份麦肯锡关于数字中国的报告,在报告中指出从一些传统的衡量方法来看,目前中国的数字技术发展水平和普及率在全球仅居于中游,在 2016 年世界银行"数字技术普及应用指数"中位列第 50(共 131 个国家),"网络就绪指数"中位列第 59(共 139 个国家)。这是以全国平均发展水平作为衡量依据的。然而，从数字化应用和创投体量来看，中国已经成为全球领先的数字化大国，在数字服务领域已经实现了净出口，并正在改写全球数字化的格局。

从两个报告的内容看来：一方面数字经济对传统行业的改变不尽如人意，但是正在逐步地改变传统经济；另一方面，由于中国的后发优势，因此在数字化方面更加具备创新的驱动力，在数字化路径上更加激进。在看到数字化对创新的作用的局限性的同时（并非如我们想象的那么具备效率），也要看到趋势上正在逐步加快的事实。这是我们在研究数字经济的一个基本观念和事实情况。

第四次工业革命的影响巨大，尤其是数字化浪潮对工业经济中的制造业的影响，以及对个人生活方式方面等的影响。限于篇幅，本书重点讨论一个内容，就是在数字经济发展浪潮中，对未来的就业生态方面的影响。下面从三个角度讨论这个问题。

（1）商业逻辑方面。数字化浪潮正在不同行业发生，深入改变传统行业的商业逻辑和运行方式，尤其是人工智能技术带来的自动化革命以及互联网技术带来的人们行为和方式的变革。数字经济正带来以C2B、共享经济和以体验为核心的商业逻辑的变革。制造型企业一方面基于全自动化的智能技术提升生产效率，另一方面通过大数据技术进行供应链整合，来满足个体用户的个性化需求。而互联网、区块链等技术则正在以去中心化的方式去中介，提高人们的协作效率，降低市场的交易费用，以及建立基于技术契约的市场机制。

（2）组织生态方面。数字技术使得新的商业生态模式正在不断被构建，尤其是区块链技术带来了去中心化组织的重要变革。一方面，工业经济时代的企业借助数字技术，提升组织内部协作的效率和降低沟通成本，使得组织变得扁平化、精益化。另一方面，以互联网和区块链技术为代表的数字技术推动组织的边界正在消失，未来的组织以开放平台以及商业生态体系为主，企业组织通过数字经济的商业生态的建设推动生态内的自我激励的社群建设以及协作效率的提高，一方面提升了组织应对市场和客户快速变化的需求的能力，另一方面通过生态的资源整合提升了其竞争能力。

（3）数字技术正在重塑人们的工作与生活的价值观。由于人工智能、互联网、区块链等技术的发展，数字时代的原住民正在大量产生。他们在互联网社群中开放、自由、民主、平等、共享、透明以及多元化的价值观的文化土壤下成长，拥有完全不同于以往世代的文化基因。这也带来了他们对共创、迭代、扁平化、单元化、众包等数字时代的工作文化的偏好，并且在追求个体生活和自我实现的价值观中寻找在工作中的价值感和归属感。

以上就是对数字经济浪潮的现状进行的讨论，要了解的是我们正在经历人类社会从 18 世纪第一次工业革命开始后经历的第四次重大产业及社会变革，其主要特征是由诸多技术创新带来的物理空间、网络空间及生物空间的融合。它的技术发展和扩散的速度，对人类社会影响的深度和广度，都是前三次工业革命远远不能相比的。因此，我们的社会需要在各方面做好准备，而数字经济学则是研究第四次工业革命中的以数字技术为主的经济学思想，并不是对任何领域的问题都有解释力，这一点要尤为强调。

2.2 计算机与互联网革命

> 计算机与互联网的信息技术革命发展到了新的阶段：基于计算机算法思想影响下的技术革命带来了人工智能技术的第三次浪潮，基于互联网信息技术革命的思想带来了区块链技术的革命。

在讨论了数字化经济与创新的话题之后,让我们回到历史进程中,来看看这场技术革命的发展脉络,限于篇幅,这里主要讨论计算机与互联网技术的发展,更准确地说,是讨论计算机与互联网革命在美国发生的历史脉络。

20世纪60年代开始,大型计算机开始打印出第一张银行对账单、第一张电话账单、第一张保险单,到了20世纪70年代,航空公司、法律顾问以及作家与记者等开始应用计算机工作(这个阶段同时也出现了现代复印机技术)。到了20世纪80年代初,个人计算机出现了,与此同时人们熟悉的ATM和零售条码扫描仪这两项创新也相当程度地改变了当时美国商业银行与零售行业。接着一些提高个人生产效率的办公软件就开始流行了,包括人们熟悉的电子表格和文本文档的技术,而商业企业内部也开始用计算机建立网络。

商业互联网出现的前提是家用计算机的广泛普及,1969年美国国防部高级研究计划局(DARPA)组成的ARPANET研发团队在进行互联网研究时,其只是用来进行通信和交流的局域网,而现在则成为了数字经济发展最重要的基础设施之一,专家学者可以通过互联网发送电子邮件。1994年,美国网景公司发明了浏览器,接着电子商务和网络搜索等人们熟知的应用开始出现,互联网像水和电力一样开始连接整个世界,并一次又一次地改变了所在行业的规则。无论是Google、Amazon、Facebook还是Twitter,都影响了大部分美国人的生活。而与此同时的中国也受到互联网革命的影响和号召,开启了属于自己的互联网革命。

不过不得不关注的是,尽管计算机和互联网革命带来了诸多好处,但是也带来了很大的问题,主要集中在三方面。

(1)信息技术的发展加剧了不平等的现象,由于信息技术的普及速度不一致,因此经济条件较好的地区和家庭更快地获益,从而导致了在信息教育水平上的不平等,也导致了对信息技术理解的不平等。

(2)信息技术的发展导致了数据安全和数据隐私问题的爆发,而且大量数据掌握在少数的垄断性的互联网企业手中,因此带来了诸如 Facebook 出现的巨大安全隐私问题以及对用户隐私数据的使用不当,这也促使欧盟推出了一般数据保护法案(General Data Protection Regulation, GDPR)。

(3)互联网带来了太多的过量的信息,引发了人们注意力的分散、大众娱乐化思维的扩散以及青少年的教育与交友问题等。很显然,网络游戏、网络社交以及网络的暴力信息给教育带来的负面影响是不可忽视的。

时至今日,计算机和互联网的信息技术革命发展到了新的阶段:基于计算机算法思想影响下的技术革命带来了人工智能技术的第三次浪潮,基于互联网信息技术革命的思想带来了区块链技术的革命,下面简要分析下这两个技术的发展历史和影响。

人工智能的概念形成于 20 世纪 50 年代,其发展经历了三次浪潮:第一次是 20 世纪 50 年代开始的基于逻辑推理的机器翻译时代,这一次浪潮的代表事件就是 1956 年的达特茅斯会议,人们在这次浪潮中注重的是对人工智能的技术思想与底层数学逻辑的讨论。第二次是 20 世纪 70 年代依托知识积累构建模型的专家系统时代,随着 20 世纪 80 年代 Hopfiled 神经网络和 BT 训练算法的提出,出现了各种专家系统以及日本提出的第五代计算机,然而人工智能仍然没有走进人们的日常生活。第三次是从 2006 年开始的以深度学习算法为代表的人工智能浪潮,代表事件就是 2006 年的 AlphaGo 打败了人类围棋选手李世石,以深度学习为代表的算法被大规模应用,人工智能技术被广泛应用于语音识别、计算机视觉、自动驾驶、智能城市等领域。

目前的发展状况可以从三个角度来分析。

第一，从技术方面来分析，通用型的人工智能技术研究正在突破阶段，主要都是全球顶尖的大型企业来做，如 Google、Facebook 以及国内的 BAT 等企业。专用型人工智能企业的数量和应用场景较多，主要是由中小型企业来推动。

第二，从应用方向上，人工智能在制造业、汽车、零售、医疗和金融等数据丰富、行业痛点较多的领域都有不错的应用前景，尤其未来在自动驾驶、金融风控以及智慧医疗等领域的应用。

第三，目前人工智能领域的应用技术主要还是放在专业型弱人工智能领域的突破上，而通用型的人工智能进展较为缓慢。

我们对短期内的人工智能技术的预期就是在边际成本不递增的情况下，将更具个性化的服务给到更多的消费者和企业，这是我们可以预期的人工智能技术发展的未来。

区块链的基础技术，实际上从 1989 年大卫·乔姆（David Chaum）创建名为 DigiCash 的数字货币系统就已经开始累积了，而真正的标志性事件是中本聪在 2008 年 11 月时发表了著名的论文《比特币：一种点对点的电子现金系统》，2009 年 1 月他用第一版的软件挖掘出了创始区块。比特币的出现是因为 2008 年在全球金融危机的影响下，技术极客们基于对中心化组织的不信任给出的一套去中心化的技术解决方案，也是数字世界对资本主义世界出现的经济模式投出的不信任的一票。接着，以 2016 年 6 月 23 日英国脱欧、2016 年 9 月朝鲜第五次核试验、2016 年 11 月 9 日特朗普当选等事件为标志，世界主流经济不确定性增强，具有避险功能从而与主流经济呈现替代关系的比特币开始复苏，市场需求增大，交易规模快速扩张，开启了比特币在接下来一年多时间的高速增长。

随着以太坊技术的发明以及区块链 2.0 时代的到来，比特币的造富效应开始扩散。比特币网络拥堵造成的交易溢出带动了其他虚拟货币以及各种区块链应用的大爆发，出现众多百倍、千倍甚至万倍增值的区块链数字资产，引发全球疯狂追捧，使比特币和区块链彻底进入了全球视野。芝加哥商品交易所上线比特币期货交易标志着比特币正式进入主流投资品行列。而到了 2018 年，区块链技术已经开始在以通证经济、链改、票改等为代表的商业变革浪潮中，开启了大规模商业应用的尝试。当然，由于区块链还存在很多技术、商业以及法律的问题，迄今为止还没有大规模商业应用的成功案例，换言之，这个阶段正处于区块链商业思想和技术创新的最早期。限于篇幅，本书不讨论历史，只总结三个观点。

（1）计算机和互联网技术的革命发展速度非常快，不断地带来新的创新，相比其他行业来说几十年只是非常短暂的时间，而信息技术则在这么短的时间中获得如此大量的成果，这是我们关注数字经济这一重要现象的主要原因。信息技术的发展不仅意味着人类依赖着创新技术推动社会发展的最重要的实践，也意味着人类在现实世界之外塑造新的虚拟世界文明的努力尝试，这是工业革命之后人类最重要的社会实践。

（2）在数字经济发展过程中，相应的产品和服务价格实际上是不断下降的，这是为什么它逐渐能够改变其他行业并能够得到消费者的欢迎的重要原因。其他行业的绝对价格一直不断上涨，而在信息或者 IT 领域，价格事实上是不断下降的，而与此同时产品的性能和服务在上升（更不用说大多数都是免费应用），这是数字经济研究的一个重点，也是 4.3 节讨论收益递增的经济学原理的基本逻辑。在这里要注意到的就是，数字经济是以服务和体验为核心的经济范式，它提供了两个完全不同于实体经济的特质：一方面用资产分享的使用权代替了以固定资产投资的拥有权为主的产权关系,从而获得生产关系重构的机会;另一方面通过数字资产的运作来实现收入分配的效率和公平之间的平衡,从而为扩大人们的需求以及推动供给侧的改革提供了很好的机会。

(3)信息技术的革命过程中,无论是计算机、互联网、大数据、人工智能或者是区块链,所有新的技术革命都取决于一个基本逻辑,就是将一切问题转变为数学问题。这个逻辑不仅在过去几十年的数字经济发展过程中有效,也在过去两次科技革命(蒸汽革命、电气革命)的历史周期中有效。

因此,弄清楚数字经济发展过程中的历史渊源与基本逻辑,是本书后续讨论数字经济学理论的基础,也是我们理解未来经济世界变化的钥匙。

2.3 数字经济技术与创新

> 作为经济增长和国家繁荣最重要的条件,创新的提质升级至关重要。由过去三次工业革命引发的生产率提升,其疲态逐渐显现;若想继续在第四次工业革命中推动生产率的持续增长,需要大力发展数字化技术。

下面讨论数字经济技术与创新的主题,尤其是对创新本质的分析。普遍认为创新就是创造出全新的革命性的事物,如彼得·蒂尔(Peter Thiel)在《从0到1》中就刻意强调了这样的概念,而事实上我认为创新是对已经存在的要素的重新组合,通过知识的累积和创造,不断地发现事物的本质和组合后的性质,然后将这些组合后的事物应用起来就是创新。

过去几十年来，中国不断地通过引入技术、资本和扩大产能来深度嵌入全球分工之中，从而造就了世界第二的经济大国。而随着国际分工体系的重塑和中国经济各个要素的成本提升，单纯以扩大产能和对外投资等方式来创新遇到了很大的困难，国际贸易的冲突也引发了中国对内生性创新的需求，因此我们需要找到适合自身的创新模式。

下面讨论硅谷的创新模式，为关于创新的话题开头。

首先，讨论创新在经济学研究中的重要作用。由于目前主流经济学研究的工作目标是研究经济增长，经济持续不断的增长能够使每个个体的生活质量都提高（这个观点本身毫无疑问是有缺陷的，这也是目前全球经济格局变化的原因），而实现经济增长的方式基本上有三个。

（1）通过增加和改善劳动力与资本的投入。

（2）通过对外贸易发挥专业的比较化优势。

（3）通过推动创新和企业家精神来实现增长。

毫无疑问，第三条道路在数字经济领域是最重要的，只有通过企业家创新精神来推动创新才有可能实现经济的长期增长。第8章还会讨论关于奥派的思想对数字经济学的影响，其中极为重要的观点就是企业家的创新精神是数字经济学最重要的动力，这也是我为何将自己定义为"创新者的经济学家"的缘故。事实上，自从1912年熊彼特发布《经济发展理论》一书中首先提出创新及其在经济发展的作用之后，整个经济发展的本质就被揭示出来，即企业家通过创新对生产要素进行分配推动经济的发展。

事实上，中国可能是世界上最关心和热衷于创新的国家，尤其是在数字经济领域，制定了"创新型国家"的国家战略，企业则将创新作为转型最重要的路径，而关于创新的书籍在市场上也是卖得最火爆的商业书籍。事实上，我们并不缺少创新的决心和意志，也不缺少相关的资金和市场，缺少的是创新的人才和文化。更准确地说，就是创造性的人才培养机制以及创造性的文化氛围是目前极为稀缺的。我国的教育培养的是拥有大量知识和信息的专业型人才，还需培养更多拥有好奇心和想象力的创造型人才。我国的教育能够保障足够的知识量的供应，但是不能保障在这个过程中制度性地对好奇心的约束，往往从事教育的老师越努力，而学生的好奇心和想象力被遏制得越彻底，从而创造性人才的培养也无从谈起。这就是对著名的"钱学森之问"的一个回答，不是培养不出杰出的人才，而是在培养过程中对创造力的遏制导致了杰出人才的好奇心和想象力没有得到足够的重视。在这个过程中，可以参考关于美国教育过程中对好奇心和创造力的培养，尤其是对创造性的心智模式的养成，需要一个非常系统和完善的过程。

其次，分析硅谷的创新。在半个多世纪之前硅谷还是美国非常不发达的地区，而仅仅几十年之后这里诞生了世界上诸多的高科技跨国公司。这里不仅仅是高科技人才的聚集地，也是新的技术革命的发源地。全世界都在学习硅谷的经验，包括我国也在打造号称中国"硅谷"的雄安新区。那么，该如何理解硅谷在创新上的成功以及这些创新给予我们的启示？关于硅谷创新的历史秘密，在《硅谷百年史》一书中可以找到答案，这本书是由斯坦福大学的访问学者皮埃罗·斯加鲁菲（Piero Scaruffi）所撰写的，从中可以总结出硅谷创新发展和企业成功的原因。

（1）通过股权和期权的方式促进了财富再分配，使得生产关系得到了变革。硅谷之所以那么受到全世界创业者的关注，就是它的财富分配机制不依赖于原有的存量，而是通过增量来实现财富创造和分配的过程。这个过程不仅仅拥有巨大的财富效应，也符合人们对创新者的财富伦理的要求，这是我们理解硅谷创新精神的关键。

（2）在硅谷有较为宽松的创业环境，对发明和创业的极度宽容和鼓励使得人才资源能够自由地流动。正是硅谷的成功,促进了国内很多创业产业园区的出现以及地方政策的人才政策的变化。事实上,所有的创新都是以人为本的创新,没有对企业家的创新精神的尊重以及提供给创新者足够友好的外部环境,创新的土壤也就无法产生。

(3)硅谷多元的文化氛围促进了创新,也就是国际化的人才聚集使得硅谷共识往往拥有其他地区不具备的国际化眼光。简而言之,就是硅谷的创新文化推动拥有创新精神的企业家的参与,以及硅谷提供了创新企业赖以生存的商业环境,也就是强调个体的创新精神和自由的文化和秩序,这两点都是我们在数字经济学研究中重点讨论的课题。

最后,从经济发展角度再讨论创新与技术的关系。正如经济学家保罗·克鲁格曼(Paul Krugman)所言:"生产率不是一切,但从长远来看,它几乎是一切。"一个国家长期改善国民生活水平的能力与生产率是直接相关的,而对企业家来说通过创新提高生产率也是他的天职。

换言之,创新是经济增长和国家繁荣最重要的条件,因此如何提升创新能力是非常关键的。事实上,过去三次工业革命对生产率的提升正在逐步下降,而我们需要在第四次工业革命中去推动生产率的提升,而这个提升过程中最重要的方式就是技术的提升。复杂经济学的创立者布莱恩·阿瑟(Brian Arthur)在通过对多个发明、创新和技术演变案例进行分析后,在《技术的本质》一书中得到的结论就是"创新就是要找到原本已经存在的东西",而技术就是用新的方式对已有的技术进行组合,创新的过程就是技术的组合演化的过程。理解了这一点,我们对创新、技术和经济的关系就能够建立起来了,也能够理解为什么企业家创新精神是整个数字经济发展的核心动力。

另一方面,互联网经济以高屋建瓴之势冲击了传统经济的产业结构,不断地推动数字经济的产业变革和商业模式创新,其中不仅包括对消费者交易方式的变化，也推动了数字经济内在经济机构和产业生态的变化。互联网经济的创新改变了传统工业时代同质化和标准化的生产模式和交易模式，它的改变是通过对信息结构的变化推动的，信息几乎为零的可变成本，使得生产侧提供个性化的商品和服务成为了一个新的价值实现路径。而工业时代高投入、高消耗和依赖生产要素的数量增长的经济增长模式，被互联网经济以依赖生产要素优化组合、依赖技术创新、通过知识和信息推动的数字经济范式所逐步替代。尤其是区块链技术的发展，使得信用成为了一种可以通过技术契约实现的方式，而点对点的去中心化的交易成为了可能。对经济学研究来说，价格机制就不再是经济分析的全部了，创新活动尤其是如何通过信用网络的激励和约束来推动数字经济的发展，成为了整个数字经济研究的重点。

  最后补充一下，数字经济的创新不仅仅是数字经济学问题，同时也是所有经济生态发展的问题。无论是房地产行业、零售行业或者是制造业都在面临着数字化转型，通过智能化与网络化的方式来实现产业链的变革，推动着生产要素的最优配置。与此同时，数字经济的商业思维方式通过与产业逻辑的对接，正在逐步实现对不同产业创新的"赋能"。在这个角度下，我们一方面可以将数字经济看作跟传统实体经济和虚拟的金融经济并列的一种经济生态，另一方面也可以看作一个与其他所有经济生态相互融合的经济趋势。实体经济要通过数字化转型实现生产率的提升和生产要素的最优配置，而虚拟经济则通过数字化的方式来降低金融行业创新的风险、通过网络提供更有价值和针对性的服务，以及通过技术契约来解决传统金融行业的信用问题。简而言之，数字经济创新之所以重要的核心原因是数字经济的无边界的影响力，整个世界都在不断地推动着数字化的进程，因此数字经济学的研究也就获得了其独有价值，数字经济学研究也获得了持续的生命力。

总结一下本章的内容，我们讨论了三个话题：数字经济的浪潮之巅、计算机与互联网革命、数字经济技术与创新。首先通过信息技术革命与创新历史，以及技术和创新之间关系的讨论，我们理解了整个信息技术革命是基于不断的创新和变革发展而来的，也理解了整个 IT 革命就是将真实世界通过数学进行虚拟化和算法化的过程。其次讨论了硅谷成为数字经济创新最伟大的根据地的原因，理解了经济活动的创新要建立在文化、社会和地域等多个要素之上，单纯地依赖一部分外部环境的变革并不能带来创新的成果。最后讨论了创新、技术和经济之间的关系，理解了创新就是对技术的组合演化的过程，而数字经济的发展依赖着企业家的创新，技术和创新的重要性是理解数字经济学发展内在逻辑的基础。

以上就是对本章的总结，希望各位读者能够多多阅读和思考，建立起一套基于技术、创新以及经济的思考框架。

第3章

数字经济学增长理论

03

传统经济增长理论将技术和创新当作了客观因素而不重视企业家的力量，并认为经济增长的核心是商品和服务需求的增长，从而推动了凯恩斯理论的盛行，但显然已经遇到了很大的问题。

本章讨论关于经济增长理论的观点，通过经济增长理论思想的研究来分析和推导数字经济的增长理论。数字经济的高速增长，既带有传统经济增长研究的特点，也带有独属于本身经济发展所具备的特点。这就为我们研究数字经济增长提供了一种新的思路：一方面要继承传统经济增长理论中的基本框架和观念，也就是将经济产出与劳动力和资本的规模与生产率等要素挂钩，形成理解经济增长的基本框架。另一方面，要看到数字经济尤其是网络经济形态的差异性，通过复杂化和异质化的经济效用的研究模型，探讨网络经济增长的内在逻辑。

首先回顾历史上关于经济增长理论的基本思想和逻辑，在工业革命之前由于经济发展的相对速度是较为缓慢的，当时的古典经济学家提出了很多适合较为缓慢的经济发展情况的经济增长理论框架，即古典增长理论。古典增长理论跨越了古典经济学、新古典经济学两个范式，前者包括亚当·斯密在《国富论》中提到的"分工促进经济增长"理论、托马斯·罗伯特·马尔萨斯在《人口原理》中提出的人口促进经济增长理论以及卡尔·海因里希·马克思（Karl Heinrich Marx）在《资本论》中提出的两部门再生产理论等，后者则包括熊彼特在《经济发展理论》中的创新理论、阿伦·杨格（Allyn Young）在《递增的报酬和经济进步》中提出的斯密定理等。古典经济学是经济增长理论发展的第一个高潮时期，也提出了符合当时经济增长的一系列思想。而随着新古典经济学将研究重点放在静态的市场均衡中，关于增长理论的讨论几乎消失了，换言之，新古典经济学是经济增长理论讨论的低潮时期。

现代增长理论的起点是哈罗德-多马模型的出现，这个模型是将凯恩斯经济增长理论动态化的尝试，它试图将凯恩斯理论的短期分析整合进经济增长的长期因素，并强调资本积累在经济增长中的作用。而另一种关于现代经济增长理论的看法是1928年英国经济学家弗兰克·普兰顿·拉姆齐（Frank Plumpton Ramsey）在《经济学周刊》上发表的《储蓄的一个数理理论》的论文标志着现代经济增长理论的开始，因为他的理论是第一次在方法论上具备了研究动态问题的因素。然后，现代经济发展理论就产生了三次浪潮，其中最具代表性的就是始于20世纪80年代的第三次浪潮中关于内生增长理论的发展，即保罗·罗默和罗伯特·卢卡斯（Robert Lucas）关于内生增长理论的研究，也是2018年获得诺贝尔经济学奖的研究成果。

简而言之，关于经济增长的逻辑，古典增长理论中亚当·斯密的经济学的核心思想是：社会经济发展和财富增长，靠的是创新和技术进步，而创新和技术进步取决于更细的分工，分工则取决于市场规模大小。市场规模推动了分工的形成，分工推动了技术和创新，而技术和创新则推动了经济增长。但是，新古典经济学的增长理论将技术和创新当作了客观因素而不重视企业家的力量，而接下来的主流增长理论中认为经济增长的核心是商品和服务需求的增长，从而推动了凯恩斯理论的盛行，这个理论逻辑很显然已经遇到了很大的问题。

下面我们就从三个不同角度来探讨数字经济学中的增长理论问题：数字经济增长的方程、传统增长理论局限以及数字经济学新视角。

3.1 数字经济增长方程

> 从逻辑上来看，分析数字经济学的增长方程是一种基于动态均衡理念的复杂化变量分析研究，需要结合经济变量和非经济变量的新思维。

从 18 世纪古典经济学诞生开始，经济增长问题就是经济学家研究的一个重要方向。无论是古典经济时期的亚当·斯密、马尔萨斯和李嘉图，还是提出基本增长方程的阿尔弗雷德·马歇尔（Alfred Marshall），或者是提出技术创新理论的熊彼特和早期的西蒙·库兹涅茨（Simon S. Kuznets），以及到了现代经济学中的哈马德-多马模型以及华尔特·惠特曼·罗斯托（Walt Whitman Rostow）的《经济增长的阶段》中所涉及的理论，我们都看到一个显而易见的学术传统，即主流的经济增长理论都是建立在一般方程和生产函数的基础之上的，也就是找到一系列变量然后探讨这些变量通过函数关系如何影响经济增长的总量和效率。通过一个框架和一个理论系统地解释整个经济发展过程，就是一致性增长理论的思想框架。在这个框架中放入诸如技术、人口、资本积累、贸易、制度和文化等多种因素，来研究这些因素对经济发展的内在影响。事实上，现代经济增长理论的一个重要尝试，就是对这些要素中的单个要素进行分析，但是关于多个要素的分析则处在一个正在研究的过程中，这也是数字经济学理论的一个重点，如何将数字经济发展的内生增长的多个因素放在一致性的增长模型中思考。

鉴于尽可能避免给大家带来数学上的困扰（大多数人看到数学公式都会望而却步），以及事实上数学也只是表达逻辑的工具，我尝试用文本语言描述这个基本的经济增长方程的基本逻辑。

首先，建立一个基本的框架，即经济的产出取决于劳动力和资本规模与生产率，资本包括土地、其他自然资源，以及有关科学、技术和组织的知识（事实上，数字经济体系中知识和创新是最重要的资本）。因此，一个经济体的增长率就被视为这些复杂变量变化率的函数。

简单地理解就是 $Y=f(X)$，X 中的变量包括经济体的资本存量、自然资源、劳动力、社会累积应用的知识以及经济运行的社会环境等。

在著名经济学家艾玛·阿德尔曼（Irma Adelman）的著作《经济增长与发展的理论》中，对每个变量如何对生产总量造成影响进行了详细的理论阐述，在这里只需要知道这样一个简单的方程即可。

其次，在这个简单方程的基础上，要建立一个新的观点，这个观点就是经济增长率以及劳动力和资本生产率等要素的行为决策并不只是由人类的经济动机决定的，经济行为只是衡量物质进步与人类其他目标的这一复杂过程所产生的结果。这个结论非常重要，因为主流经济学中将所有要素都理解为经济要素（直接地说就是价格要素）其实是一种以果导因的思维方式。

历史和现实告诉我们，人类的决策行为和动机非常复杂，这是由于人性本身的复杂所决定的，所以导致经济进步的行为不一定只是来自经济目的的激励，而是有大量其他因素的考虑。这一点我们后续在第 4 章关于复杂经济学和基于共识的政治经济学中会继续讨论。经济学并不是只研究经济要素的学术，而是研究人类行为决策的学问。

因此，需要将更多的复杂变量考虑进来，包括社会学、人类学、心理学、历史学以及认知科学等，通过这些复杂因素的增加来考虑经济增长的基本动力和动机。

最后，将目光放在经济学发展的数百年历史中，抽取其中最重要的经济发展的基本动机以及提出关于经济增长理论的基本问题。

根据美国经济史家以及发展经济学先驱之一罗斯托在《经济增长的阶段》中所提到的，有以下六种基本动机可以作为经济发展的基本动机。

（1）发展基础科学（物理学和社会学）的动机。

（2）将科学应用于经济目的的动机。

（3）主动创新的动机。

（4）寻找物质进步演化方式的动机。

（5）消费产生的动机。

（6）生育和生殖的动机。

基于这六种基本动机，我们可以比较系统地理解经济增长理论中人们行为的驱动力。而经济增长理论的基本问题也是围绕着这些动机展开的。

由于篇幅所限，我们在这里只提出三个基本问题：①长期内生经济增长是否可以稳定而持续地存在？②不同经济周期内，经济发展的特征有何差异？③一个经济体需要发展，应该选择怎样的路径去确定发展道路？

这三个问题涉及的是经济发展理论的本质，传统新古典经济增长内生理论的逻辑是平衡增长的逻辑，即存在一个稳定的、唯一的均衡，而发展的前提就是找到这个稳定的均衡。很显然，这样的理论是不符合现实的，只能够解释部分经济发展周期里的部分经济体的现象（如发达国家的经济体高速增长时）。而内生增长经济逻辑则基于尼古拉斯·卡尔多（Nicholas Kaldor）事实提出了资本边际回报率并不是递减的，因此给出了多种经济内生理论的解释，包括罗默的技术进步内生、卢卡斯的人力资本内生以及创新型破坏思想下的创新过程内生等，数字经济中最为关注的内生要素就是技术、创新以及人力资本，其基本思想来源于内生增长理论的研究。

简而言之，对数字经济学的增长方程的分析逻辑是一种复杂化变量的分析，是一种基于动态均衡理念的研究，需要结合经济变量和非经济变量的新思维。从经济增长理论的发展史角度分析，这些问题反映的是数字经济发展问题的实质：所有的经济发展理论都是要建立一种方程的对应关系，而对于数字经济发展来说，这种关系中最重要的就是能够将技术和创新能力放在其中，以区别于固定或者渐进的生产变化函数下的利润最大化行为。而且，这个方程还需要解释创新随机出现的现象以及内在的周期性波动行为等，因此本书后续还会基于经济结构的思想对增长理论进行分析和研究，来探索数字经济增长的基本框架。

3.2 传统增长理论局限

> 凯恩斯主义在面对经济危机时有一定效果，但却会带来货币政策的盲目扩张以及资源配置的低效，奥派强调自由秩序的本质以及企业家创新精神的作用，更符合亚当·斯密关于经济学研究的本质，但两者都有缺陷。

作为一个技术哲学和数字经济学的研究者，与大多数以数学家或者传统经济学科出身的经济学研究者不同，在研究经济学时，我更加注重古典经济学家的观点。

由于古典经济学家或多或少都有着一些哲学家的气质，如大卫·休谟（Divid Hume）以及卡尔·海因里希·马克思，他们对经济学的研究更加注重其复杂性和系统性，尤其是注重经济学所涉及的人性、道德和文化等要素的关联，而不是现在经济学家们所关注的纯粹的数学问题或者是对价格或货币的研究。

正如马尔萨斯所说："在政治经济学中，简化的渴望会导致研究者不愿承认特定结果的出现是源于诸多原因而非某个原因……哲学的第一要务是说明事物的本来面目……"这就是我为什么试图建立一种更加跨学科的、基于复杂思想的以及跟真实世界更加相关的经济学的原因。因为我们面对的是复杂多元的世界而不是想象中的数学世界，人们的经济生活实际上是在并不那么完美和优雅的复杂互动的环境中所展开的。

因此，我们在这一节来探讨传统经济增长理论的缺陷，以及试图构建一种经济增长理论的全貌。

我们讨论传统经济增长理论的局限性，通过分析主流宏观经济学和奥派宏观经济学关于经济增长理论的观点来梳理传统经济增长理论的有效性和局限性，为下面讨论数字经济学的增长理论奠定基础。

首先介绍主流宏观经济学的理论，即来自约翰·梅纳德·凯恩斯（John Maynard Keynes）的观点。毫无疑问他是迄今为止对宏观经济理论影响最大的经济学家，以至于他的理论同宏观经济学直接关联。他的两本著作《货币论》和《就业、利息和货币通论》通过对经济周期的分析和诠释，来研究经济周期和经济增长问题。《货币论》中他提出不同的个体为了不同目的而做出不同的决策，其中最重要的就是储蓄和投资，二者之间的差距引发了经济系统的扩张或者收缩，因此本质上每个经济过程都有限度，从而导致了经济周期问题。简而言之，在凯恩斯的理论中投资和储蓄存在一个动态平衡关系，投资超过储蓄或者投资少于储蓄的基本动力在于其中包含重大的不连续性的创新。

而在另一本著作《就业、利息和货币通论》中，他基于严格的马歇尔式的短期分析逻辑进行讨论，将影响经济的变量归纳为三个。

（1）三个基本的心理因素：内心的消费倾向、内在流动性偏好以及对资本资产未来收益的预期。

（2）雇主和雇员之间就工资水平进行谈判所达成的结果。

（3）由中央银行确定给定货币数量。

也就是说，如果以上关键要素不变，那么国民收入及就业水平也就保持了稳定。在这个基础上凯恩斯提出在经济萧条时期单凭个体的独立行动无法扭转市场的负面，而应该依赖政府的全面干预的作用。这样的干预不仅包括促进投资增长，而且要求推动消费增加；这种增加不仅需要达到令既有的消费倾向与增加的投资保持相当的水平，而且还要更高。

正如经济学家张维迎所说，凯恩斯理论是主流宏观经济学的核心部分，也是政府干预经济的重要依据。

限于篇幅，本书简单讨论他提出的观点对经济思想和世界经济发展的内在影响及其逻辑。"一家政府的开支和投资只能取之于民，它的开支和投资增加，民间的开支和投资就要等额减少""货币扩张所能产生的效应就是对真实储蓄在新钱先后入手者当中的重新分配"。这样的观点普遍被各国的中央银行所接受，尤其是在面临经济下滑和金融危机时。这个措施在美国遭遇历次经济危机的时候都用过，包括西奥多·罗斯福（Theodore Roosevele）在面临大萧条挑战的时候所采取的政府管制经济的措施，以及2008年金融危机时美联储和财政部对市场的救济措施都是这一思想的体现。

然而，即使并不在经济危机时，各国的中央银行也采取这样的方式，如美联储前主席本·沙洛姆·伯南克（Ben Shalom Bernanke）提议中低收入的现金可以在短期内用于消费，应该通过刺激这样的消费来拉动经济，也就是越节俭越不利于经济。凯恩斯主义的宏观经济基本公式是GDP=消费+投资+净出口，也就是所谓的三驾马车，提倡政府通过增加投资刺激大家多消费，而这个理论导致了政府大量的信贷扩张和投入资金，由于这样的投资往往是非常低效的，反倒是使得经济进入了恶性循环。

下面再来看奥派经济学者的经济增长的观点，他们强烈反对凯恩斯在《就业、利息和货币通论》中提出的观点，认为没有剩余产出就没有需求，也就没有了消费别人产出的能力。消费品的所有者不是用它们交换其他消费品，而是决定用它们获得更佳性能的工具和机器，从而使得未来得到更多产出和更高质量的消费品。奥派经济学者认为通过把节约下来的消费品转移到工具和机器生产上来，拥有消费品的个人就把他们的真实储蓄转借给了那些专门制造工具和机器的个人（也就是创新者和企业家），从而带动了新的产品和服务的诞生，只有增加更好的供应才会有更大的需求，扩大最终消费品供应的因素是资本财货增多，也就是用于创新的工具和机器的增多。

简而言之，奥派经济学者认为通过提升经济的效率和创造更好的供应，才能增加真实的需求以及真实的储蓄，经济的驱动力不是对于商品的需求，而真实世界的需求来自创新带来的消费需求。

事实上，这个理论是符合亚当·斯密的思想的，因为亚当·斯密的逻辑就是通过生产质量更高、价格更低的产品来开拓新市场，从而拉动市场的需求和经济的增长，而占据主流的凯恩斯主义则忽视了这方面。

我们看到无论是凯恩斯主义和奥派经济学都在强调市场的不确定性，但是两者之间有着巨大的差异。凯恩斯认为新古典经济学中的人们可以通过去价格的信息来对未来进行准确判断的预期是不符合事实的，因此以数学概率作为一个人形成预期的基础是无用的尝试，因为关于过去价格的信息根本无法提供科学依据借以形成任何可计算的概率。

因此，凯恩斯提出个体是受到"动物精神"的支配去做预测，并基于这个预测形成创新，而这样的后果就是经济周期的产生和市场的萧条，这就需要政府的干预来指导市场的形成，稳定投资、产出和就业水平就成为了政府的职责。而奥派经济学则在认同凯恩斯对过去价格和未来价格之间简单数学关系的非相关性的观点的基础上，认为企业家可以通过了解过去具体市场参与者的主观价值来对未来进行预期。这些预期不是数值而是一系列关于市场的主观判断（异质性的预期），因此不同的企业家通过做出不同观点判断进行决策，市场则在这个过程中通过利润和亏损体系筛选出更符合市场规律的企业。这样的机制让生产者和消费者决策得到协调，真正能生产出符合市场需求产品的企业家就能够获得更大的利润，从而实现了不确定性市场下主观预期和市场秩序之间的稳定。因此，政府干预下导致的价格信号的失灵，尤其是货币供应扩大造成的利率的降低都会使得这样的机制失效，从而造成了市场的萧条。

以上讨论了凯恩斯主义和奥派经济学的经济增长理论，前者在面对经济危机时有一定效果却会带来货币政策的盲目扩张以及资源配置的低效，后者更强调自由秩序的本质以及企业家创新精神的作用，更符合亚当·斯密关于经济学研究的本质。

不过，无论是哪个理论思考，在应用于数字经济领域时都存在一定的缺陷和局限性，主要体现在以下三方面。

（1）传统理论没有把非经济因素系统性地引入经济增长分析的路径，而事实上非经济因素对整个经济增长的影响贯穿始终，尤其是在某个经济体增长的早期阶段影响更大。因此唯有把经济增长放在复杂的经济环境以及社会动力学的视角下去审视，才可能正确理解经济增长的本质原因。

因此，数字经济学的研究会致力于扩展经济和非经济要素相互交融的经济学理论，关注概括社会所面临的各种经济挑战和相关的决策行为的内在逻辑。

（2）传统的框架无法容纳新的生产函数产生和扩散的过程，即扩展性较差。事实上，我认为经济发展理论的研究不应该视为一种静态目标，而是视为一种动态迭代的学术研究过程，因此所构建的框架的扩展性一定要高。

尤其是数字经济学发展过程中，随着互联网、人工智能、区块链、物联网等新技术的出现，影响生产效率的变量在增多，经济发展的要素也在变化，这对经济框架的扩展性就会有要求。与此同时，需要分析科学、发明和创新之间的复杂联系如何缔造新的生产函数，并把现代经济增长和过去人类文明漫长时代所累积的经验联系起来。

（3）传统经济增长理论没有对经济周期和经济增长过程之间的联系深度而系统地解释出来。

大多数时候经济学家们甚至将经济周期和经济趋势分开来看，而事实上我们需要脱离这种静态的、封闭的经济学研究的框架，而构建一种动态的平衡路径，甚至基于非均衡的角度进行研究。尤其是经济世界受到技术变迁影响之大，以及在经济发展过程中所呈现的类似 S 形趋势的动态发展过程。

以上就是我们讨论的传统经济增长理论的缺陷，以及奥派经济学者对传统经济增长理论的反驳。在这个基础上，我们讨论了数字经济学所需要做的一些工作的方向，理解了这部分内容就能理解这个学科工作的特质：一方面继承和探讨传统经济学理论中有价值和有思想的部分；另一方面要提出新的框架和理论去弥补传统经济学理论中的缺陷部分，用来解释新的经济趋势和技术发展方向。

3.3　数字经济学新视角

> 不仅互联网是网络，一切经济现象都是网络。

基于 3.1 节和 3.2 节的讨论，本节具体探讨数字经济学研究的方法论，限于篇幅，只探讨两个基本的逻辑。

（1）探讨数字经济学的结构范式的演进逻辑，提出基于网络的经济才是更一般范式的假设。在这里主要引入的是林毅夫先生关于新结构经济学的讨论，来解释数字经济学中增长问题发展的内在逻辑。

（2）提出经济增长演进的异质性问题，即对于异质化资本的影响体现在数字经济增长中的基本思考，这是有别于传统经济学的基本观点。只有理解了异质化资本以及其中规定复杂性的要素，才能理解数字经济增长的内在规律。

通过这两方面的讨论，就能基本明确我们为什么将数字经济学理解为一种针对数字经济研究更加一般性的框架，以及在数字经济领域具备解释力和扩散性的框架。

首先传统上认为数字经济属于特殊的经济发展现象，因为大多数数字经济领域的发展理论不适用于传统经济学理论研究。而事实上这个观点不完全准确，关于传统经济学的分析思想是可以利用的，只不过需要关注的是其中的有价值的部分（如内生增长理论），而抛弃其中关于一般均衡的思考。

传统经济理论尤其是一般均衡的增长理论之所以有问题，本质上是因为传统经济学用原子的观点看待世界，将经济现象视为一种原子的静态的发展的现象，对应的观察视角是单一的、静态的视角，或者叫作"基于牛顿力学的经济学理论"。而数字经济学将经济现象理解为一种网络现象，互联网，数字经济，包括区块链经济，都是越来越一般化的经济现象而非特殊的经济现象。

由于传统经济研究的是原子世界，这样的市场不可避免地存在着非市场因素的干扰，如不同国家之间的政策导致的非市场行为，因此所形成的市场机制就是一种不完全自由的市场机制，可以将现实中的市场理解为不完全的市场网络。而数字经济研究的对象是以技术和创新驱动的市场，并不存在传统市场里太多的非市场因素。也就是说，传统经济是一种局部的、残缺的网络经济，而以互联网为代表的数字经济则是一种更加完善的网络经济。

数字经济学的理论认为不仅互联网是网络,一切经济现象都是网络。这里可以从三个角度去理解。

(1)经济学被认为是社会学的皇冠(可以理解为经济学是全部社会学理论的精华),而社会本身就是由不同人群所组成的复杂网络,因此数字经济学是从结构这个维度去看待人类的行为和经济现象的,比现有的传统经济学具备更高的格局。

(2)数字经济学基于网络经济的逻辑建立了一种量子思维的波粒二象性,我们看待经济学的维度得到了扩展,能看到经济学中既有合作的一面也有自私的一面(这就可以解释亚当·斯密的人性自私所造成的互助合作现象),既有节点的独立性也有相互协作的一面,这就可以解释数字经济中关于社群组织的双重结构理论。

(3)数字经济学所构建的网络经济的逻辑是一种有机的动态的理论,因此能够在以自利为核心的传统经济学理论之上,推出合作的网络如何产生更大收益的经济理论。由此得到的结论并不仅仅限于传统经济学所提到的"自私以利他"的结构,而是互利以及互利形成的社群所带来的经济现象的解释。因此,数字经济学认为基于网络的社群组织才是未来经济的特质和特点,传统企业研究的只是网络经济在原子时代的特例,这使得基于原子现象的传统经济学理论得到了范式的迭代,更加具备解释能力。简单地说,传统经济学是低维度的经济学,而数字经济学是高维度的经济学。

然后,我们详细讨论市场结构性问题。现代西方经济学实际上是在启蒙运动和理性思维的基础上发展出来的一套经济学理论(16.2节会具体讨论传统经济学与启蒙运动之间的关系),而我们探讨的数字经济学是以结构理性为核心的经济学理论,因此理解经济发展的过程就是基于结构的演变现象，这样的思维方式能够更好地理解经济发展的基本逻辑。这里我们引入林毅夫先生的新结构经济学思想，来对这个问题进行初步探讨。

新结构经济学就是基于新古典的方法研究现代经济增长的本质和决定性因素，也就是研究经济发展过程中的经济结构和结构不断演变的决定性要素，这就是新结构经济学的基本目标。而新结构经济学的主要内涵就是每个经济体在每个时点的要素禀赋及其结构应该是经济研究的重点，每个经济体在每个时点所拥有的资本、劳动和自然资源是给定不变的，但是却在随着时间不断变化。在这个基础上，新结构经济学提出了一个非常重要的核心观点：每个经济体在每个时点的产业、技术结构是内生的，内生于这个时点的要素禀赋。这个结论是我们分析数字经济发展的重要理论基础之一，网络经济结构的特点决定了数字经济发展的基本逻辑，也决定了大多数企业组织的发展规律。

限于篇幅，在这里只简单讨论基于结构理解经济学增长的逻辑，并通过这个逻辑理解数字经济学理论中网络组织增长的思考。工业革命之前人均 GDP 增长速度每年不超过 0.05%，也就是 1400 年才会增长一倍。而到了工业革命之后的 18 世纪到 19 世纪中期，人均 GDP 增长速度变成了每年 1%，也就是 70 年就会增长一倍。20 世纪中期之后，全球人均 GDP 的年增长率约为 2%，因此人均 GDP 翻一倍的时间变为 35 年。工业革命带来的增长并不只是人口因素的影响，而是产业技术的创新导致的每个劳动者的生产效率和生产质量的提升，而随着技术和产业的升级带来的就是生产规模和市场交换范围的扩大，使得不同的经济要素资源配置到不同的产业中去。随着交易的扩大带来的是更大范围的陌生人之间的协作，协作的过程就产生了现代公司制度以及相应的法律，而在这个过程中伴随着资本的产生和金融体系不断完善。这就是现代经济增长理论的内在逻辑，即随着经济基础的不断变动和生产力的提升，基础设施和制度安排不断变化来推动交易费用的降低，最大的改变并不是基础劳动要素的变化，而是其中的内在结构的变化推动了交易费用的降低。

我们通过这个视角来解释数字经济高速发展的原因，正是由于数字经济学研究的主体是网络组织，具备更好更完整的结构性，因此相对于企业组织的特点（企业组织越复杂，交易成本越高），网络组织则是复杂性越高，交易成本越低，即网络组织提供了更低的交易费用。传统经济学中探讨企业何以可能，核心在于通过分工提升效率，但是与此同时增加了企业的复杂性，因此提高了企业内部的交易费用。而对于网络社群来说，则是复杂性越高，交易成本越低，同时也满足了分工的专业性问题。因此，就像罗纳德·科斯（Ronald Coase）提出的企业何以可能的问题，数字经济学基于网络视角去看待社群组织，也就需要回答一个问题：网络为什么能够降低交易费用？

在这里简单的回答就是，基于共识的社群网络组织用一个连续的低摩擦的短期契约，替代了市场以及企业所提供的长期契约，其内在逻辑是共识社群网络通过技术契约的方式建立了基于共识的信用（在互联网时代是通过熟人关系建立的，而区块链时代则不需要熟人关系），在这样的信用网络之中实现了资源配置的高效率，超越了传统经济学中的市场和企业的配置效率，因此基于网络结构的主体——社群组织——就具备了企业和市场的双重特性，从而形成了一种双重架构，同时具备了多样性效率和专业化效率，而这样的网络具备的是报酬递增的可能性，这就是数字经济学的增长理论的新视角。至于报酬递增理论具体的内在逻辑，以及为什么基于网络组织就能实现这样的报酬递增，我们在第4章讨论复杂经济学的时候会具体阐述。

> 数字经济学中的主要视角是基于网络的角度去看待所有主体，认为传统经济是残缺的网络，而基于共识的社群组织是完整的网络。

总结一下，我们从三个不同角度来探讨了数字经济学中的增长理论问题：数字经济增长方程、传统增长理论局限以及数字经济学新视角。

事实上，前两个问题是对传统经济增长理论的框架的理解，以及对其中的不足之处的分析，而最后一个问题是基于新结构经济学的角度来探讨数字经济学的增长理论。

重点就在于数字经济学中的主要视角是基于网络结构去看待所有主体，认为传统经济是残缺的网络，而基于共识的社群组织是完整的网络。网络实际上提供了一种扁平化而又低摩擦（如果不是零摩擦）的资源配置方式，正因为扁平化，所以不需要市场那样的高交易费用，正因为低摩擦，则不会遇到科斯所提到的企业分层带来的内部交易费用问题。一方面数字经济是基于网络结构的基础设施；另一方面企业组织也在发生网络化，使得交易费用进一步降低，生产效率得到提升。

这就是我们看待数字经济学增长理论的基本视角，也是如何建立数字经济增长理论的基本研究框架。

第4章

复杂经济学与演化秩序

如果要理解数字经济中的基本逻辑，就要建立一种基于演化和涌现的经济学框架。

本章讨论复杂经济学视角与基于演化的经济秩序。实际上，自从英国经济学家阿尔弗雷德·马歇尔撰写出《经济学原理》（这是一本被认为和亚当·斯密的《国富论》以及大卫·李嘉图的《政治经济学及赋税原理》具有同样伟大历史地位的经济学著作），成为新古典经济学的创始人之一后，主流经济学就一直沿着马歇尔的路径去探索。马歇尔所讨论的供给需求、边际效益与生产成本等问题至今还是大学的经济学课程中不可或缺的内容。

然而，我们看到随着时代的发展尤其是数字经济的发展，这种基于连续性假设的经济学框架越来越不能解释技术、创新以及行为经济学中所探讨的关于演化的经济秩序等问题。传统经济学两百多年以来主要的模式和框架都来自物理学中的经典力学的思想，而演化经济学则力图将存在于经济学中的多样性和适应性作为研究对象，基于生物学的思想进行分析，这是在本章中要重点分析的逻辑。通过建立一种基于演化经济学的框架，来理解数字经济发展过程中的基本思想。

换言之，如果要理解数字经济中的基本逻辑，就要建立一种基于演化的经济学框架，这是我们要关注的重点，而复杂经济学以及演化经济学则是我们研究这一框架的基本逻辑。

为了研究好这部分内容，本章分三部分讨论：《经济学原理》与连续性假设、基于演化和涌现的复杂性思想、复杂经济学与收益递增的原理。

4.1 《经济学原理》与连续性假设

> 新古典经济学是主流经济学，但是已经死了。

本节首先讨论新古典微观经济学之父马歇尔的学说，尤其是他的著作《经济学原理》中关于连续性假设的讨论。

马歇尔在 1890 年的时候出版了自己的名作《经济学原理》，而事实上从 1867 年开始他就已经有了关于供需分析的框架和理论，只是出于谨慎的性格和力求建造一座理论大厦的目标，才用了 20 多年时间研究理论体系。

正如凯恩斯所说："威廉·斯坦利·杰文斯（William Stanley Jevons）[①] 看到壶中的水沸腾了，像个孩子似地欢呼起来；马歇尔也看到了壶水沸腾了，却悄悄坐下来，造了一台发动机。"

另外，由于马歇尔本人是集伦理家、数学家以及历史学家于一身的跨界学者，因此他能够系统地论述价格的决定力量和资源配置的核心问题，这是他能够成为大师的两个特质：保持耐心地系统研究以及通过跨界来解决问题。

《经济学原理》一书中首先对经济学下了定义："政治经济学或经济学是对人类日常生活的研究；它考察个人和社会行为中与获得和使用物质财富密切相关的部分。"其指出了经济学研究的两个核心命题：经济学是一门研究财富的学问，同时也是一门研究人的学问。其次书中指出了他研究经济学的目标："贫困是否必然的问题给予经济学以最大的关心。"也就是英国知识界主要关心的问题就是贫困与收入分配的两极化趋势。马歇尔本人也是将贫困问题作为最关注的课题来研究。最后马歇尔讨论了一系列关于真实现象的经济学解读以及如何将经济学理论应用到实际问题中的研究。

限于篇幅，我们在这只需要注意到三个基本的观点。

[①] 另一位草率出版著作试图改革古典经济的价值理论的经济学家。

（1）经济学家应该关注和界定自己研究经济学的范围，而不要选择一个过于广泛的经济学定义或者领域去研究。

（2）消除贫困应该作为经济学的首要任务，因此马歇尔的研究围绕着贫困的原因和解决方案来探讨。

（3）经济的研究是非常复杂的，但是马歇尔采用局部均衡的分析形式来分解复杂问题，也就是将要分析的经济体的一个部分孤立起来进行研究，得到一个最为接近的结果，这样的方法奠定了新古典经济学中的数学思维以及假设模型。

最后，本节讨论马歇尔在《经济学原理》一书中所涉及的一个基本思维方式，也是人类认知世界的一个基本思维：连续性假设。这也是要重点关注的概念以及为什么要重新构建一种理解经济学思维的基本原因。

马歇尔在不同版本的序言中讨论了多种连续性的假设，限于篇幅，本节只讨论三种。

（1）经济学本身的演变过程是一种连续性的过程。他说："经济学是——而且必然是——一种缓慢和不断发展的科学……新的学说补充了旧的学说，并扩大和发展了，有时还修正了旧的学说，而且因着重点的不同往往使旧的学说具有新的解释，但却很少推翻旧的学说。"这个观点让马歇尔在研究时会基于前人的观点进行迭代和论证，如他在两位早期数理经济学家安东尼·奥古斯丁·古诺（Antoine Augustin Cournot）与约翰·海因里希·冯·杜能（Johann Heinrich von Thünen）的影响下，将李嘉图和约翰·斯图亚特·穆勒（John Stuart Mill）的经济学转化为数学进行研究。

（2）人类的时间和人类语言都是连续的，"时间的因素本身是绝对连续的：大自然没有把时间绝对地分为长期和短期；但由于不知不觉的程度上的差别，这两者是互相结合的。"而人类语言的连续性取决于人类经验的连续性，"连续性原理还可应用到名词的使用上去。"马歇尔将这种连续性思维与人类认知世界的方式连接了起来。

（3）社会思想、制度演化都是连续性的而不能发生突变，"关于发展的连续性之概念，对一切近代经济思想的派别都是共同的。"这样的想法让他自然而然地使用数学的连续性假设来研究经济学原理，因为如果没有数学符号的帮助，要完全直观地明白基于连续性的经济学原理是非常困难的。

基于以上连续性假设，马歇尔用了一系列精准的数学模型和图表论述了需求对价格的影响（需求的价格弹性的概念），消费者剩余概念以及分析税收和福利的后果等重要的微观经济学原理。他继承和借鉴了古典经济学家的思想方法，然后用数学的方式和连续性的思维建立了一系列模型和图表来理解经济学。

值得注意的是，马歇尔特意指出了这些概念都是抽象的理论构建。这种理论进步取得是以现实的缺失为代价的，他本人也声称价格长期取决于一套复杂的系统的作用。

因此，可以判断新古典经济学的理论模型是一种妥协，而这种妥协的后果在越来越模型化的经济学研究过程中被逐步放大了。

总结一下，本节讨论了马歇尔在《经济学原理》一书中的基本观点和方法，理解了他用数学模型的方式和局部均衡的方法进行研究的优势和局限性。通过连续性的思维方式和数理经济的模型，马歇尔对经济学的一系列概念进行了定义和描述，然而他自己也认识到这样的经济学是偏离于真实世界的，而这也导致了新古典经济学沿着这条路径一去不复返，直到现在很多经济学家认为，"新古典经济学是主流经济学，但是已经死了。"

而接下来我们要讨论的就是如果新古典经济学的框架无法解释世界，那么要用什么样的框架来理解经济学呢？答案就是：基于演化和涌现的复杂性思想。

4.2 基于演化和涌现的复杂性思想

正因为涌现才会使得复杂现象产生。

在 4.1 节讨论了马歇尔的连续性假设之后，我们来看看"边际革命"所确定的新古典微观经济学理论所造成的理论困难。

由于新古典微观经济学的基础解构就是关于单个家庭或厂商行为的理论，因此简单加总的方法成为宏观分析的基础，凯恩斯看到了这个问题，发展出纯粹的宏观经济体系的理论。本节探讨演化经济学和复杂经济学的理论。

1. 演化经济学

首先我们先从两个角度去探讨西方演化经济学的理论思想：演化经济学的自然科学基础和演化经济学的应用方法。

西方经济理论形成的时期，正好是自然科学界中经典物理学形成时期，也就是牛顿力学兴盛的时期。18 世纪艾萨克·牛顿（Isaac Newton）写作的《自然哲学的数学原理》概括了伽利略·伽利雷（Galileo Galilei）、勒内·笛卡儿（René Descartes）、约翰尼斯·开普勒（Johannes Kepler）、克里斯蒂安·惠更斯（Christiaan Huygens）、罗伯特·胡克（Robert Hooke）等的研究成果，不仅引发了自然科学的思想革命，也奠定了迄今为止人们的世界观和认知观。古典经济学正是受到古典力学的影响才发展出来的，因此存在着非常明显的社会时空基础的局限性以及逻辑基础的局限性。社会时空基础的局限性，指的是西方主流经济学将人类社会看作一个相对静态的经济发展过程，而较少关注生产关系演化带来的经济发展的变化。逻辑基础的局限性，就是西方主流经济学从效用函数和需求曲线推导出的市场价格理论，而事实上这个静态的模型很显然是无法解释真实世界的很多经济问题的。

正是因为这些缺陷的存在，才使得我们关注西方演化经济学的思想，即生物学理论。这里主要关注生物学中的三个基本理论。

（1）综合进化论，即查尔斯·罗伯特·达尔文（Charles Robert Darwin）的"自然选择论"与格雷戈尔·孟德尔（Gregor Mendel）及托马斯·亨特·摩尔根（Thomas Hunt Morgan）的"群体遗传学"的综合，接着通过与分子遗传学的综合完成了"生物进化论"的综合理论的思想。在这个阶段，达尔文的自然选择学说系统地说明了生物进化的过程。

（2）普适达尔文主义，这是著名的生物学家理查德·道金斯（Richard Dowkins）提出的理论思想，认为达尔文主义的核心观点变异、复制和选择的原则不仅适用于生物世界，也适用于其他开放和不断演化的系统，如人类文明和社会的演化等。普适达尔文主义通过结合不同学科的演化现象、基于生物学思想进行研究，在考虑了复杂系统演化的基础上理解每个不同系统的发展路径。

（3）拉马克主义，虽然让-巴蒂斯特·拉马克（Jean-Baptiste Lamark）的获得性遗传的理论在生物学上已经被证伪，但是这个理论在经济学研究中却受到了重视。拉马克的理论通过变异的主动性的思想帮助经济学家们理解人类社会的生态系统，因为人类社会是具备主观积极性的，因此这个理论就在经济学中获得了一定的解释性。

除了以上三个基本理论以外，还有很多生物学理论都在经济学研究中起到了作用，限于篇幅我们不详细阐述。本节主要从两个角度分析西方演化经济学对生物学思想的应用：群体层面和个体层面。

群体层面的应用主要是应用了生物学中的生态学思考的方法，这是德国生物学家恩斯特·海克尔（Ernst Haeckel）于1869年定义的科学，主要是研究生物与其环境相互关系的科学。正是由于这个思想的应用才演变出来复杂系统的研究，通过引入系统论、控制论和信息论的思想，生态学成为了较为系统的独立学科。而正是对生态学思想的应用，我们接下来介绍的复杂经济学才推导出一系列不同于传统经济学理论的思想。另外，经济学中的一个重要分支博弈论对生物演化思想的应用也较为丰富，西方经济学者提出的演化博弈理论在经济学中的应用就是这方面的典型案例，如米尔顿·弗里德曼（Milton Friedman）以日本和美国的企业组织为背景，通过演化博弈论分析在有贸易和无贸易情况下企业组织的演化，戈特曼用演化博弈理论研究互惠主义在有机会主义存在的群体中的存活问题以及青木昌彦从认知角度提出的演化博弈的主观博弈模型等，都是对演化思想的应用。

个体层面的应用则主要集中于生理学和基因学的层面。生理学是以生物机体的生命活动现象和机体各个组织部分的功能为研究对象的科学，这个领域最重要的应用之一就是经济学家熊彼特利用解剖学的思想对社会经济体进行研究，得到了社会经济发展的一般性结论。基因学指的就是研究生物体的遗传和基因特性的学科，包括分子遗传学、细胞遗传学等。而演化经济学在这个领域的应用主要是对生物基因学的研究，2005年，康奈尔大学的经济学家丹尼尔·本杰明（Daniel Benjamin）最早提出了关于基因经济学的定义并且调查了遗传研究对经济学的促进作用。之后，哈佛大学的大卫·莱布森（David Laibson）和爱德华·格雷泽（Edward Glaeser），联合大学的心理学家克里斯托弗·夏布里斯

（Christopher Chabris）、塞萨瑞尼（Cesarini）等在一系列论文中将这门新的学科称为基因经济学。

以上就是我们对演化经济学思想和应用的基本介绍，正是由于演化经济思想的发展，才有了一系列新的经济学理论思想的研究。包括制度经济学派、奥地利经济学派以及复杂经济学等理论都对演化经济思想系统进行了应用和研究。我们在这里重点研究的是复杂经济学思想，并在研究过程中对其他领域中关于演化经济的分析进行介绍。

2. 复杂经济学

正如克莱因所说，"凯恩斯学派从未考虑过从个人和单一商品的基本理论中引申出一个以个人社会及商品群为根据的理论。"但是对于经济学来说，势必要完成一种统一了微观经济和宏观经济的理论思考，而复杂经济学则提供了一个基于演化和涌现的经济学思想体系。

我们要讨论基于演化和涌现的经济学思想，就不得不讨论到近几十年来关于复杂性科学的研究和探索，由于关于复杂性科学研究的系统理论梳理我在《起源：从图灵测试到区块链共识》一书中已经系统论述了，在这里就不多阐述。本节只针对经济学相关的复杂性思想的研究进行梳理，只有弄清楚了复杂性思想的研究，才能理解基于演化和涌现的经济学思维，为以后讨论复杂经济学和行为经济学打下基础。

首先对复杂经济学中的经济学思维进行研究，新古典主义微观经济的核心是价格机制，而市场价格从本质上来说是由社会集体选择决定的，与微观个体的偏好差异关系大，因此不可能通过加总微观个体的逻辑自然推导出宏观定律。而在复杂经济学看来，将经济看作一个复杂的系统，以系统中不同的个体进行交易作为理论基础，这是一种动态相互的系统性的观点在经济学中的思考逻辑。

由于在远离平衡态的非线性系统中，混乱无序的微观个体行为会表现出宏观尺度的协同性、相干性或者其他有序的秩序，而这个秩序是基于简单系统的不断演化和涌现得到的，因此可以对复杂系统进行简化和结构化从而实现微观和宏观之间的联系。

复杂经济研究的是系统的规律而不太关注系统的个体组成，因此不需要详尽地探讨单个经济人的行为，而是描述这些宏观经济系统的非线性方程是由哪些关键变量所构成的。

因此，复杂经济学构建的是一个在宏观系统理论基础上讨论关键要素和变量的经济学思路，并在其中引入了信息论、社会学以及创新技术相关的理论。

接下来我们要梳理的是三个基本概念：复杂性、演化以及涌现。

1）复杂性

事实上这个概念最早源自计算机科学的研究过程，尤其是人工智能算法中关于神经网络算法的研究中，复杂性思想就是很关键的概念。如果要梳理这个概念，推荐大家看一本书——《复杂：诞生于秩序与混沌边缘的科学》，这里面大致叙述了美国的学者们如何围绕着复杂性研究进行构建的历史，被称作一次新的启蒙运动。

要讨论复杂性科学，就不可避免地提到圣塔菲研究所，正是在这里聚集了一群跨学科研究的精英（包括获得过诺贝尔经济学奖的物理学家、经济学家、生物学家、天文学家、计算机与认知心理学家等），来研究一整套关于复杂性科学思想的成果。我们近年来经常听到的混沌系统、生命的演化以及复杂经济学等成果大多来自这个研究所，复杂经济学的创始人布莱恩·阿瑟（Brian Arthur）也是来自这个研究所。

复杂系统就是由大量要素组成的网络，这个网络中不存在中央控制，通过简单运作规则产生复杂的集体行为和复杂的信息处理，并通过学习和进化产生适应性。而复杂性则是混沌性的局部与整体之间的非线性形式，局部与整体之间的非线性关系，使得我们不能通过局部来认识整体，也就是网络整体的性质不能通过还原的方法或者思想得到。

而所谓复杂性科学，就是研究这样的网络系统中相互作用的要素如何生成整体模式，整体模式如何导致这些要素发生变化的科学。了解这几个基本概念后，结合之前讨论的数字经济学的基本组织结构——以网络视角构建的共识社群组织，我们就能理解为什么必须理解复杂性才能理解数字经济学了。

2）演化

近几年有几本畅销书：纳西姆·尼古拉斯·塔勒布（Nassim Nicholas Taleb）的《随机漫步的傻瓜》和《黑天鹅》，还有《反脆弱》，都涉及了演化的学说。

事实上要弄懂这个理论实际上要回到经济学家弗里德里希·奥古斯特·冯·哈耶克（Friedrich August von Hayek）的探讨中，在他去世那年才出版的最后一本书《致命的自负》中，有几篇很有名的文章为当代的演化理论提供了奠基性的理论思想。

根据哈耶克的论证，复杂现象就是通过简单现象不断演化得到的，微观层次的主体无法预见形成复杂系统之后的特质，而且这些宏观秩序所体现的特征才是我们理解系统现象的关键。

哈耶克还指出了人类社会演化过程中最基本的三种秩序法则，即习惯法、自然语言和货币，而且论述了一种类似无政府主义的货币猜想。我们在后续讨论数字货币理念的时候，尤其是数字经济秩序的时候，也会讨论这个话题，即通过什么样的方式能够自然演化出基本的秩序。

3）涌现

涌现是指系统中的个体遵循简单的规则，通过局部的相互作用构成一个整体的时候，一些新的属性或规律就会突然之间在系统层面发生，这个概念也就对应了上面所说演化出来的系统具备简单的要素并不具备的一些特质。正因为涌现才会使得复杂现象产生。

按照哈耶克的理解，语言、人类的社会网络以及每个人大脑中的神经元的交互作用都是涌现出来的复杂网络。那么，我们为什么要研究复杂现象呢？原因就在于不确定性，正因为我们所面临的真实世界是不确定的，而不是传统经济学所构建的那种满足诸多假设的理想模型，因此需要用一种更加符合现实世界的学术框架来理解世界。弗兰克·奈特（Frank Netter）是20世纪最有影响力的经济学家和思想家之一，也是芝加哥学派的创始人。他提出不确定性是不可避免的，只要相互作用的行为主体数目足够大，且不论行为规则多么简单，仿真研究者不可能预见微观行为的宏观秩序，因此经济学的秩序应该是基于理性不完备的假设，而不是所谓"理性人"假设。

总结一下，本节讨论了基于演化和涌现的复杂性思想中的三个基本概念，即复杂性、演化与涌现，理解了真实的世界是通过演化和涌现的规则出现的，而通过复杂性思维去理解外部世界而不是假设模型的思维去理解，才能理解外部秩序的不确定性。

同时，也探讨了复杂经济学关于经济学研究所采取的方法论与新古典经济学的差异。基于这个观点，布莱恩·阿瑟就研究了复杂经济学以及收益递增原理，用复杂性的系统观点去理解经济学，是数字经济学研究过程中最重要的研究方法之一。

4.3 复杂经济学与收益递增的原理

> 需要建立一种新的经济学思维，也就是基于复杂经济学的思维。

在理解了复杂经济学理论以后，下面结合演化经济学来探讨复杂经济学的一些基本思想和理论，尤其是复杂经济学中关于均衡理论和收益递增的思考。首先介绍演化经济学研究的一些前沿概念，再探讨复杂经济学中关于这些基本思想的应用和进一步的系统阐述。

关于演化经济学研究的前沿概念，限于篇幅本节只介绍三个重要的概念：组织与自组织、演化博弈理论和共同演化理论。

组织与自组织是生物学最常见的结构形式，而演化经济学将组织与自组织理论运用于经济体和经济行为中，对经济的发展理论有着很大的启发。演化理论将组织视为一种手段，如生物学家道金斯认为基因是复制者，将生物体视为基因的运载工具；生物学家史蒂芬·赫尔（Stefan Hell）将基因视为进化者，将生物体视为基因的影响者。而根据演化经济学的理论，经济组织过程信息是演化而非复制，经济组织并不只是运载工具，因此赫尔的理论更加具备实用性。而且根据这个推论，哈耶克所强调的经济中的自发秩序和人为秩序的区分就是无意义的，因为所有人为秩序都能看作基因自发秩序的演化，因此经济系统就应该是一种完全处于自发演化而产生的系统。事实上，经济和生物组织之间最主要的是信息处理能力的差异，而其他特质则并没有本质上的区别。

演化博弈理论是迄今为止具有一定争议的学科，因为很多学者认为这一理论并不是很完善，本节只介绍它的基本思想成果。

演化博弈理论最早源于罗纳德·艾尔默·费希尔（Ronald Aylmer Fisher）、威廉·汉密尔顿（William Hamilton）等遗传生态学家对动物和植物的冲突与合作行为的博弈分析，他们研究发现动植物演化结果在多数情况下都可以在不依赖任何理性假设的前提下用博弈论方法来解释。但直到约翰·梅纳德·史密斯（John Maynard Smith），乔治·普莱斯（George Price）在他们发表的创造性论文中首次提出演化稳定策略（evolutionary stable strategy）概念以后，才标志着演化博弈理论的正式诞生。

演化博弈理论根据发展周期主要成果分为三个不同的阶段：①博弈论中策略互动的思想被生物学家所关注，生物学家通过博弈论解释生物学的问题；②生物学家根据生物演化的自身规律，对传统博弈论进行改造后应用在经济学中；③经济学家通过生物博弈论的研究，从演化稳定均衡机制推导出随机稳定机制，从确定性的复制者动态模型发展为随机个体学习动态模型，最终推动了演化博弈论在经济学中的应用。

共同演化理论指的是两个物种间各自施加自然选择上的压力，互相影响对方演化过程的理论。这里面不仅包括两个互相竞争的生物之间现象的观察，也包括了生物之间的互利共生行为的研究。这个概念最早应用的学者之一是理查德·诺加德（Richard Nogarde），他认为共同演化的观点能够解释社会系统中相互影响的各种因素之间的演化关系。而随着理论的发展，共同演化思想让经济学家们理解到了通过时间形成的复杂的规则结构，而新规则的创生、扩散和选择正是经济演化的动力。与此同时，共同演化强调持续发生在两个或者多个相互依赖的物种上，因此发展出了互利经济学等其他学科。虽然这个概念迄今为止还很不完善，但是对经济学的影响也是毋庸置疑的。

在对演化经济学的几个重要概念进行介绍以后，我们最后再讨论下复杂经济学，因为迄今为止对演化思想贯彻得最透彻和最系统的理论之一就是复杂经济学。无论是自组织的系统概念，还是共同演化的思想，都可以从复杂经济学中看到其应用。

要讨论复杂经济学，就不得不先了解新古典经济学的理论，尤其是新古典经济学的一般均衡理论的思想，因为复杂经济学是一种非均衡状态下的经济学理论，因此需要理解它所针对的主流经济学（新古典经济学)中的相关思想,才能理解复杂经济学解决的问题。所以我们要讨论另一位新古典经济学的创始人的竞争者,法国著名经济学家莱昂·瓦尔拉斯(Léon Walras),他被熊彼特认为是所有经济学家当中最伟大的一位,开创了一般均衡理论,也是边际革命的领导人。他自己曾经骄傲地说道:"现在我能够开始出版一部关于政治经济和社会经济要素的著述,且确信这是一个新的计划,并按照一种原创性的方法来详细阐述。我斗胆地说,我所得出的结论在几方面不同于当前的经济学。"基于以上的知识,我们来看看他在经济学理论中的贡献。

瓦尔拉斯最主要的贡献分为两方面。一方面,与两位经济学家威廉·斯坦利·杰文斯(William Stanley Jevons)、卡尔·门格尔(Carl Menger)通过相互独立的工作,都运用边际分析的理论来解释价格、生产、供给和需求之间的关系,用来弥补古典价值理论中对价格要素讨论的不充分问题。在这个工作方向上,他相比其他两位学者更加成熟。另一方面,就是他创造了一般均衡理论,这使得他与上文提到的马歇尔一起成为新古典经济学两个分支之一的创始人代表。一般均衡理论是对经济体的一种分析方法,这个方法寻求在整体经济的框架内来解释生产、消费和价格之间的关系。而瓦尔拉斯的一般均衡理论是在 1874 年发表的《纯粹经济学要义》中首先提出的,他认为当整个经济处于均衡状态时,所有消费品和生产要素的价格将有一个确定的均衡值,它们的产出和供给将有一个确定的均衡量。他用"稀少性"来说明价格决定的最终原因,认为各种商品和劳务供给的数量和价格之间是相互联系的,一种商品价格和数量的变化会引起其他商品的数量和价格的变化,因此必须研究市场上所有商品和所有供求的变化,只有一切市场都处于均衡,个别市场才能处于均衡。在这样的理论下,要满足多个假设,因此后来的经济学家,如维尔弗雷多·帕累托(Vilfredo Pareto)、约翰·理查德·希克斯(John

Richard Hicks)、保罗·萨缪尔森（Paul A.Samuelson）以及肯尼斯·阿罗（Kenneth J.Arrow）等发展了这个理论，证明了在严格假设下一般均衡体系存在着均衡解，这种均衡可以处于稳定状态并满足经济效率需求。

由于瓦尔拉斯是第一位系统提出一般均衡理论的先驱，因此后来的学者们都认为他是新古典经济学中这一分支的创始人；而且由于在他之前没有人能够将这个理论描述为一个联立方程系统，因此他的工作使得数学成为了一种经济分析的主要工具，也就开创了直到今天还在以数理分析和数学建模为主要工作方式的主流经济学。然而，正因为一般均衡理论的这两个特质（非常多的假设以及用数学模型）导致了主流经济学的偏差。一方面高度抽象的模型提供了相互依赖的见解，但是脱离了现实应用的可能，也就是缺乏现实的基础和实践的应用价值。另一方面，数学的加入使得主流经济学把重点放在了数学工具和模型的研究上，经济学家们更关注是否能够提供一种完美的数学解释，而不是用经济学解决实际应用问题。

因此，需要建立一种新的经济学思维，也就是基于复杂经济学的思维。

下面介绍布莱恩·阿瑟所创建的复杂经济学的基本观点。

（1）不同于新古典经济学，他认为非均衡是自然状态，这种非均衡的状态是经济体一开始就内生的。这个观点跟新古典经济学完全不一样，如萨缪尔森就认为，非均衡的状态如果真实存在也是暂时的、非持久的。

（2）非均衡产生的原因在于两方面。一方面是不确定性的存在，也就是经济学中的选择实际上是在不确定的环境下的选择，而不是全知全能的信息下的理性选择，信息并不是充分的，因此所谓最优也是不存在的。另一方面是技术创新和技术变革导致了经济永远在不断的非均衡状态下运动。正如熊彼特所说:"经济体系中存在着一种力量,这种力量能够破坏任何可能的均衡。"

(3)复杂经济学中的非均衡现象是会产生自我强化和正反馈的,也就是说复杂经济学的研究是基于对复杂系统理论的应用,而复杂系统的特征就是正反馈,或者更确切地说就是正反馈和负反馈同时存在和相互作用。一个系统中如果只有负反馈,就会很快收敛到均衡状态,成为静态的"死系统";一个系统中如果只有正反馈,就会偏离均衡,呈现"爆炸"的状态。复杂系统就是两个反馈作用同时发生的效果,经济结构不同的形成和消失,在这个过程中不断演化和迭代,从而形成"活系统"。在这里就联系上了我们之前所说的用结构的方法来看待经济学的演化,这也是数字经济学选择复杂经济学理论的思维和框架进行研究的重要原因。

正因为上文所说的复杂经济学的特点,所以复杂经济学所构建的就是一种"收益递增"的经济学理论。限于篇幅,我们只做简单解释,所谓收益递增就是指一种技术处于领先地位,那么在"正反馈"机制的作用下,可以获得更加领先的位置。而且值得注意的是,收益递增是一种随机的现象,是对不同的技术演化路径的自然选择。

复杂经济学认为经济的演化就是在某个特定的小的随机事件集合下实现的自然选择过程,因此复杂经济学研究中注重两个基本要素:第一,技术的本质和进化,也就是技术的选择决定了经济演化的路径和效率;第二,收益递增的系统思维,由于人类社会中的技术进化,制度变迁和文化要素都拥有类似物理学中的惯性现象,因此收益递增是具备路径依赖的。

总结一下,本书讨论了三个主要课题:《经济学原理》与连续性假设、基于演化和涌现的复杂性思想、复杂经济学与收益递增的原理。通过分析新古典经济学中的两位最重要的学者马歇尔和瓦尔拉斯的学术成果，理解了主流经济学的缺陷和不足。同时介绍了复杂性、演化和涌现的概念，建立了关于复杂性思维的基本逻辑。

最后介绍了演化经济学的基本概念和收益递增的经济学思维，尤其是对组织与自组织、演化博弈和共同演化概念的分析，这和 3.1 节谈到的数字经济学的增长模型对应起来了，也为 6.3 节介绍价值网络相关的理论提供了相应的思想基础。演化经济学思想不仅是一种学科思想，而且是一种不同于传统经济学的物理学思维的认知系统，通过演化的思想和复杂经济学的系统论述，希望读者能更深入地理解数字经济学理论所建立的基本方法论体系。

第 5 章

技术要素与企业创新

数字经济学强调的是一个注重创新的动态非均衡理论通过企业家创新推动经济发展的研究框架。

本章介绍数字经济学中最重要的两个要素之间的关系：技术要素与企业创新。2.3节曾经介绍过创新相关的内容，主要是从IT信息技术革命的发展脉络以及创新的驱动力来讨论的，本章介绍数字经济时代技术要素和创新之间的关系，以及技术发展、创新对经济增长和演化之间关系的影响。只有弄清楚了这部分内容后，我们才能理解技术的本质，以及创新在数字经济发展过程中的核心作用，并将此作为创新是数字经济浪潮下的企业家们最主要的任务的基本理论依据。

本章分三个部分讨论：熊彼特的企业创新理论、技术演化论与经济结构、企业家理论与创新思想。

5.1 熊彼特的企业创新理论

> 历史上对经济增长和经济周期这两个看似矛盾的理论理解得最透彻的学者就是熊彼特。

我们首先来讨论奥地利经济学家约瑟夫·熊彼特，在中国互联网的发展过程中，尤其是移动互联网的创新浪潮使得他的学说和理念得到了相当多企业家的认同。

事实上，一方面，熊彼特一生都在主张自由主义资本经济制度，与凯恩斯理论进行坚持不懈的斗争，但是并没有获得与其成就相对应的声誉。另一方面，他影响了诸如彼德·德鲁克（Peter Drucker）这样的企业管理领域的大师,因此对企业家和创新者来说熊彼特的理论颇受欢迎。

然而,近几年内关于熊彼特理论的全面而深刻的讨论少之又少,多的是关于"颠覆性创新"这样似是而非的概念的讨论和生拉硬拽地将他的理论用于企业实践之中。

下面我们梳理下熊彼特关于创新与增长理论的经济学思想的真相,来帮助读者理解这部分内容的本质。

我们先来了解熊彼特的思想根源,按照他本人的说法,他把自己思想的最高评价和赞誉都给了法国经济学家瓦尔拉斯,也就是新古典经济学的创始人之一。

在熊彼特的著作《经济发展理论》中,熊彼特基于瓦尔拉斯的静态均衡系统理论做了一个基本假设:考虑一个由商业构成的社会,其中普遍实行私人产权、劳动分工和自由竞争。基于这个假设,一方面,熊彼特主要聚焦的是先进的工业资本主义发展之后的创新经济理论而不是处于原始积累阶段的资本主义;另一方面,熊彼特的理论虽然是基于静态均衡理论推导的,但事实上他提供了一种通过技术增量变化使得系统动态均衡的经济发展理论。

具体可以从三个角度理解熊彼特的经济发展理论。

(1)资本主义时代所发生的主要经济变迁是以一种不可逆转的革命方式,而不是以一种连续和渐进的方式展开,即在循环流转渠道中的自发且不连续的变迁是资本主义发展的核心。

(2)特定的创新主体对创新机会的有效反应是经济增长的关键,即创新企业家们在面对不完全的信息和不确定的市场进行决策和生产等活动。这是经济增长的核心,也即完备的市场条件下获得市场的前提是企业家的创新能力,以及资本对企业家的信用认可。

（3）整个经济发展的迭代和变化取决于流转渠道中的不连续变化，是永不停歇的迭代，不断替换原有的均衡，而破坏这些均衡的要素包括引入新产品、引入新的生产方法、开辟新市场、获得新的原材料或者供应来源以及产业组织新的变革，简而言之，取决于技术创新与组织创新。

基于以上理论探讨，我们理解了熊彼特为什么会拥有那么多管理学者与企业家的信徒，因为他对经济发展的理论思考是以技术创新与创新者为核心的，而不只是关注静态的要素，因此历史上对经济增长和经济周期这两个看似矛盾的理论理解得最透彻的学者就是熊彼特。他在《经济发展理论》一书中提出了几个关于经济增长和经济周期理论的关键问题，并给予了这些问题非常透彻而富有创见的思考。

（1）为什么经济发展是周期式的推进而不是一直在增长？原因在于创新，也就是对原有技术要素和生产要素的组合，组合并不是随时间推进而呈均匀分布的，而是以非连续状蜂拥而现，简单地理解，就是我们之前讨论的是通过演化和涌现出现的。

（2）经济周期现象为什么会有涌现的状态？这种涌现为什么会出现扩散的现象？熊彼特认为答案在于少数创新型的企业家的出现，会产生一种扩散的现象。由于少部分企业家创新成功会吸引其他创新者的加入，因此就会出现我们经常看到的互联网或者数字经济的其他领域出现的大规模创新和产业集群等现象。简而言之，新的技术要素和创新要素的组合是经济繁荣的根本特征，也可以解释经济繁荣向整个系统扩散的内在逻辑。

（3）基于创新理论的前提，如何理解市场的剩余价值（也就是利息理论）？熊彼特认为，不同于一般静态循环系统中利息的理论，创新者所构建的网络中更多利润来自创新对系统各方面产生的正反馈带来的总收益超出总成本的收入,也就是创新带来的"创造性破坏"活动替代了无利可图的经济活动,从而创造了利润,而创新的扩散又导致原有的创新无利可图,因此企业家们需要进一步进行创新,而资本投资和财富扩张的过程就是对这样无休止的创新行为的利润再投资。

总结一下,本节介绍了熊彼特关于创新和经济增长的理论,他所关注的重点就是资本主义时代经济发展进程中的周期问题,具体要素包括静态流转均衡模型、经济变迁的内在和外在的驱动力、创新与企业家的作用等。我们关注到的是他所做的足够发达的自由市场的假设以及创新相关的周期理论,因为事实上数字经济所探讨的市场相比传统工业经济或者资本主义经济来说更符合熊彼特的假设,因此他的理论也就更加具备解释力。熊彼特的理论之所以在工业经济时代被重视程度不够,原因在于他的假设实际上更适合数字经济发展的场景,而基于网络组织的经济发展模型,也就完全符合熊彼特的技术创新与经济增长理论了。

5.2 技术演化论与经济结构

> 新的技术通过集群的现象推动科学范式的转移,它们与现有的社会要素与商业要素结合,创造出了新的人类经济活动,激发出人类的创造力和想象力,形成了商业上的新模式和新流程。少部分企业形成了垄断,而大部分企业则基于新的技术创新推动经济和社会的变革。

第 4 章"复杂经济学与演化秩序"中介绍了复杂经济学的基本思想以及收益递增原理的内容。本节具体介绍技术的影响与复杂经济学之间的关系。一方面技术的破坏性影响就对应了熊彼特的技术创新理论,另一方面通过复杂经济学的角度去看待经济结构的迭代会更加理解技术与经济之间的关系。本节也分三个角度进行探讨：首先探讨技术演化与经济结构演变的逻辑，其次探讨复杂性经济学的涌现过程带来的结论，最后讨论技术进化与经济进化之间的关系。

1. 技术演化与经济结构演变的逻辑

事实上，传统的经济学理论将技术与生产函数等同起来，并将经济作为这些技术的"容器"来看待（生产函数可以参考 3.1 节数字经济学增长方程）。当新的技术被引入之后，函数就发生变化，生产总量和生产效率都会变化，于是其他相关资源（劳动力、资本、自然资源等）就会得到释放，而这就意味着可以投入更多的资本研发新的技术，从而经济从一个均衡转移到另一个均衡，并实现了内生性的增长。而这种模型使得技术成为了背景，把价格和数量要素放在了比较重要的位置，并没有明确解释技术的产生和演化对经济的影响。

我们建立一个简单的经济增长模型，包括农业部门、工业部门和技术生产部门，这三个部门也分别代替了工业革命之前的主要经济形态、工业革命之后的主要经济形态以及数字经济形态的三种主体经济形态。除此之外，从长周期的经济发展过程来看，大多数国家的经济是从农业经济发展到工业经济，再到通过技术内生增长的过程。我们关注的就是在数字经济的内生增长过程中，技术所起到的作用。

通过这个模型，可以推导出如下基本结论，如果要实现数字经济的内生增长，即以技术为驱动力的增长，要满足三个基本条件：①不同部门之间要产生相容性协调，也就是技术的内生增长不能仅仅依赖技术生产部门，而是要在工业和农业部门发展的基础上实现。这就是我一直强调数字经济发展是脱离不开实体经济的，也不赞同将数字经济描述为人类经济发展的唯一未来。② 技术增长带来的知识部门的规模报酬递增要超过商品生产部门规模报酬递减，才能实现经济的动态可持续增长。由于技术部门带来的生产力发展和对就业的替代，其创造的价值要高于其在发展过程中所付出的代价，这是发展数字经济的基础。③不同类型的数字经济内生增长存在着多个方向和多条路径，其中理想的路径是可持续稳定的动态均衡下的增长，不同的变量按照大致相同的比例均衡转移。无论是农业经济转化为工业经济，还是工业经济发展为数字经济，实现均衡动态稳定的增长都是重要的目标。

值得注意的两点：①在数字经济的发展过程中，面临的是工业经济时代人口红利的下降以及全球金融资本主义的泛滥，因此是一个更加复杂和不稳定的环境，这是数字经济需要面临的风险和挑战。②数字经济的发展过程中，解决问题的方式是通过工业经济和数字经济的双重作用，而不是仅仅依赖其中一方。以我国为例，虽然我们已经成为数字经济发展最好的两个国家之一，但是与此同时我们也依赖着中国制造的工业体系在全球分工中获得强大的话语权。广义地说，无论是工业经济还是数字经济，都是在知识经济的逻辑下获得了高速增长的动力，也就是技术是最重要的内生增长动力。

根据复杂经济学的观点，我们将技术看作一个广义的概念，即定义为人类为实现自己的目标而运用的各种工具和手段，包括生产技术，也包括组织结构、法律和制度等，因此我们将人类的知识和创新理解为技术的概念，而新的技术就是原有的技术不断地组合和迭代得到的创新。简言之，我们把技术看作一种不断演化迭代的系统：新的技术元素不断从现有元素中形成，而这些新元素又不断地组合成更加复杂的元素，在不同的场景下根据演化和涌现的方式发挥作用。

与此同时，按照古典经济学家的角度，我们将经济定义为一系列安排和活动。社会就是通过这些安排和活动满足每个个体的需求；经济就是一个以自身的生产工具为起始点的过程，基于自身的安排和技术涌现出来了。从这个角度去看，经济就是技术涌现出来的生态系统，技术元素在经济系统中不断地迭代，推动经济结构不断地变化。

值得注意的是，新的技术通常是以技术集群的方式进入的，这就形成了托马斯·库恩（Thomas S.Kuhn）所说的科学范式的转移的现象，例如第一次科技革命是以蒸汽机技术为核心的，第二次科技革命是以电力为核心的，第三次科技革命是以计算机为核心的。因此，不断地有新的技术元素产生，这些技术通过集群的现象推动科学范式的转移，它们与现有的社会要素与商业要素结合，创造出了新的人类经济活动，激发出人类的创造力和想象力，形成了商业上的新模式和新流程。少部分企业形成了垄断，而大部分企业则基于新的技术创新推动经济和社会的变革，这个过程就是技术演化和经济结构演变的关系。

2. 基于复杂经济学的涌现过程带来的结论

这些结论在布莱恩·阿瑟的《复杂经济学》中有详细而具体的说明，本书只略作总结，作为之后讨论这些结论带来的具体影响的理论基础。我们从三个角度来看：复杂经济学的特质和所面临的挑战；复杂经济学带来的影响；复杂经济学中讨论的技术和经济增长的关系。

1）复杂经济学的特质和所面临的挑战

复杂经济学的特质被布莱恩·阿瑟总结为六个基本要点：分散的交互作用、没有全局性的控制者、交叉分层组织、连续适应、永恒创新、非均衡的动力学。这些特质共同构成了一种自适应非线性的网络结构，简单地说就是复杂系统。

复杂系统在很多场景中都存在，它们并不是毫无规律的，而会基于复杂的规律来运动，因此带来的问题就是传统的数学方式，如线性、微分以及简单的建模都不能适应复杂系统的方法，而要建立新的数学方式去理解。在解决这个问题的数学研究中,主要有两个理论:混沌理论与分形理论。

在混沌理论领域的研究中,不得不提到的是法国数学家朱尔·昂利·庞加莱(Jules Henri Poincaré)的贡献,在他对三体问题的研究中,庞加莱成了第一个发现混沌确定系统的人并为现代的混沌理论打下了基础。混沌现象主要研究的就是非线性系统的时间演化行为,讨论的就是在完全确定性方程的系统中,长时间行为对初始值非常敏感的依赖关系,如"蝴蝶效应"就是典型的混沌现象。而分形理论则是美籍数学家伯努瓦·B. 曼德布罗特(Benoit B.Mandelbort)首先提出的,主要探讨的就是混沌吸引子内部结构的数学原理。这两个不同的数学理论都是研究非线性科学的重要工具,拥有完全不同的起源,但是又讨论非线性方程所描述的非均衡的过程和结果(也就是复杂系统的数学方式)。简单地理解,就是混沌是时间上的分形理论,而分形是空间上的混沌理论,它们共同为未来的复杂系统(尤其是复杂经济学)的研究奠定了数学基础。

2)复杂经济学带来的影响

理解了复杂经济学的特质后,我们自然而然地可以推导出它对经济学理论研究的三个基本影响:认知基础、结构基础,以及过程和基于过程和涌现的视角。限于篇幅,我们简单讨论以下相关的内容。

认知基础的改变,指的是在新古典经济学的认知范式中,经济行为主体是基于"理性人"的假设,也就是每个人作为行为主体是按照绝对理性的概率思想去评估不确定性的,然后根据贝叶斯方式更新信息来调整评估的情况,并且选择能够使得他们期望效用最大的行动方案。事实上,这种方式看起来更像"人工智能"做出决策的方式,而行为经济学理论早论证了人类的行为带有很多非理性因素的影响。因此,从复杂系统思考角度来看，我并不认为拥有单一的、主导的认知模式，人类的行为是基于复杂的思考过程做出的决策，标准意义上的最优化只能是一种对现实世界进行模拟和优化的假设。正因为如此，我们在理解真实世界的经济学时应该拥有一种更加复杂的、具体的以及充满不确定性的认知方法论，这样才能理解复杂系统以及基于涌现秩序的经济学。

结构基础的改变，就是传统的经济学理论是以人与人之间的充分博弈作为理论基础的，因此互动结构非常简单和极端：要么是一个人面对所有人，要么是所有人面对所有人。这样的结构中，就好像托马斯·霍布斯（Thomas Hobbes）在《利维坦》中所提到的"所有人对所有人的战争"，这是一种非常抽象和简化的博弈模型，忽略了人类行为中的互助要素以及复杂结构。事实上，基于复杂经济学的视角，我们应该建立的是一种更加动态和网络化的观点，具体来说有三重含义。

（1）网络结构不是线性结构，是经济中最主要的连接方式，所有的经济行为都是在网络之中实现的。数字经济学中的主体是网络而非企业，其中的理论基础之一就是市场是残缺的网络，而数字经济时代基于共识的社群商业生态所形成的网络是更完整的结构。

（2）经济行为是通过涌现得到的社会秩序，而这些秩序通过制度完成了结构化的过程。这个理论其实就是人们通过具体的契约来约束人们的经济行为，而数字经济时代这些契约是通过技术的方式（也就是智能合约）直接放在网络中的，这是我们理解数字经济时代的经济学的重要出发点。

（3）经济实体是具备递归结构的，组织本身是通过不断的迭代和递归产生更加复杂的组织层次。这个理论就为介绍组织的复杂性的形成以及多重结构理论提供了基础，只有理解这个结构才能理解数字经济时代的主体以及它的迭代和演化方式。

> 与未来企业组织从传统的商业组织演变为"小众经济体"的观念相契合,对于企业来说,应当以"治理国家"的方式去看待企业的发展。

3. 技术和经济增长的关系

这里主要补充的是基于新结构经济学的视角得到的关于数字经济学理论的思考。复杂经济学说明了经济增长和技术的关系,而新结构主义则带给我们一种新的视角和观点来理解技术内生增长的逻辑。

(1)经济是从技术涌现出来的,因此经济不仅必须随着技术的演化而重新调整结构和要素,而且必定会不断地因为技术的演化而重构和迭代。简而言之,经济的特质随着技术的变化而变化。这就是我们为什么要专门地讨论数字经济学这个学科的原因,由于技术在迭代和变化,因此经济学也需要做出相应的适应。

(2)技术创造了经济的结构,同时经济调节着新技术的创造,因此也调节了经济自身的创造。从较长的经济周期(数十年)来看,经济就是一个不断形成、互动、崩溃的过程;从更长的周期来看(上千年),经济实际上是一个随着技术推动不断创造和增长的过程。3.3节讨论过引用林毅夫先生的新结构经济学,就是将每个时点的要素禀赋作为研究经济的切入点,而正是由于每个经济体在每个时点的技术和产业的内生结构的差异造成了禀赋的差异,从而造成了经济结构的差异。

(3)技术会引发结构和制度安排的变化,从而导致除了经济要素之外,其他要素的重新组合与变化,如法律、文化以及社会的基本秩序。一旦技术发生变革,经济就会创造出新的组合或者安排,而其他要素也会围绕这些新的经济安排进行变革,不断地迭代和创新,从而形成了整个社会系统的演变。因此，不能只从财富分配和商业角度研究经济学，还要研究更多的社会和契约的演化，这是我们在最后一部分专门讨论共识政治经济理论的原因。经济和技术的变化引发的是人们的社会道德、对社会契约的制度和秩序以及人与自然的关系之间的变化，这是数字经济学从整个文明和人类文化角度理解经济学的方式，同时也是通过跨学科的方法论来帮助大家理解经济、技术和人类文明的演化方式，通过经济学提升我们认知世界的格局以及理解世界的维度，这是我一直致力于完成的工作。

简而言之，我们通过技术的结构主义观点来理解技术和增长的关系，尤其是在数字经济学理论中关于企业规模增长和技术的内生结构的关系，这一点受到新结构主义理论的很大影响。如果说新结构主义的理论是从国家发展的宏观维度去考虑结构和经济发展的关系，数字经济学理论则是从企业发展区考虑结构和经济之间的关系。

正如我提出的未来企业组织从传统的商业组织演变为"小众经济体"的观念，对于企业来说，也逐渐要以"治理国家"的方式去看待企业的发展。国家经济发展的目标是提高经济增长水平，中间目标就是提高产业结构，即通过要素禀赋结构的提升实现经济增长。在这个过程中，需要提升每个劳动力所拥有的资本，完善基础设施来提升效率，完善制度安排来降低交易费用。而对于企业来说也是类似，需要提升企业生态的参与者所拥有的资本，需要建设整个生态的核心平台，需要通过新的激励机制和制度安排来降低企业内部的信用成本，提高协同效率。

以上内容就是我们基于复杂经济学和新结构经济学视角的理论带来的新的认知革命和认知视角，这些理论和视角是我们之后研究数字经济领域具体问题的基本逻辑，只有具备这些认知基础和结构基础的知识，才能对数字经济学的基本格局和基本理论具备洞察力。

5.3 企业家理论与创新思想

> 将市场的主体从资本家转化为企业家是现代经济的成熟标志之一，资本家们通过投资重新分配社会资本，而企业家则通过创新推动技术的发展和市场的增长。

本节讨论关于企业家的研究课题。现代经济的成熟标志之一就是将市场的主体从资本家转化为企业家，资本家们更多的是通过投资来推动社会资本的重新分配，而只有企业家是通过创新来推动技术的发展和市场的增长。

因此，如何理解企业家的定义和功能，以及了解不同的经济学派对企业家研究方式的差异，对我们理解数字经济学理论中的企业家创新非常重要，也对企业家如何理解企业组织的边界非常重要。

首先，我们讨论企业家概念的起源和发展。这个词最早源于中世纪时期，指的是能够积极主动将某个目标完成的个体。随着时间的变化，企业家主要指代一些冒险者，通过付出个人的生命和财富来完成资源的积累的人。而到了 17 世纪以后，企业家主要指的是承担风险的人或者是提供某项特定服务的人，如参与教堂建设的牧师或者建筑师都被称为企业家。而由于大型工程需要关注个体的领导力和管理能力，因此专业水平和领导力就称为企业家的核心能力，从那之后才慢慢形成了现代企业家的理论。简而言之，企业家这个词，从 16 世纪诞生的那一刻起，就被赋予了冒险者的身份。而在这之后到现在的若干世纪里，企业家先后被赋予了经营者、资本家、经理、创新者等身份。这些身份的赋予，反映了在时代更替、生产力发展、制度变迁的漫长历史中，企业家的作用和功能不断地变化。相对应的，资本家的概念就是能够提前支付参与到生产过程中所有人的工资,并通过这样的方式来获取关于资本品和最终产品收益权的人,在某个阶段资本家和企业家的身份是高度重合了,不过到了现代已经有很大的差别。

其次,我们讨论从管理学和经济学角度研究企业家理论的方法差异,以及数字经济学选取的维度。从18世纪30年代理查德·坎蒂隆(Richard Catilion)提出企业家概念以后的二百年间,经让-巴蒂斯特·萨伊(Jean Baptiste Say)到马歇尔,历经企业家理论早期发展的三个阶段。熊彼特对职业企业家范畴和功能的界定,为把企业家理论纳入现代企业理论奠定了理论前提。现代企业理论的最新发展,特别是契约理论、激励理论的推进几乎都是以企业家理论为出发点的,企业家的激励约束问题与企业的性质和类型、企业的治理结构、企业的资本结构等这些现代企业理论所考察的基本问题密切相关,现代企业家理论已成为现代企业理论的重要组成部分。

无论是经济学还是管理学,对企业家才能的研究都是近几十年中才衍生出来的重点课题,也就是企业家理论是比较新的交叉学科理论。管理学中更强调个体在决策过程中的组织能力和领导才能的研究,也就是注重分析个体而不关注企业家和企业之间的关系。而传统经济学研究的过程中,企业家更多的是被作为市场分析的对象来看待,企业家的才能和个体的能动性也并没有受到关注。而数字经济学理论则选择了将企业家与企业之间的关联作为核心研究对象的维度,这个维度的思想来源,就是接下来我们要讨论的几位重要的经济学者。

最后,我们讨论不同经济学派对企业家研究的范式差异,我们在这里主要介绍三位经济学家的看法:约瑟夫·熊彼特(Joseph A. Schumpeter)、伊斯雷尔·科兹纳(Israel M.Kirzne)以及奈特-米塞斯的研究框架。这三个重要的经济学家分别代表了三种研究框架。

（1）熊彼特的企业家研究框架主要是通过创新的维度来讨论一个人是否是企业家，他发现许多企业没有系统的书面战略，而是靠企业家个人的诸如直觉、判断、智慧、经验和洞察力等素质，来预见企业未来的发展，并通过他的价值观、权力和意志来约束企业的发展。他把创新定义为各种组合，包括新产品引入、新的生产方法、发现新的市场和需求等，而企业家通过这类创新组合活动，使得经济体能够突破原来的均衡从而实现经济的变迁过程，即破坏式创新。熊彼特认为，企业家的重要功能就是通过创新来实现经济的变迁，由于熊彼特本人是瓦尔拉斯的一般均衡信念的推崇者，因此他认为企业家的功能就是推动经济体从均衡走向非均衡，而其他主流的经济学者往往认为企业家是推动经济体走向均衡的过程。

（2）科兹纳的企业家研究框架的理论，作为当代奥派的掌门人，他在其著作《竞争与企业家精神》中将企业家定义为"具有一般人所不具有的、能够敏锐地发现市场获利机会的洞察力的人"。也就是说，他认为企业家最根本的功能就是发现其他人没有发现的利润机会，因此科兹纳意义上的企业家活动主要是在非均衡意义下实现的，强调的是警觉而不是创新。与熊彼特非常相近的观点是，科兹纳也同样认为企业家不需要拥有资本，因为通过警觉性发现机会就能创造新的市场和需求，换言之，他的企业家行为并非真正发生在一个完全不均衡的体系中，而是在一个均衡理论框架下，因此就不再需要资本的作用了。简而言之，科兹纳提供了一个基于警觉的原创性企业家研究框架。

（3）奈特-米塞斯所关注的企业家研究框架（这个框架后来被彼得·克莱因（Peter G. Klein）以及尼古拉·福斯（Nicolai J. Foss）等人发展完善）是基于对异质资源的判断能力的框架。他们认为既然企业家需要对未来进行不确定性决策，而这个决策最重要的主题是通过企业组织来完成的，企业家才是企业理论最重要的部分。因此，不能仅仅强调企业家的创新、警觉以及企业家单方面的才能，而应该关注企业家在不确定市场上的所有决策，包括创造新的企业组织的能力以及经营现有组织的能力，而在这个框架下对均衡理论的讨论就并不是那么直接。值得注意的是，由于企业家对未来判断之后的决策涉及资本，因此这个理论中资本家和企业家是一体的。而企业家的核心任务就是根据各种要素的价格制订出生产计划和进行要素分配，在一个不确定的市场中寻找利润和机会。

总结一下，我们讨论了三种基本的企业家研究框架：基于创新的、基于警觉的以及基于决策的。作为数字经济学来说，基于决策的理论毫无疑问是更加符合事实的，但是也不能缺失对创新的讨论。一方面对于企业家的决策能力的要求是最重要的，另一方面通过创新使得经济从均衡走向非均衡是企业家创新的实质。也就是说，数字经济学强调的是一个注重创新的动态非均衡理论的通过企业家创新推动经济发展的研究框架。

以上就是本章关于技术要素与经济创新的内容，共分三部分讨论：熊彼特的企业创新理论、技术演化论与经济结构，企业家理论与创新思想。

重点内容在于理解复杂经济学和新结构主义对数字经济学理论的影响，尤其是理解技术和经济增长的关系。通过两种不同的视角理解数字经济发展过程中所面临的不稳定的外部环境和内生增长的逻辑，这也是我们一直在探讨的内容。

除此之外，本章还探讨了关于企业家创新和企业家理论的关系。不仅从熊彼特的创新理论和布莱恩·阿瑟的复杂经济学理论中提炼出来技术、创新以及经济之间的相互关系，也通过对企业家功能和定位的研究，提供了三种企业家研究的范式。这为我们理解企业家的重要地位，以及数字经济的发展理论和技术演化逻辑提供了非常有价值的思考。明确了只有将企业家的创新作为技术推动和经济发展的核心，才有可能对数字经济学建立基本的认知，希望读者能够深刻地理解本章的内容。

第二部分

价值网络理论

第6章

经济学价值论的发展与演化

数字经济学在信息、网络与互利资本这三个基本价值概念中建立价值理论，若要具备数字经济学价值论思考框架，需同时理解这三个要素。

在讨论了数字经济领域中与技术、创新与经济发展相关的一部分内容之后，我们接下来进入关于价值网络相关理论的讨论。

该部分有两个核心内容：一个是关于价值理论的研究；另一个是关于网络经济特质的研究。前者是对于数字经济学中最核心和基本的经济学议题的研究，探讨数字经济学在价值理论方面的特殊性。后者是关于数字经济学中对于市场主体以及组织生态的特质的研究，探讨数字经济学关于市场主体以及市场生态的特殊性。

本章需要建立数字经济学理论与传统经济学理论之间的联系，同时也要看到为了理解数字经济发展过程中的经济学规律，所表述的不同于传统经济学研究的新的理论思考。

本章讨论经济学价值论的发展与演变。把这个主题放在本部分第一讲的主要原因有三点。

（1）在经济学发展过程中，价值理论是经济理论的基础和核心之一，也是理解经济运行的基本概念，因此需要从价值理论研究过程中确定不同的经济学的内涵差异。数字经济学的价值论基础一方面来自传统经济理论中关于价值理论的讨论，另一方面来自对数字化的经济模式特质中的价值的研究。因此需要对这部分内容进行梳理。

（2）价值理论塑造了不同经济学家对世界经济理解的基本范式，尤其是对传统价值理论中劳动价值理论以及均衡价值理论有着非常大的影响力。在这一部分讨论了价值论之后我们才能讨论价格、利率、资本以及货币等话题，并在此基础上对整个数字经济新的资本理论进行深入研究。

（3）数字经济学中重点研究的价值互联网相关的经济课题，实际上也就是对信息互联网与价值互联网关系的研究，并在价值网络理论的基础上讨论区块链时代的经济生态的变化，提出以网络组织为市场主体的数字经济学思想。这是理解整个数字经济学的一个关键起点。

基于以上分析，我们从三个角度来讨论这个课题：传统经济学价值论、奥派经济学价值论以及数字经济学价值论。

6.1 传统经济学价值论

> 古典经济学的劳动价值理论重视的是成本和劳动的价值，新古典经济学的均衡价值理论重视的是需求的价值。前者在一元化的充分竞争的环境中有解释力，后者则构建起了更加复杂的数理分析的市场经济的框架。

传统经济学价值论主要探讨两个基本理论：古典经济学的劳动价值理论体系以及新古典经济学的均衡价值理论体系。前者是在继承英国古典经济学，尤其是李嘉图的劳动价值理论基础上发展起来的；后者是英国经济学家马歇尔在综合生产费用价值理论、边际效用理论和供求价值理论基础上创建的，也是目前西方经济学中的主流价值理论。通过对这两个影响现代文明进程中最重要的价值理论的探索，来理解经济学思想的价值理论的基本逻辑。

首先，从二者的发展背景进行比较。17世纪中叶的英国建立起资本主义制度，从而替代了封建制度成为了英国崛起的关键，促进了市场经济的发展以及工商业的兴起。在英国崛起的过程中，古典经济学和劳动价值理论随之发展起来。古典经济学主要的特质是侧重生产领域的分析而相对忽视消费领域的分析,与此同时古典经济学采用的是从成本入手进行分析,而劳动力是成本最重要的方面,因此古典经济学家往往将商品的价值归结到人类社会劳动方面。这种分析思想一方面与当时经济现象非常相符,因此具备了非常强的解释和指导能力;另一方面,以亚当·斯密和李嘉图为代表的古典经济学家的崛起也使得劳动价值理论成为显学。

随着时间的推移,一方面资本主义的工业革命不断推动着生产力的发展,需要新的经济学范式来进行解释,古典经济学的劳动价值论无法解释资本、价格等要素对价值的影响;另一方面,资本主义中的垄断现象不断出现,关于供给和需求理论的探讨逐渐成为了主流。在这样的背景下,马歇尔综合了边际效用学派、古典学派和供给学派对价值的分析成果提出了均衡价值理论:均衡价值理论同时关注供给和需求,认为商品的价值由市场决定,消费者和生产者都不能单独决定价格。由于这个理论拥有非常好的市场现象解释力以及严格符合数理经济的模型思想,因此迄今为止都占据着主流经济学的地位。

其次,从思想渊源进行比较。古典经济学的劳动价值理论最早由英国重商主义经济学家威廉·配第(William Petey)提出,在他的《赋税论》中提到"土地为财富之母,而劳动为财富之父和能动的要素"。后来经过约翰·洛克、亚当·斯密和李嘉图等人的发展,逐步建立了完整的劳动价值理论。亚当·斯密认为,"每一件商品的价格或交换价值都由工资、利润、地租三部分的全部或其中之一构成。"也就是将工资、利润和地租当作价值创造的根本源泉,而事实上这里混淆了价值创造和价值分配的差异。而李嘉图则基于斯密对使用价值和交换价值的区分,提出了更加完善和系统的劳动价值理论。

李嘉图提出劳动价值决定了商品的价值,而工资和利润则是次要的,在这个理论基础上发展出后来马克思的劳动价值理论、斯拉法（Sraffa）的价值理论和穆勒的生产费用价值理论。之后，马歇尔一方面吸收改造了斯密、李嘉图、穆勒与马尔萨斯等人的古典经济学理论，又综合了门格尔、杰文斯、瓦尔拉斯等在边际效用理论上的研究成果，基于市场供求均衡的分析框架提出了均衡价值理论体系。在马歇尔之后，约翰·希克斯、阿瑟·庇古（Arthur C. Pigou）、肯尼斯·约瑟夫·阿罗、热拉尔·德布鲁（Gérard Debreu）、萨缪尔森等也在新古典均衡分析框架内对价值理论做了系统而深入的研究，使得新古典均衡价值理论成为当今经济学的主流理论。

最后，从两种价值理论对价值本质定义进行比较。李嘉图认为正是劳动所产生的各种商品的相对数量决定着商品的现在或过去的相对价值，而不是为交换劳动而给予劳动者的商品数量决定商品的现在或过去的价值。新古典经济学的均衡价值理论则关注的是人与物之间的关系，是人们的需求与物品的稀缺程度之间的关系。在均衡价值理论的体系中，一边是人们的需求以及这种差异化的需求带来的效用；另一边则是供给，是人们为满足这种需求所付出的代价。均衡价值理论的核心是需求而非供给，反映的是某种物品与整个社会所需要的关系，也就是人与自然的关系。因此，新古典经济学的均衡价值理论中，价值表现为某个物品交换另一个物品的数值比例，而这个数值比例反映了两种物品在市场中的稀缺程度。

总结一下，本节讨论了古典经济学的劳动价值理论和新古典经济学的均衡价值理论。前者重视的是成本和劳动的价值，后者重视的是需求的价值。前者在一元化的充分竞争的环境中有解释力，后者则构建起了更加复杂的数理分析的市场经济的框架，成为主流经济学价值论。理解了这两种经济学的劳动价值理论，也就能理解古典经济学和新古典经济学的基本思想发展的脉络,以及影响现在主流经济学理论的价值观。

6.2 奥派经济学价值论

> 在新古典经济学家看来,理论由资本供应和需求共同决定,供给由时间偏好的主观认知决定;相对于企业家根据资本的边际生产力决定需求,奥派经济学家则认为当企业家需要资金时,他们则为工人和生产要素的终结。工人和生产要素所有者将所提出的工资和租金等形式的需求作为交易,向企业家让渡具有更高价值的未来;但只有生产过程结束时,才可以获得的商品所有权,无论是资本品的供应方还是需求方都依赖于对时间偏好的主观认知,这就是奥派经济学者所推崇的主观价值理论。

在讨论了传统经济学价值论后,我们不得不提到奥派经济学价值论,因为奥派经济学对主流经济学的挑战和解构是非常具备冲击性和批判性的。第8章会详细地介绍关于奥派经济学的理论思想,本章先从价值理论角度来解读。奥派经济学价值论被称为主观价值理论,这个理论认为价值是由人对什么有用的判断来决定的,劳动质量发生什么变化对于解释价值没有任何困难,因此它不认为产品的价值是由劳动要素的投入决定的,相反认为劳动要素投入的价值取决于它们协助生产出来的产品。下面具体介绍奥派经济学对传统经济学价值论的批判,以及其提出的主观经济价值理论。

首先,讨论奥派经济学对劳动价值理论的批判,其中最著名的观点来自著名的奥派经济学家欧根·冯·庞巴维克（Eugen van Böhm-Bawerk），在他出版的两卷本《资本与利息》的第一卷《资本利息理论的历史和批判》中对马克思在《资本论》中的劳动价值论进行系统批判。庞巴维克认为劳动价值理论是纯粹逻辑演绎的结果，而没有提供任何经验或者心理上的证明。他认为该学说对绝大多数商品不适用，进而推导出剩余价值理论不成立。后来庞巴维克还出版了《马克思体系的终结》一书对马克思的政治经济学体系进行了系统批判，认为按照劳动价值论，商品价值决定它的价格，而他认为"事实上，商品的交换与凝结其中的价值数量并不存在比例关系"。

简而言之，奥派经济学者对劳动价值论的批判主要体现在三方面：①劳动价值论无法解释不涉及劳动的基本要素；②劳动价值论无法解释时间偏好，也就是利息的价值；③劳动价值论无法对劳动者本身的价值进行分析。

如果说古典经济学价值论以劳动价值论为核心，那么奥派经济学者则认为主观价值论才是核心。因此，奥派经济学者对劳动价值论一向是不认可的，这也使得西方学者对马克思的价值和剩余价值理论的评价被贬低了，这是奥派经济学者对劳动价值论批判影响力的体现。

其次，讨论奥派经济学对均衡价值理论的批判，我们以庞巴维克和克拉克之间关于资本理论的讨论来说明。克拉克基于均衡价值理论，认为资本是永久基金，以利息的形式自动产生利润，不考虑时间偏好的现象和模型。这样的思想是继承于瓦尔拉斯的一般均衡思想在资本理论的应用，而奥派经济学者认为瓦尔拉斯模型的主要缺陷是忽视了模型中所有的参数和变量是随着经济系统的行为变化逐步产生的而不是同时发生，导致了对时间要素的忽略，描述的是一种假象的同时放大了变量的作用。这个简化的逻辑在新古典经济学的均衡价值理论中非常普遍，这也导致了真正的经济问题无法解决。庞巴维克则提出以生产力为基础的理论只是客观价值思想的谬误,根据均衡价值理论认为价值是由产品服务在生产过程中产生的历史成本决定的,而事实上是价格决定了成本而不是成本决定价格,利息的起源和存在必须独立于资本品,并且依赖人的主观时间偏好。

最后,讨论奥派经济学的主观价值论,这里还是要从庞巴维克谈起。庞巴维克认为每个过程都需要时间,而在目标实现前,必然会经过一系列体现为高度异质和不同组合的资本品形式的阶段。因此资本品的价格不是由生产成本决定,而是由其对未来生产力根据利率贴现后的价值决定的。生产力不可避免地根据时间偏好的利息,而不是相反。也就是说,新古典经济学家认为资本供应和需求共同决定了理论,时间偏好的主观认知决定供给,企业家根据资本的边际生产力决定需求。而奥派经济学者认为当企业家需要资金时,他作为工人和生产要素的终结,工人和生产要素所有者以工资和租金的形式提出需求并作为交易。他们向企业家让渡了具有更高价值的未来,但只有生产过程结束时,才可以获得的商品所有权,因此资本品的供应方和需求方都依赖于对时间偏好的主观认知,这就是奥派经济学者所推崇的主观价值理论。

总结一下,本节讨论了奥派经济学对传统经济学价值论的批判,包括庞巴维克对劳动价值论和均衡价值论的批判,也介绍了奥派经济学的主观价值论的思想。

我们不评判哪个理论的对错,而是要看到这个思辨过程中的对经济思想本质的讨论,既要看到奥派经济学者指出的关于传统经济学理论的缺陷,也要看到奥派经济学理论中过度强调主观价值理论和忽视数理经济模型使用的弊端。

6.3 数字经济学价值论

> 以信息为载体，以网络为主体的互利协作的价值理论，其协作过程中最重要的角色就是企业家或者创新者对数字经济要素的分配作用，这是数字经济中关于价值理论的最重要的研究方向之一。

在讨论了传统经济学价值论和奥派经济学价值论后，本节讨论数字经济学价值论。为了讨论这个问题我们把关注点放在区块链技术与区块链经济上。一方面它是数字经济发展到这个阶段的变革性技术范式，对生产关系有着重构的作用；另一方面区块链被称为价值互联网的新一代技术经济的体现，对它的价值本质的讨论也就是对数字经济学理论的价值来源的讨论。

区块链技术被称为价值互联网，原因在于它解决了原有互联网的三个基本问题。①区块链通过在数字货币领域的应用，提供了资金流（资本流）信息在互联网的流动的解决方案。②区块链通过加密和分布式账本的引用，解决了在交易过程中的确权问题。③区块链通过共识机制的技术，确定了数字资产的交换问题。然而，这三方面的贡献其实只回答了一个问题，就是通过区块链技术如何将现实中的价值（价格）要素进行完美的模拟和优化，也就是通过技术对现实的经济或者商业模型进行比特化，而并没有回答区块链技术的价值从何而来的问题。简而言之，一个根本问题：区块链经济有何价值？

作为数字经济领域目前最重要的技术范式之一，区块链技术对金融的发展来说不仅是数字货币的载体技术的重要变革和重大创新，而且也是未来数字经济发展的重要基础技术。但是我们要知道的一个常识在于，货币载体的演变和信用的承载是完全不同的事宜。

以国家信用背书的货币不会因为货币的载体是贝壳还是纸币而有所损失，而以先进的区块链技术为载体的数字货币也不会因为技术的复杂和创新而获取信用，这是最基本的常识。那么，本书是来讨论区块链技术的无价值么？并不是，我们是要回答另一个问题：区块链何以价值？也就是说，如何赋予让区块链的"价值互联网"称号名副其实的逻辑内涵，更准确地说，如何理解价值的概念，这是本节要讨论的重点。

首先讨论价值的概念，古典经济学理论是以价值为核心议题的理论，而现代经济学理论是以价格为核心议题的理论，因此我们要回到古典经济学家的研究中来看价值的定义。我最偏爱的古典经济学家，同时也是天才的思想家约翰·斯图亚特·穆勒对价值理论进行了非常准确又有洞察力的描述。实质上，穆勒是一位社会哲学家，他开放的思想让他能够通过哲学、社会学和政治学等多个学科对古典经济学进行探索和研究，同时他的研究也是经济思想历史上一个新的阶段的开始。在穆勒看来，价值就是"被感受到的重要性"，这个解释让我们能够更准确地理解价值的内涵。新古典经济学几乎把价值等同于价格，而事实上每个人的偏好和行为不一样，其本质就是不同事物带给每个人的"被感受到的重要性"不一样，而价格只是衡量这种重要性的标尺，却被认为是全部价值的体现。很显然，这脱离了我们所感知的真实的生活场景，而是把所有人都假设为理性人以后的机械思维带来的数学推导。

下面具体介绍穆勒的理论，他提出的价值理论（或者叫作相对价格理论）提出的核心观点：价值理论的目的是解释相对价格，绝对价值是以价值的不变度量为基础的。而事实上大多数时候我们判断价值都是相对价值而非绝对价值，供给与需求也是在具体场景下成立的。对某个人来说，同样的商品"被感受到的重要性"是不一样的，因而价值也就是不一样的。正因为如此，我们选择的是一种基于行为经济学的框架来解释价值，某个具体对象的价值取决于下面三个假设：①具体对象的价值对某个个体是不一致的，甚至对同一个个体在不同场景下也是不一致的，因此不能以单纯价格来判断价值的大小。②个体的判断影响了价值的大小，更准确地说个体的认知能力影响了价值的大小。对于某个区块链的数字货币或者股票，由于认知能力的差异不同人会进行差异化的出价，而这个场景下价格就成为反映个体认知能力的标准。通过脑科学的研究，我们知道个体的智能和认知能力是有边界的，而这个边界体现出的行为学后果就是决策或者判断。③认知依赖于能力，认知能力让人获得的信息不同，并因此做出不同的判断，这就导致了个体决策的差异。而新古典经济学中假设每个人的认知能力几乎相同，采用的是基于西蒙的行为经济学的模型来理解真实场景下价值判断的差异，因此承认每个人的能力是有差异的。

回到区块链技术角度来看，区块链技术逐步建立起了三个经济体的基本要素，这些变化都是内生于企业发展过程中的重要要素。

（1）社群或者社区的概念得到重新认同。这为价值网络传递提供了基本的场景，经济学研究的重要分支就是研究群体决策。简而言之，通过分布式的网络社群扩大了企业组织的外部性，从而实现了企业组织在市场和企业的双重身份上的重新定位。尤其是通过区块链技术所衍生出来的通证提供了不同于传统公司制度发展框架下的激励机制，这是未来区块链价值网络能够带给数字经济发展最重要的变化之一。

（2）信息的流动。区块链网络中信息的流动是有序和相对透明的，因此可以在高效的信息流动过程中判断决策的变化现象。我们将区块链技术视为"信用的机器"，这就意味着区块链网络中的信息是可信的、基于技术契约的，因此信息流动的变化就意味着价值的变化。在这个流动的过程中，一方面通过信息的高速流动提升了价值的流通效率；另一方面通过信息的高速流动降低了交易费用。这是未来可预期的区块链技术为数字经济提供的基础设施，也是目前最为主流的创新者关注的应用场景，区块链带来的信用成本的降低是未来数字经济发展的重要基础。

（3）共识机制的成立。其为经济学的研究提供了一种先天性的信任机制，这个机制的前提是最大限度地削弱信息的不对称，最大限度地对消费者进行筛选，因此可以帮助我们建立一个更加深度的、基于价值认同的商业模型。在这样的商业模型下，能够有机会建立一种更具备用户参与感，以及能够实现定制化的满足用户需求的商业机制。

共识机制不仅是技术机制，而且提供了一种可能性，即通过将传统的商业契约完全转化为数字化的商业契约，并在这个过程中通过智能合约履行契约。也就是说，未来的市场主体行为（合约的交易和达成）很大程度上不需要传统的市场参与，而是通过技术契约就可以达成，提高了整个市场资源配置的效率。

因此，作为数字经济的研究者，这样的理想模型和动态技术空间对我有着很大的吸引力。反过来说，为这样的区块链经济学设定价值的边界，应该从哪些角度着手呢？本节提出三个基本的维度来思考。

（1）从信息价值角度来思考。1.1节已经讨论过信息作为区块链技术的基本要素，而在区块链所构成的经济网络中，正确的决策需要决策者掌握足够的信息，并因为这个信息进行决策。事实上，可以把区块链的社群理解为一个社会，而这个社会的价值取决于每个个体的认知能力，同时也取决于这个社会的基本结构（制度要素）。认知能力的边界决定了信息的利用效率，而结构或者制度决定了信息的传播效率。所以，判断一个区块链的社群是否有价值，信息的维度是第一个判断标准。新古典经济学中对信息的假设是市场信息是完全对称透明的，而事实上这个假设并不成立。信息不仅是不对称的，而且信息的价值对每个个体也是不一致的。信息所形成的网络中，信息的价值和价格有着非常有趣的内在关联：①有价值信息的生产成本实际上是很高的，但是传播成本是很低的；②信息的定价应该取决于信息的价值，而非信息的成本。这是我们理解互联网商业或者区块链的商业模式的基本出发点，因此通过网络中流动的信息的价值来判断区块链网络的价值是最基本的一个出发点。

（2）从网络价值角度来思考。区块链技术作为互联网基本协议的革命和升级，网络经济学的研究是必不可少的。实际上，从更广义的社会网络来看，2005年获得诺贝尔经济学奖的达伦·阿西莫格鲁（Daron Acemoglu）就是讲授"社会网络科学"的大师。研究区块链经济学，一定要从网络的角度来看，将个体放在群体（社群）之内来研究，了解网络结构对个体行为的影响而不是把单个个体隔离开来。因此，区块链的技术的价值，需要对网络进行研究，更准确地说，是对网络经济学中的量化异质的效用进行研究。由于网络经济学研究的基础是对网络经济的内生复杂性进行研究，跟传统经济学中对效用的追求不一致，而是对复杂性效用（异质效用）进行研究。简单地解释是传统经济学中的效用是针对选择结果的，而异质效用则是针对过程的。对于网络中的每个个体来说，效用的概念是针对非个性化的需求，而异质效用针对的是个性化需求。因此，区块链网络是否能够为每个个体的个性化需求提供足够满意的效用，是衡量区块链价值的重要依据。

（3）从互利资本的角度来思考。首先要弄懂互利资本的概念，这是我提出的关于数字经济价值理论的一个特定概念。按照著名经济学家欧文·费雪（Irving Fisher）的定义，任何可以产生未来收益的事物，都可以称为一项资本（或资产）。费雪公式的定义就是："一项资产的价格等于它未来各项收益折现值的总和。"而我们讨论的重点在于互利资本，也就是在一个社会网络中存在的全部有利于囚徒困境合作的那些要素。这个概念里涉及了博弈论的囚徒困境，是因为网络中的博弈是非常充分和复杂的，因此需要用互利资本来衡量这些要素。简单地说，在区块链的社群中，如何衡量资本的价值，就是要衡量这个社群中经过充分博弈以后能够产生的"互助"要素的综合，这个网络的价值可以用这些要素在未来的各项收益折现值来衡量。互利资本的逻辑是用互利来定义的而非自利来定义的。

这里要强调数字经济学中关于互利而不是自利的经济行为的动机，亚当·斯密在《国富论》中有一段非常著名的话，"每一个人都不断地努力为他自己所能支配的资本找到最有利的用途。固然，他所考虑的不是社会的利益，而是其自身的利益，但他对自身利益的研究自然会或者毋宁说必然会引导他选定最利于社会的用途。"也就是斯密认为每个人都以自身利益的追求促进整个社会利益的发展，通过个人利益与公共利益在商品经济中的统一，实现了整个社会利益的共同协同，这使得自利原则成为传统经济学的第一原则。

事实上，其中一个非常根本的逻辑被有意无意地忽视了，就是个人的自利行为并不会自动导致他人或者社会利益的实现，也就是自利行为并非商品经济运行的完备条件。因为自利行为所涵盖的范围非常广泛，以至于需要法律来约束很多自利行为的实现。即使在商业社会中也存在着很多对商业伦理和商业规则破坏的自利行为，所以才需要市场和法律提供相应的约束方式。也就是说，只有一部分符合互利要求的自利行为才能促进整个社会的利益，商业的基础是互利而不是自利。人们通过分工提高效率，又通过交换来分享价值，在商业社会中的市场行为对自身利益的追求是有边界和底线的，这个底线就是不能超越互利的范围，在这个基础上才有了正常的市场交易。我们将这种互利的逻辑作为数字经济学价值理论的核心,即只有通过互利和协作才有可能创造价值,可以得到以下三个基本结论。

(1) 合作互利创造了价值,而不是劳动或者资本创造了价值。在人类文明发展的过程中身体条件和劳动能力不强的智人之所以战胜了其他人,最重要的原因就是通过丰富的语言建立起来了对未来的共同想象,因此产生了更大规模的互利协作,从而获得了物种生存竞争的胜利。人类是通过想象的共同体获得了互相认同之后,通过互利建立了契约和市场机制,经济生活中最重要的并不是传统经济学中强调的自利原则,而是互利原则的逻辑。

(2) 我们是在承认人性中有自私的基础上去探索数字经济学价值论的。互利资本就是社会网络中存在的全部有利于囚徒困境合作的那些因素的集合,并通过共识机制达成最低成本的有效共识,在这个基础上去讨论区块链的价值网络以及数字经济学价值论,才能理解其内涵。如果说工业经济时代强调的是自利带来的经济增长,那么数字经济时代强调的是互利带来的收入分配与经济增长的双重目标,数字经济提供的基础设施不仅仅是为了解决经济高效率、低交易费用的增长问题,而且也为经济增长之后的收入分配提供了基于技术契约的解决方案。

(3) 互利的价值理论带来了几个基本的平衡,这些平衡是理解数字经济价值论的基础,主要包括以下三个平衡:交易双方利益的平衡、成本与风险的平衡以及完成交易双方效率的平衡。如果没有双方利益的平衡就无法形成任何交易,商业行为的前提就是双方都认可的个人主观价值维度的双方互利状态下的价值平衡。如果没有成本和风险的平衡,就不会有可持续的交易存在,因为过高的风险带来的互利实际上就是对商业底层逻辑的挑衅。如果没有双方效率的平衡,就会带来收益的失衡和整体市场机制的低效,从而使得当前市场被更高效率的市场淘汰。

综上所述，我们提供了一个关于区块链价值互联网中的"价值"要素的基本框架，用信息、网络和互利资本三个要素来定义其价值。在讨论区块链价值时，不能仅仅关注它的技术创新和概念，而是应该关注它的经济学本质。如果一个区块链社群或者应用场景不具备上述三个要素的价值，那么实际上它也就不具备价值互联网的属性。如果一种衡量方式只不过是被区块链技术包装的"数字黄金"所迷惑，而不去理解其在经济属性上的异质性特征，毫无疑问只不过是"金融泡沫"的老把戏。而数字经济学价值论也是建立于信息、网络与互利资本三个基本价值概念之中，只有同时理解了这三个要素，才具备了数字经济学价值论思考的框架。

总结一下，我们从三个角度讨论了经济学的价值论的发展与演化：传统经济学价值论、奥派经济学价值论以及数字经济学价值论。通过对经济思想史上最重要的几个经济学价值理论的探讨，以及对它们彼此争辩和讨论的思想演化过程进行分析，得到了关于数字经济学价值理论的基本思考框架。

然后通过讨论区块链技术和区块链网络经济得到了关于数字经济学的基本范式，即信息、网络和互利资本，理解了数字经济在价值理论上的突破，也就是以信息为载体，以网络为主体的互利协作的价值理论，而在这个协作过程中最重要的角色就是企业家或者创新者对数字经济要素的分配作用，这是数字经济中关于价值理论的最重要的研究方向之一。

第7章

区块链的经济学思考

07

对区块链经济的分析是数字经济学不可或缺的内容。

本章通过对区块链价值的讨论，提出了关于数字经济学价值论的探索，事实上区块链技术中的可信网络特质使得它具备了价值网络的内在逻辑。这个讨论的逻辑不仅仅是因为区块链技术作为价值互联网的特殊性，而且是因为信息经济发展至今区块链技术带来的最重要的变革：通过技术契约制度代替商业契约制度，使得数字经济的基本逻辑得到了改变。

信息经济的本质就是通过数学和算法的方式实现了现实世界在比特世界的映射，那么区块链就是提供了更加丰富映射的基础设施，因此可以将对区块链技术讨论的经济学逻辑作为数字经济学发展至今的一个关键成果进行总结。

本章内容包含基于区块链技术的一些基本特性，讨论其对数字经济学理论的主要贡献，主要讨论三部分内容：开放网络与加密经济、共识社群与复杂网络、平台与商业生态理论。

7.1 开放网络与加密经济

> 区块链更大的价值是通过加密通证的方式重构了网络经济的基本逻辑和生态，通过更开放的融资结构以及创新思想推动了数字经济的创新。

区块链的起源：

中本聪在 2008 年于《比特币白皮书：一种点对点的电子现金系统》中提出了"区块链"概念，并在 2009 年创立了比特币社区，开发出第一个区块,即创世区块。

很多研究者都关注到,区块链技术出现在两个非常重要的历史节点上。

(1)信息技术尤其是互联网技术发展的节点。从世界互联网发展的历史来看,1960 年美国国防部高等研究计划署创建的 APRA 网成为互联网发展的核心,到 2009 年已经接近 50 年。而在德国专家的帮助下,1987 年 9 月 20 日,中国向世界发送了第一封电子邮件,到 2009 年刚好过了 22 年。过去几十年间,互联网技术从刚开始的开放网络逐渐演化成以少数大公司为核心的中心化的结构。从这个角度来说,区块链技术是对互联网的开放性的再一次尝试与探索。

(2)世界金融危机在 2008 年产生了全球性影响,引发了迄今为止还在影响着全球经济格局的经济震荡。而区块链第一个应用的主要场景就是通过去中心化的技术机制解决金融货币领域的信用问题。关于这轮始于 2007 年的金融危机的影响,14.3 节讨论全球金融资本主义时还会深入分析,在这里我们需要关注到的是技术极客们面对金融行业带来的全球经济震荡以及长期的收入分配的不满,提出了基于区块链技术的解决方案。这里面不仅仅是一种乌托邦式的数字经济的理想,也包含了继承自 20 世纪 90 年代末的开源思想和极客精神。

因此,无论对科技行业还是金融行业,区块链技术都是在一个非常重要的节点出现的,我们很难认为这是巧合。对于数字经济发展来说,区块链技术是最重要的基础技术之一。那么对区块链经济的分析就是数字经济学不可或缺的内容。

1. 区块链技术与加密经济

从互联网发展的现状,我们看到一个从开放创新到逐渐垄断封闭的历史。以美国互联网公司为例:1997 年加州斯坦福大学理学博士生拉里·佩奇（Larry Page）和谢尔盖·布林（Sergey Brin）注册了 Google 域名并在次年加州的 Menlo Park 车库中创建了谷歌公司，而在 2017 年 6 月 27 日，欧盟委员会宣布，由于滥用其作为搜索引擎的市场支配地位而偏袒自己的对比购物服务，将对谷歌开出 24.2 亿欧元（折合人民币约 190 亿元）的罚款，并要求其在三个月内停止这一行为。2018 年 7 月，彭博社援引知情人士称，谷歌因在安卓系统中非法滥用其支配地位问题，面临 43 亿欧元（约合 50 亿美元或 342 亿元人民币）欧盟罚款，超过 2017 年 6 月 24.2 亿欧元的纪录，创欧盟史上最大罚单。2003 年美国哈佛大学马克·艾略特·扎克伯格（Mark Elliot Zuckerberg）在就学期间撰写了名为 Facemash 的程序，用于搜集哈佛校内网络上的女生照片并让学生们精心评分。2004 年，随着 PalPal 共同创始人彼得·希尔（Peter Hill）的加入，Facebook 域名正式注册并在 2005 年对大众开放。到了 2018 年，Facebook 被爆出大规模的数据泄露事件，被认为影响到了之前的美国总统大选。这个事件之后，一周之内 Facebook 股价蒸发了 360 多亿美元，扎克伯格也受到了调查，欧盟成员国及英国纷纷做出强烈回应，要求对数据泄露事件进行调查。这两家当今互联网时代最具代表性的公司反映了一个显而易见的现实：互联网越来越不开放了，并且因此付出了创新垄断和数据安全等一系列代价。中心化的社交网络、搜索引擎以及移动终端使得数据安全被掌握在少数几家企业中，而且创业公司和独立开发者也越来越弱势，无法进行公平竞争，这就是目前互联网发展的现状。

简而言之，互联网网络从创建伊始是作为开放式的平台创建的，其初衷是让所有人平等地获取信息或者收益，但是随着时间推移，互联网成为了一个越来越"垄断"的网络，这并不符合互联网发展的初衷。无论是互联网的发展还是区块链的发展，都受到了美国密码朋克思想的影响，正如凯文·凯利在《失控》中提到的："草根阶级突然监管原本神秘被禁止的密码和代码领域，产生最重要的结果也许就是获得了可用的电子货币。"区块链技术在这个领域的创新早有征兆，而赛博朋克的技术思想不仅仅在互联网发展过程中起到了重要的作用，也在区块链技术发展过程中起到了重要的作用。

正因为如此，我认为加密经济以及区块链技术的思想根源并不是出现在2009年，而是可以追溯到19世纪50年代在纽约持续召开的Macy Conferences（梅西会议）。这个会议是由弗兰克·弗雷蒙特·史密斯（Frank Fremont Smith）发起的一系列涵盖不同主题的会议，在接近20年周期内召开了接近160次会议，参与的人包括诺伯特·维纳（Norbert Wiener）、克劳德·艾尔伍德·香农（Claude Elwood Shannon）等当时在前沿科学领域具备奠基人作用的科学家和思想者。主要讨论的问题包括但不限于控制论、神经科学、人工智能、脑科学等，这一系列会议不仅仅奠定了人类在跨学科研究领域的思想基础，也奠定了整个数字经济技术的范式革命的技术基础。我在《起源：从图灵测试到区块链共识》一书中探讨的很多技术思想的基础都是基于这个时期的成果，而迄今为止区块链技术带来的变化很大程度上也来自当时的思想根源。

2. 区块链带来的改变

区块链的加密算法以及基于共识机制的分布式账本技术，创造性地提出了基于加密通证的解决方案。这种加密通证开始于比特币的出现，并随着2014年以太坊的推出得到了全面加速。在开放网络设计方案中，加密通证给传统的网络经济提供了三个新的重要的技术特性。

（1）通过分布式账本的技术，提供了去中心化的网络基础设施，从而重构了网络的开放性，使得每个节点的价值都重新得到确认。分布式账本的技术不仅仅是点对点通信技术在加密的基础上所提供的新的信息流通的方式，而且也是变革传统的复式账本的重要技术革新。

（2）通过通证激励开放式网络的不同角色的参与者，包括投资者、开发者、用户等多个角色能够通过通证得到激励，从而使得整个网络在新的经济模式下得以运行。通证不仅仅有普通货币具备的属性，也具备证券化的价值，更重要的是具备基于使用权在网络中进行流通的能力，这对解决共享经济在数字经济领域的应用场景问题提供了新的解决方案。

（3）通过分布式账本和加密通证，互联网中心化的趋势会得到扭转，保证了互联网的开放性、公平性与活力，从而引导更多的创新出现。值得注意的是，并不是完全去中心化的网络就是最好的网络，而将网络的参与者的权利更好地反馈给所有参与各方的模式才更加符合数字经济时代的共识精神。

正是由于以上三个技术特性，比特币这样的应用引发了信息技术领域和传统金融领域的巨大关注：一方面，比特币通过去中心化的网络在网络中提供了价值储存的方法；另一方面，比特币也作为一种具体的应用实践给出了区块链技术的杀手级应用。

不过需要注意的是，比特币只是区块链的一种应用而不是全部，区块链更大的价值是通过加密通证的方式重构了网络经济的基本逻辑和生态，以往的网络经济是通过风险投资为主的方式进行创新，而加密通证则通过更开放的融资结构以及创新思想推动了数字经济的创新。随着以太坊对于智能合约的网络的推出，区块链的开放式网络技术大为普及，虽然因此带来了极大的创新风险和管制，但是我们也可以期待加密通证和开放网络未来以更加合法合规的方式进行发展。不同于互联网的是，区块链的通证提供了开放式网络服务的管理和融资的路径，因此带有强烈的金融属性，在发展过程中所遇到的挑战和风险也在增长。

3. 加密经济学

限于篇幅，这里主要讨论加密经济机制的基本逻辑。加密经济指的是在区块链的网络中，需要通过对系统的机制以及博弈理论的研究，来激励网络中系统不同的角色以最优化的逻辑推动经济系统正向循环。区块链网络通过分布式账本数据库的核心技术将这种加密经济机制作为一种经济激励的方式确保不同网络节点之间的信任与合作，为生态系统的行为逻辑提供分布式共识与数据安全的基础设施。

简言之，加密经济就是通过对数字经济系统内的博弈机制和商业生态的设计，实现网络中的动态均衡结构，推动整个商业生态系统的发展。

加密经济的重点总结如下。

（1）通过开放式的网络来管理和资助产品的运营和服务。如果说以往专属的中心化服务通过更好的产品体验和快速迭代的逻辑来推动产品创新和增长，那么加密经济则通过个性化的体验和服务来确保每个个体的用户价值能够在经济激励机制中得到实现。通证提供了创建共享计算资源和经济资源的模型，并且通过去中心化的管理方式确保这些权益的安全和低成本的维护。

（2）通过通证的激励机制实现了参与者共享价值的成长：一方面，实现了每个个体在参与时的权益和回报的价值；另一方面，通过共享经济的模式推动整个数字经济的价值能够快速扩张。简言之，通证经济是互联网开源运动的继承者，无论是 Linux 软件的开源运动，还是维基百科的众包思想，都在加密经济发展过程中得到了继承。我们无法回避的是加密经济的发展目前也受到了挑战和质疑，但是考虑到 Linux 目前已成为全球最主导的操作系统的底层逻辑，以及维基百科的重要性，我们有理由对加密经济的发展保持乐观的态度。

（3）通证事实上提供了一种新的网络经济的逻辑。由于网络中的商业生态竞争是普遍存在的，互联网时代的生态竞争几乎都是零和博弈，充满了投资并购和商业垄断的案例。通证通过协调网络参与者的利益来实现共同的目标，即通过通证价值和网络价值的共同增长来降低竞争之间的摩擦。因此，通证通过有效的激励不仅仅能够使得用户参与成为了一个具备价值回报的行为，也使得生态之间的协作有了价值回报的基础，这是加密经济的一个重点。

加密经济是开放式计算运动的继承者和开拓者，我们不能预期它的成果，但是可以看到它已经开始改变世界。加密经济是技术极客们作为数字经济领域最具备创新精神的创新者，对传统经济以及逐渐失去创新能力的网络经济发起新的挑战。

7.2 共识社群与复杂网络

> **区块链网络经济的主体是社群网络本身，而不是企业和市场。**

在讨论了加密经济后，本节深入讨论区块链的分布式自治组织（Decentralized Autonomous Organization, DAO）的经济学原理。我们要得到的结论是区块链网络经济的主体是社群网络本身，而不是企业和市场。只有弄清楚了这个问题以后，才能对基于区块链网络的 DAO 的本质有所认识，也才能在这个基础上理解社群评估和构建的基本方法论，社群的价值体系才能被梳理。本节分三部分讨论：复杂经济学理论、复杂网络组织和复杂网络的经济学逻辑。

1. 复杂经济学理论

复杂经济学理论 4.3 节已经提到过，当时主要讨论复杂经济的收益递增的特质，本节详细介绍该理论。这个理论由美国圣塔菲研究所的著名经济学家布莱恩·阿瑟提出，布莱恩·阿瑟是斯坦福大学的经济学教授，同时也是"熊彼特奖"的获得者。作为圣塔菲研究所的元老级人物，他同时也是复杂科学的奠基人。后来阿瑟因成绩突出还获得了首届"拉格朗日奖"（由比利时皇家科学院颁发的奖励对世界数学知识有杰出贡献的学者），而他的主要贡献就是通过正反馈机制的研究，提出了基于"收益递增定律"的复杂经济学思想。简言之，复杂经济学就是将经济视为不断自我计算、不断自我创建和自我更新的动态系统。与新古典经济学强调静态的资源配置和一般均衡理论不同，复杂经济学强调偶然性、不确定性和"一切变化皆有可能"的理念，是一门以预测、反应、创新和替代为基础的动态经济学科。

正因为复杂经济学的特质，所以理解数字经济尤其是基于网络的经济（无论是互联网还是区块链），都要基于复杂经济学的范式，否则就没办法理解其本质。限于篇幅，本节不详细阐述其理论背景（推荐阅读布莱恩·阿瑟的《复杂经济学》一书），只讨论一点——复杂经济学认为经济是不均衡的系统，而随着经济世界变得更加不确定，更加基于生物的演化思想而非牛顿式的连续性理论，复杂经济学采用一种更加开放和动态的包容体系去看待经济的变化。正因为如此，复杂经济学正在慢慢地走向经济学尤其是数字经济研究理论的中心。只有通过复杂经济学的范式，承认非均衡（或者叫作动态均衡）的存在，才能处理和理解数字经济学中的创新、演化和价值等问题，所以我将数字经济学定义为创新者的经济学。我的工作核心也是作为创新者的经济学家的角色来为数字经济的创新提供理论和思想的工具，而不是作为传统经济学者来研究纯粹书本的理论和各种复杂的数学模型。

2. 复杂网络组织

基于复杂经济学的观点，区块链中的共识社群组织可以定义为一种复杂网络,因此必须从网络经济学和复杂经济学的角度理解社群网络组织的概念,尤其是网络与市场和企业的差异。事实上,对于网络的两个基本误解如下:①将网络和市场的概念混同,从而导致了用市场经济的逻辑讨论网络经济;②将网络和企业的概念混同,从而导致了无法理解网络社群和企业之间的差异。正因为这两个误解,导致了很多区块链的创新者对社群组织进行管理和运营的失控和失败,也导致了区块链领域的项目投资人无法正确地把握项目的价值。因此需要从理论上梳理出相关的结论。

3. 复杂网络的经济学逻辑

主要从以下三方面讨论复杂网络的经济学逻辑。

(1)网络经济和传统工业经济的差异。如果把工业时代的经济环境和网络时代的经济环境进行比较,其中最大的差异在于:工业经济是同质化的,也就是经济系统中的要素需求基本一致,消费者的需求也基本一致,因此经济系统形成的是规则的网络;而网络经济则是异质化的,也就是经济系统中需求多样化,充满了不确定性,因此网络经济中所形成的就是混沌的经济系统。这里就介绍两个基本网络经济的模型:一个是由应用数学家和社会学家邓肯·瓦特(Duncan Watts)与应用数学家史蒂夫·斯托加茨(Steven Strogatz)在1998年定义的小世界网络模型;另一个是由曾经撰写过《链接》的著名网络理论研究学者艾伯特-拉斯洛·巴拉巴西(Albert-László Barabási)提出的无标度网络模型(他同时也是美国东北大学复杂网络研究中心主任以及网络科学学会的创始人)。

(2)在这两种网络经济模型的逻辑下,经济运行效率得到了提升,而交易费用则大幅度下降。小世界网络模型的最大优化的逻辑,是用信息透明和熟人之间的信任关系建立起了新的经济模型,在实现同等效率的前提下,降低了交易费用,主要是一种随机性的经济学模型;而无标度网络模型则构建了一种基于复杂网络的自由经济秩序,这种秩序一方面具备随机网络的自由经济秩序,另一方面则具备了一种基于规则网络经济的效率优势。当将所有的组织群体(家庭、市场、企业和狭义上的网络)都当作广义的网络的一部分时,无标度网络模型就是在这些网络模型组织中最复杂和完善的经济模型。小世界网络模型解释了数字经济中目前网络经济效率为何降低了市场交易费用的基本逻辑,也就是通过信任和信息的透明化降低交易费用。而无标度网络模型则解释了未来的区块链网络经济的基本逻辑,就是构建一种基于广义的自由经济秩序(对应了区块链经济模型的分布式网络),以及基于技术契约的分布式组织秩序(对应了区块链经济中的共识机制以及智能合约)。

(3)基于共识的去中心化社群组织结构,我们在这里重点讨论的是基于区块链共识的 DAO。在理解了区块链的社群网络结构是基于自由经济秩序和契约经济秩序之间的规则后,我们可以将社群网络理解为一种既具备市场的自由交易的效率也具备企业的完成特定合约功能的综合结构。区块链网络基于点对点的分布式合约,达成了一种以共识为核心的信任关系:一方面超越了市场经济中的陌生人关系,降低了交易费用;另一方面也扩大了原有互联网中的基于熟人关系的社群网络的边界。这两方面就是区块链经济中 DAO 交易费用能够大大低于传统市场经济,甚至低于现有的互联网经济的基本学术逻辑的原因。DAO 在共识机制和分布式网络的共同作用下,成为一种介于产业和企业的存在。一方面,以分布式网络实现了资本的高效率分配,以及解决了信息的不对称问题;另一方面,通过共识机制建立起超越简单熟人关系的信用体系,从而能够形成共享经济(或者叫作分享经济)的新经济模式,从而打破了新古典经济中关于企业和市场关系的一系列限制,创造了新的组织结构。

总结一下,本节从复杂经济学中的复杂网络现象进行讨论,将区块链中的 DAO 定义为复杂网络组织，因此引入了两种基本的网络经济模型：小世界网络模型和无标度网络模型。最后，讨论了这种复杂网络组织的经济模型极高的效率和极低的交易费用，这是 12.2 节讨论智能合约理论和区块链的制度经济学理论的基础。

7.3 平台与商业生态理论

> 区块链经济中的分布式自治组织（DAO）的本质就是平台和商业生态。

在讨论了复杂网络组织之后，我们不禁思考这个问题：这样的组织结构如何定义呢？我并不是喜欢发明新概念的经济学者，我认为大多数事物的概念和定义已经在商业研究的过程中出现了，而事实上我们在现有的数字经济中已经接触了相关理论：由于网络的结构是一种随机自发的秩序和基于契约的秩序的结合，因此分布式自治组织结构也应该是二者的结合，符合这种结合的两种基本模型是什么呢？毫无疑问，就是平台和商业生态。

平台在互联网经济时代指的就是各种双边经济模型形成的网络组织，如电商平台、内容平台、社交平台等（如京东、今日头条、微博等），这种平台型组织提供了一种大规模的满足定制化需求的网络，形成的是一种以明显的中心为突出特征的经济模型。这种平台组织通过提供类似工业化时代的大规模定制的服务和功能，来降低平台参与各方的成本，本质上在于通过提供一种基础设施，使得其他功能能够在平台上形成差异化的服务和定制化的产品。互联网时代的平台不仅仅实现了指数级的增长，获得了垄断竞争的优势，而且也给整个数字经济的商业生态带来了巨大的变化，主要体现在以下三方面。

（1）平台创建了以消费者为核心的模式，无论是共享经济还是C2B都是以提升用户体验和服务水平为核心的商业模式。正是因为网络中的大数据提供了消费者需求和行为的数据，才使得平台成为一种以消费者定义产品和服务的商业模式，用户的价值主张能够快速地与平台提供方产生对接。

（2）平台通过数字化的方式让消费与生产的边界逐渐融合，不仅仅带来了交易成本的下降，而且以服务和体验为核心的数字经济在要素组合上更加具备灵活性。对于互联网时代的创业者来说，也具备了解放生产力和更能够自由选择空间的产业环境。

（3）平台构建了一种以网络为核心的交易市场，在这个交易市场中平台提供了所有基础服务设施，所有参与者和要素在平台中进行交易，从而实现了市场边界的扩大以及网络化组织商业生态的构建。

商业生态构建的则是一种去中心化的组织结构模式，商业生态形成的是一种基于涌现和生成的报酬递增经济模型。也就是说，在商业生态中的经济要素从专属变成了共享，而商业生态中的各方基于共识形成了不同的契约机制，这些契约机制能够通过智能合约自动化地完成相关的交易、记账、传播以及价值分配的过程。限于篇幅，这里不具体讨论商业生态的理论模型，而是直接给出一个结论：未来社群组织的竞争就是商业生态和价值网络的竞争，不同的商业生态是基于不同的价值主张（共识），不同的价值主张构成了不同的价值网络（区块链DAO）。因此，未来的竞争就是动态链接的商业生态之间的竞争，如目前的百度、阿里巴巴、腾讯公司（BAT）所形成的竞争态势本质上就是商业生态而非单一市场的竞争，同时在多个领域发动无差别的竞争和价值网络的重塑，就是商业生态竞争的特质。

商业生态的概念在互联网时代就受到了重视，互联网链接用户的在线行为产生的数据正是网络商业生态最重要的经济要素。下面从以下三个角度解读商业生态的内涵在传统行业、互联网以及区块链中的差异。

（1）传统的商业生态概念，是通过生态学中的生态系统概念来理解商业的整体性和系统性的逻辑。最早由学者詹姆士·穆尔（James Moore）在1993年提出了这个概念并在1996年《竞争的衰亡：商业生态系统时代的领导与战略》一书中进行了深入探讨。他认为商业生态主要分析传统行业中的企业、客户、供应商、主要生产者、竞争者和其他利益相关方的系统，而通过对这种系统均衡演化过程的分析能够帮助企业制定战略。正是因为企业的不同阶段上有不同的商业生态系统级别的挑战，所以在不同阶段需要采取不同的战略。商业生态系统内的公司应该着眼于创造新的财富，以发展出新的商业生态循环代替狭隘的以行业竞争为基础的战略。

（2）互联网时代的商业生态概念，是学者桑吉夫·戈赛因（Sanjiv Gossain）和加金·坎迪亚（Gajen Kandiah）在1998年引用穆尔商业生态系统的概念，来讨论互联网提供了一种链接所有市场参与者的组织模式。他们认为在互联网所构建的网络经济中，组织之间可以通过网络进行深度的链接和资源的交换，因此需要构建一种基于商业生态的全新价值网络。而在2004年，学者马可·扬西蒂（Marco Iansiti）和罗伊·莱文（Roy Levien）则以生物上的生态系统理论对商业生态系统进行了深入研究，认为商业生态系统的定义范畴是一群相互连接，共同创造价值与分享价值的企业，这是互联网时代大多数研究者所理解的商业生态的基本概念。

（3）区块链网络构建的商业生态概念则不同于其他两种，由于区块链自身的技术特性以及其作为价值互联网的特质。一方面区块链的商业生态系统继承了互联网的商业生态系统中网络化以及自组织的形式和内涵，通过网络化的结构降低交易费用，通过 DAO 商业生态来实现商业边界的扩散；另一方面，区块链网络通过加密经济的方式锁定了生态资源在体系内的竞争壁垒，并通过产权关系的重新确定使得商业生态有了新的治理制度，从而获得交易关系之外的生产关系价值的延伸，这是区块链商业生态不同于传统互联网商业生态的关键。

事实上，基于生态的概念去理解商业，这里用"竞争"一词其实并不准确。在未来的商业中并不存在现在商业市场中所理解和针对的"竞争"的概念（即通过对标对手和打垮竞品来获得市场空间）。而是每个商业生态都在不断地演化，而演化的过程中由于其生存和适应能力更强，其价值网络更有效率，产品和服务更有价值，从而获得了继续生存的权利（也就是竞争的胜利）。简单地说，要用演化论的思想看待未来的商业生态之间的关系，商业生态提供服务和产品，优胜者生存，失败者自然消失——这就是商业生态正在发生的事情。也就是说并不是因为竞争对手有多强而被淘汰，而仅仅是因为不合适就被淘汰，更残酷的是越在商业生态中发挥出优势，被淘汰的速度就越快，这就是基于创新的网络经济的竞争本质。这种面对残酷竞争环境的自然选择过程，就好像刘慈欣在《三体》里所提及的那种文明之间的战争场景，商业生态之间所在进行的就是一种无声无息的，以生存为唯一目标的，充满了不确定性的演化过程。关注竞争对手毫无意义，因为就连整个商业生态都可能被淘汰，这是数字经济领域的组织竞争所面临的真相。

最后再补充一点，就是我们得到了区块链经济中的 DAO 的本质就是平台和商业生态，那么它们在区块链经济中对应的是什么呢？以现在的区块链经济来说，可以做这样一个判断：交易所就是平台，而公链是商业生态。前者提供的是价值交易的平台，使得基于不同价值的数字货币能够在不同的平台中形成价值。后者提供的是一整套商业生态系统，为一系列应用服务和解决方案提供基础的商业和技术体系。值得注意的是，平台和商业生态并没有孰优孰劣的关系，更不具备相互包含的关系，只不过是依据目前所形成的网络经济结构的不同，以及在整个价值网络的形成的角色不同，在这个基础上定义的。交易所提供服务和产品的逻辑是相对中心化的，而公链提供服务和产品的方式是相对去中心化的。当然，不排除未来交易所越来越去中心化，而公链变得越来越中心化（目前的公链所提供的功能还是比较底层的，但是未来可能变得越来越专属），因此，用动态演化的逻辑看待数字经济中的主体性质的变化，也是非常重要的思路。

总结一下，本章主要讨论的是开放网络与加密经济、共识社群与复杂网络及平台与商业生态理论。

首先介绍了区块链的加密经济学理论；其次讨论了复杂经济学理论，提供了理论依据和思想源头，并提供了两种基本的网络经济模型（小世界网络模型和无标度网络模型）；最后讨论了DAO的本质就是一种符合复杂网络结构模型的组织，区块链DAO应该能够同时完成极低成本的市场交易以及基于共识契约的类似企业的共同规则行为，因此用平台和商业生态的逻辑来理解了DAO，并得出了交易所是平台、公链是商业生态的结论。

在本章的最后，补充了一个一直强调的观点，由于数字经济学是一门正在成长和迭代的学科，所观察到的经济现象也在不断演变，因此要用一种演化的思维去看待经济现象，而不是得到一种静态的结论。

第8章

区块链与奥派经济学

区块链基于跨学科所提供的这一套容错率很高的管理机制，实现了数字经济领域的基本治理机制；这一基本框架是我们思考数字经济学领域的经济制度设计过程中需要理解的。

本章详细讨论关于奥派的基本历史渊源、研究方法以及对数字经济学的影响，尤其是通过对区块链经济范式的研究来探讨这种影响的内在逻辑。

和主流经济学相比，奥派拥有非常特殊的历史地位和理论内涵。

从理论特性上看，奥派以主观价值论和市场过程理论为基础，构建了一种不同于新古典经济的客观经济学的理论体系。

从经济思想上看，奥派基于路德维希·冯·米塞斯（Ludwig von Mises）"人的行动"的思想构建出了一整套不同于新古典经济学的"理性经济人"假设的经济分析逻辑。

从思想倾向上看，奥派经济学者强烈反对通过政府对宏观经济政策进行干预，并认为政府干预下的货币政策行为造成了通胀以及利率的下降，从而导致了价格信号紊乱和经济周期的产生。

事实上，一方面奥派包含了一群在经济学发展中产生重大影响的经济学家；另一方面，在数字经济学中已经讨论以及将要讨论的一系列重要的话题，包括信息不对称、新制度经济学、经济学的演化理论以及产权思想，都可以在诸如米塞斯和哈耶克的著作中找到其根源（复杂经济学和行为经济学的重要理论根基就来源于哈耶克关于演化经济理论的研究）。

因此，弄清楚奥派的历史渊源、方法论以及与数字经济学之间的联系就非常重要了：一方面为我们找到数字经济学理论的思想根源和基本方法；另一方面也为之后我们讨论其他话题时能够建立起基本的研究框架和方法，理解这门学科认知世界的方法论和经济学者们的特殊性。

限于篇幅，本章简单讨论三个基本话题：奥派的起源、奥派的方法论以及算法经济与奥派经济学。

8.1 奥派的起源

> 奥派以非数学化的方式发展着，将法律与制度融入其分析过程中，重点关注经济学相关的制度、过程以及非均衡的研究。

奥派思想的早期学者包括三位：卡尔·门格尔、克努特·维克塞尔（Knut Wicksell）以及欧根·冯·庞巴维克，而集大成者包括路德维希·冯·米塞斯、弗里德里希·冯·哈耶克以及路德维希·拉赫曼（Ludwig Lachmann）。本节重点讨论门格尔的贡献，其他几位学者的观点会在后续的内容中逐步涉及。

首先讨论奥地利经济学家门格尔，1871年他出版了《国民经济学原理》，这本书彻底颠覆了古典经济学的基础——客观价值理论，开创了系统的主观价值论的经济学。门格尔与英格兰的威廉姆·斯坦利·杰文斯和法国的莱昂·瓦尔拉斯几乎同时发现了边际效用原理，也是现代边际效用的创始人之一。因此，门格尔首先是作为新古典经济学中的边际效用的奠基人之一出现的，然而他的经济学分析框架和其他两位经济学家不同，是第一个系统提出包含个人主义、主观主义、边际主义的经济学者。主流经济学（新古典经济学）实际上是沿着两条道路在前进：第一条是运用数学形式的抽象推理，也就是瓦尔拉斯的道路；第二条是强调运用统计过程检验理论假设，也就是杰文斯建议的道路。而门格尔则开启了第三条路：一种基于主观的研究经济过程与制度理论的经济学，这就是奥派。

如果说主观经济学是基于形式主义的数学思想所构建的经济学，那么奥派则以非数学化的方式发展着，将法律与制度融入其分析过程中，重点关注经济学相关的制度、过程以及非均衡的研究。门格尔的经济学研究方法是一种主观主义的经济学研究方法，主要研究"有机"制度，也就是虽然是人类行为的产物但不是人类涉及的制度，如货币、市场、语言、共同体以及法律等，他将经济学最重要的问题定义为"有机"制度的起源和演化，而不是"实用制度"（也就是主流经济学关注的有意涉及的社会组织和宏观调控的理论）。

事实上，如果追根溯源，根据今天的经济思想史研究，所有的这些元素几乎都已经包含在了西班牙经院哲学家关于经济问题的论述的传统当中，门格尔只不过是第一个系统提出包含这些要素的整个理论经济学体系的人。门格尔的徒弟有维克塞尔和庞巴维克，维克塞尔是第一个使用"边际"这个词的经济学者。庞巴维克则拓展了奥派的利息和资本的理论。这就是奥地利经济学最早的起源。

我们在这里不得不提到门格尔研究过程中的一些基本思考，这些思考不仅仅是奥派的特质，也是理解数字经济学中重要事项根源，这里简单介绍其中三个思考。

（1）门格尔作为边际原理的提出者，发展了一种并不局限于连续和可微分的边际效用观点概念，他认为对于理解人类行为来说，数学方法完全不能获得他试图解释的经济现象的本质。这也就奠定了奥派尽量避免用数学工具来解释经济学现象的方法论基础。正如门格尔所说："我们怎么能够通过数学的方法获得本质的知识，例如价值的本质、土地租金的本质、企业家利润的本质、劳动分工的本质、复本位制的本质等。"门格尔对数学形式主义表达了完全反对的态度，同时也带来了奥派经济学在数学方面不重视的结果。

（2）门格尔提出了迄今为止经济学家们还在研究的一系列前沿问题，这是当时其他经济学家不曾具备的洞察力，包括不确定性、人们的行为偏差、现象的非决定论以及信息不对称等，而这些问题的关注则成为了奥派关注过程而不是均衡分析理论的思想根源。新古典经济学的理论家们基于对可计算的经济理论的执着，通过简单的理性人假设推导出整个经济研究的理论大厦，从而导致对个体的忽视以及在宏观经济理论上的解释力匮乏。

（3）门格尔的主观主义思想是一种动态的、激进的主观主义，并没有把人们的经济行为简单地限制在个人偏好上，而是扩大到了人们的预期、成本以及时间等概念上，因此建立了一种把经济行为者当作对环境积极主动适应的对象，而不是新古典经济学中的被动反映者，事实上，这更符合我们现实中的人类行为规律。例如奥派经济学者认为利息源于人的时间偏好，由于任何生产都需要花费时间，所以生产者、资源所有者和消费者在做出决策时都需要考虑利率。这样的思想就是从主观价值论以及"人的行动"考虑推导出来的。

简单地总结一下，本章讨论了门格尔对奥派经济学理论的贡献，理解了门格尔的主观主义的经济学理论思想的基本逻辑。门格尔最重要的贡献就是通过《国民经济学原理》一书，提出了基于主观价值论和边际效用理论的系统知识体系。

其中，奥派经济学对人的主观价值的重视是我们最需要关注的，因为这与数字经济理论中对企业家创新的重视是一以贯之的。另外，奥派经济学在研究资本时将重点放在了人的行动上而不是资本品，因此建立一整套基于"结构"而不是"量"的资本理论，本章对于第三部分讨论数字经济资本论非常重要。

8.2 奥派方法论

> 市场是一个过程，而不是产生市场均衡状态的一组相互协调的价格、质量和数量构成的要素。

8.1 节讨论的是奥派的起源，而事实上今天所说的现代奥地利学派，指的是以庞巴维克的学生——米塞斯——开创的人的行动学基础的奥派经济学体系。他最有名的学生有两位：穆瑞·罗斯巴德（Murray Rothbard）和弗里德里希·奥古斯特·冯·哈耶克。我们重点来看米塞斯和哈耶克的贡献，尤其是米塞斯在其经济学著作《人类行为》一书中构建的关于现代奥地利经济学研究的基本方法论。当然，我们也会讨论哈耶克关于奥派研究的方法论，作为一个参考和对比的思想方法。

首先讨论人类行为学的基本观点，就是米塞斯认为个人从事有特定目的的行动是所有经济学的基础，也就是人们通过特定的行为达到目标，这是理解经济学的基本逻辑。正因为每个人都有基本目标，所以就会有不同的价值观，而不同的价值观采取不同的手段，也就是获得了不同的技术知识，而不同的知识和手段则决定了他是否能实现其目标。因此，人类行为学并不去判断一个人的价值目标是否正确，而是判断每个人是有明确的价值之后再通过特定手段去完成目标，这是所有经济学的根源。基于这个观点，米塞斯推导出所有经济行为都需要时间，而所有的行为都具备不确定性，以及相比达到的目标手段是稀缺的（如果不是稀缺的，目标就会立刻达到，那么行动就无意义了）。

因此，米塞斯通过一种非常清晰和严密的逻辑，推导出一种基于人类行为学的经济模型，它不研究人的价值观、目标和行动内容，而仅仅关注他们的目的以及为了目标采取行动的行为，而这些行为特质就产生了经济学中关于效用、需求、供给和价格等概念的解释。这个方法论也继承了以个人主观价值和选择进行分析的门格尔的思想，以及对计量经济学的反对。米塞斯一再强调，自然科学的基础是不变的数量关系的经验发现，而计量经济学无法在人类历史中找出一个不变的关系，而人类行为学者认为个人是有思想并根据其价值观和预期采取行动的人，这就避免了新古典经济学中同质化效用，而真正关注了每个个体行为。

其次再来讨论哈耶克的贡献，虽然哈耶克和米塞斯都属于奥派经济学的重要学者，但是在理论方面还是有很大差异的，尤其是在对主观主义的理解上。米塞斯强调的理性是抽象理性，而哈耶克强调的是制度理性。回顾整个20世纪，哈耶克和凯恩斯是最伟大的两位经济学家，他们的理论也在影响着当今世界经济格局的方法。哈耶克的商业周期理论被用来解释1929年大萧条与2008年的全球金融危机，针对各国政府的凯恩斯主义行为，即通过不断地量化宽松的货币政策和赤字财政政策推动经济发展，哈耶克的理论能够起到振聋发聩的作用。在奥派经济学家中，哈耶克是将奥派的自由主义的经济学思想和公共政策进行彻底研究的学者，也是迄今为止在影响力上最大的奥派经济学者。

在这里简单讨论哈耶克的两部关键作品《通往奴役之路》和《致命的自负》的贡献，正是由于这两部书籍，哈耶克从经济学界的边缘人成为了享誉世界的自由主义的思想家。《通往奴役之路》是哈耶克向计划经济发出的全面挑战，通过对市场经济的衰落以及时代精神的分析，哈耶克指出了古典自由主义才是经济能够发展的根源，强调了人的自发行动而不是人为设计的制度更有效。另外，哈耶克认为良好的社会不是简单地依赖政府提供的法律框架追求私利，而是依赖一整套复杂法律、道义传统和行为规则的框架，而这种框架的基础来自社会成员的认同。这本著作带来的声誉使得他成为了自由经济的捍卫者，并使得他成为

1974年的诺贝尔经济学奖获得者，当然这也使得他在专业经济学上的贡献被忽视了。

《致命的自负》则是哈耶克生前的最后一部著作，在1988年由芝加哥大学出版社出版，标题来源于亚当·斯密的《道德情操论》。在书中哈耶克观察了人类在自然科学和技术运用上的进步，使得人类产生一种能够通过理性计划来推动社会进步的致命的自负。哈耶克通过"扩展秩序"的概念对人类社会的发展逻辑进行了深刻的阐述，认为文明的成长并不是理性的完善和国家的建立，而是一种自发行为形成的扩展秩序。他借助复杂现象的研究（包括生物学、现代协同理论和系统理论）说明对于复杂的系统生态，人类的理智在其秩序模式的形成机制上能达到的水平相当有限，因此人类无法通过建构论的理性主义思想实现文明的进步。正如哈耶克所说，"秩序的重要性和价值会随着构成因素多样性的发展而增加，而更大的秩序又会提高多样性的价值，由此使人类合作秩序的扩展变得无限广阔。"他提倡通过一种自发的经济秩序来推动社会的发展。这本书中的观点对我们理解复杂经济的演化秩序理论以及自由经济的市场原理有很大的帮助。

最后讨论奥派的经典方法论——市场过程理论，就是强调市场是一个过程，而不是产生市场均衡状态的一组相互协调的价格、质量和数量构成的要素。这与新古典经济学中强调完全竞争与均衡理念完全不同，也是第9章讨论基于网络组织的动态均衡理论的基本出发点。相对均衡状态的实现，奥派经济学强调的是知识和预期的作用，我们需要构建的是一种动态的市场过程理论，要明确考虑到所有市场参与者的行动所凭借的信息和预期的系统变化如何引导市场从一个结构向另一个结构演化。哈耶克在1988年发表的最后一本书《致命的自负》中，提到的关于当代演化社会理论的思想也是基于市场过程理论的影响去推导的，这本书中关于行为规则系统演化过程的研究构建起了演化理论的社会理论的基本思想。复杂经济学的结构演化理论就是奥派思想影响的体现，无论是熊彼特还是布莱恩·阿瑟，显然都受到了这种理念的影响。

关于基于过程的经济学理论，我们需要注意到的一点是，基于市场过程理论的本质是基于人的经济学。米塞斯所构建的基于人的行动的概念提出的见解是，人不仅仅是单纯依靠理性计算的人，而是对机会和偶然性保持警觉的人，只要出现了能够实现目的的机遇，就会采取行动。而古典经济学中把人单纯地理解为出现机会之后进行资源配置的角色，而不解释这个人是通过什么动机和过程认识到机会的存在的。因此，这种充满警觉性的不断找到机会的人实际上就是企业家要素，就是将资源配置决策的过程转变为关于人的行动的认知：企业家使得市场均衡理论转变为市场过程理论，强调企业家的作用是熊彼特、奈特和米塞斯等奥派学者的重要作用。

总结一下，我们讨论了米塞斯和哈耶克的贡献，前者对基于人类行为学的奥派经济学理论有着奠基性的贡献，而其中基于每个个体的行动推导出来的经济学逻辑是我们尤为关注的。后者则是将奥派经济学中自由主义经济理论发扬光大的重要学者，也是迄今为止影响最大的奥派经济学家，哈耶克并不像米塞斯那样是无政府主义的支持者，而是一个干预主义者，认为自由要在法律的框架下去实施，这一点使得他的理论会更具备实践性。我们要关注到的是3个重要的奥派经济学思想的影响。

（1）基于人的行为的基本逻辑。这不仅是我们理解奥派经济学的基本逻辑和经济学架构的起点，也是我们讨论企业家创新精神以及数字经济学理论中对人的价值重视的重要参考。

（2）基于演化和过程的思想。这是我们在数字经济学中理解复杂经济理论和演化社会理论的重要参考。对于奥派经济学理论我们不能一概而论地去吸收或者反对，而是要看到其中对我们有益的部分加以讨论和吸收。

（3）对自由主义经济秩序追求的非意识形态的基本逻辑。哈耶克在其著作中更多的是从是否有效的逻辑来看待自由经济的价值，让我们理解人类的合作效率能够基于扩展秩序，使得普遍的、无目标的抽象行为规则取代了共同的具体目标。因此每个个体就可以利用自己的知识在这样的秩序中追求不同的目标，实现经济的发展和个人的价值。

8.3 算法经济与奥派经济学

> 算法经济理论则是在数字经济领域提出了一个市场经济与干预主义兼容的经济理论框架。

在了解了奥派经济学对数字经济领域的价值和思考以后，本节讨论算法经济与奥派经济学之间的关系，或者说是讨论在算法经济理论框架内奥派经济学被解决的问题。虽然算法经济的概念并没有得到普及，但是算法经济的概念和思想则影响了几乎所有计算机领域的研究，无论是加密经济还是共享经济，都是算法经济思想的影响。我们将算法经济作为数字经济学框架中重要的模块进行分析，不仅能够帮助读者理解算法经济思想的影响，也能帮助读者从技术和经济的融合角度理解数字经济学的基本理论。

1. 算法经济的概念与逻辑

这起源于图灵奖获得者尼克劳斯·沃思（Niklaus Wirth）对于程序的经典定义：程序 = 算法 + 数据结构。这是在计算机领域最经典的程序定义，而这个公式对人们经常讨论的技术概念（如互联网、大数据、人工智能和区块链）都具备足够的解释力。无论是哪种信息技术，都是基于"算法 + 数据"的逻辑构建出来的，而算法可以认为是数字经济中数字的最重要的内涵。算法经济就是人们将经济和商业的逻辑和规则算法化之后，将其放在计算机代码中自动实现的经济模式。算法经济的意义在于，传统经济领域上需要通过"看不见的手"的供需匹配所实现的市场和经济逻辑，在算法和技术的推动下大幅度提升经济的效率和降低交易费用。算法经济迄今为止最主流的应用场景是加密经济和共享经济，前者通过对生态中激励相容的算法规则和契约安排推动企业间的分布式协同生产，后者通过基于使用权的价值共享实现成本的降低和大规模市场的扩张。

算法经济理论事实上提供了不同于传统经济学中的资源配置的逻辑，市场经济是通过价格机制来实现资源的流通和配置的，而算法经济理论则提供了一个兼具计划属性和自由市场属性的资源配置方案。这里不得不提到的是经济学家罗纳德·科斯（Ronald Couse）在《企业的本质》中讨论的交易费用理论，他认为企业产生的原因是企业组织劳动分工的交易费用低于市场组织劳动分工的费用，因此企业作为市场的一种资源配置的组织的基本逻辑在于交易费用的高低。而在数字经济领域，则提供了新的组织形态，即以网络化组织为代表的共享经济平台以及基于区块链技术的分布式自治组织（DAO）。我们可以从交易费用角度去分析在算法经济的框架下，DAO 的制度成本要低于传统企业的成本，也就是通过算法经济能够在企业和市场之外提供一个更加具备兼容性和扩展性的资源配置机制。

奥派经济明确反对计划经济，无论是米塞斯的《社会主义：经济与社会学的分析》还是哈耶克的《通往奴役之路》都在极力反对政府干预。而算法经济理论则在数字经济领域提出了一个市场经济与干预主义兼容的政治理论框架，其基本逻辑类似旅美波兰经济学家奥斯卡·兰格（Oskar Lange）的市场社会主义理论，下面详细讨论这个理论框架以及算法经济是如何实现自由秩序和干预主义之间的协调的。

首先讨论奥派经济学者关于政治经济学的立场，按照现代奥派最有代表性的经济学家赫苏斯·韦尔塔·德索托（Jesús Huerta de Soto）的说法，在理论和时间上只有两种替代的制度存在：人们要么完全享有发挥企业家才能的自由（在一种除了承认和保护生产手段的私人所有权，使人的行为和契约免受系统性的侵害所需的最低数量的传统刑法和民法规则之外，没有其他的限制这样一个背景中）；要么在几乎所有的市场和社会的广泛领域中，企业家们才能都受到系统的、普遍的强制，特别是生产手段的私人所有权会受到阻碍。这个观点毫无疑问是奥派经济学者的主流观点，按照米塞斯的理论推导，社会协调和经济计算都只能发生在人的行为能够完全发挥的制度之中，而他们认为凯恩斯经济学的根本错误就在于背离了真实的经济世界。

奥派经济学者认为真实的经济世界中根本没有总需求、总供给或者经济体整体产出水平或者就业水平这样的东西，它们只是经济学家或者统计学家们构建出来的描述经济现象的产物，而真实的世界存在的只是不同差异化的需求以及不同企业组织提供的差异化产品和服务，市场机制就是建立在这样的不同人的自由行动之后的，这是构建整个社会经济系统的基本逻辑。基于这个理论逻辑，奥派推导出了资本主义和自由市场是人类繁荣的动力，而政府干预则是绊脚石。奥派经济学者认为在公共政策中，过度依赖政府权力去保障和维持经济繁荣和稳定是很难长期实现。接下来讨论一个问题，就是是否真的没有一种经济学理论，通过管理和干预的方式来将社会主义跟自由市场结合起来，至少在算法经济领域这样的逻辑是可以实现的。

其次讨论市场社会主义的思想，看看这个理论的基本逻辑以及如何对米塞斯的理论进行批判。限于篇幅，我们只讨论奥斯卡·兰格提出的市场社会主义的概念，因为这是第一次打破了传统社会主义者对计划和市场的认识，将市场机制引入社会主义经济体系中。

兰格吸收了经济学家恩瑞克·巴罗尼（Enrico Barone）的一般均衡思想，巴罗尼的这一思想主要是继承于洛桑学派的维尔弗雷多·帕累托，集中表现在1908年发表的《集体主义国家的生产部》一文。这篇文章的主要目的就是利用数学方法论证社会主义的生产管理部门应该采用什么方式引导生产，才能实现资源的最优配置。在巴罗尼看来，资本主义制度中的价格仅仅是一个交换函数，社会主义可以利用这个交换函数，在保证消费品的边际效用比率对所有消费者都一样以及稀缺资源的边际利用率对所有生产者都一样的情况下，能够使消费者的福利最大化和稀缺资源的利用最大化，从而实现一般均衡。在兰格看来社会主义经济是可以通过广义价格进行经济核算的，社会主义社会中可以形成指导选择行动的一个优先顺序，也可以掌握现有资源的数量，通过一种商品变化为另一种商品的技术可能性，即生产函数，当然还可以了解提供其他选择的条件。在这三种资料的基础上，社会主义完全可以在公有制的范围内，实现理性的经济计算，并最终达到一般均衡。

兰格在提出市场社会主义的基本逻辑时直接利用了巴罗尼的这一成果。同时，兰格也借鉴了布鲁克·泰勒（Brook Taylor）的试错法。他认为只要社会主义国家能够保证市民获得一定的货币收入，并授权市民花费这笔收入，使他可以选择性地购买国家生产的商品。因此，通过社会主义掌权者对市场情况的不断观察，从而适时地调整各种要素的价格，就可以实现社会主义的经济均衡。这清楚地说明了社会主义实现均衡的具体方式，即试错法。兰格在提出自己的设想之前，对米塞斯的观点进行了简单的批评。在他看来,米塞斯之所以断言社会主义经济不能解决资源的合理配置问题,是因为他没有正确地认识物价的性质。菲利普·亨利·威克斯蒂德(Philip Henry Wicksteed)把价格区分为狭义价格和广义价格,兰格认为这种对价格概念的内涵的区分就可以反驳米塞斯的论断。

最后讨论可编程社会与算法经济思想,在理解了兰格思想之后,我们不讨论在其他经济模式中的可行性,而是讨论在数字经济领域是否可以将这样的模式实现。新古典经济学的基本模型被批判的很重要的原因是真实世界的经济要素是不可能像方程中所体现的那样同时实现的,真实世界的市场过程是非常烦琐和复杂的,但是毫无疑问的是,在数字经济领域中,所有的交易确实是可以同时发生的,而区块链和算法经济则提供了这样的技术基础。

分布式账本提供了一种集中计算的机制(共识机制),这种机制负责管理和制定所有区块链网络中的交易逻辑,并通过组织、记录、核实所有参与者的身份、权利和义务来实现有干预的市场机制的构建,但是一旦制定好了相关的交易机制和计算经济模型后,所有的节点就按照自由经济市场的秩序进行运转了。这种模式就实现了双重的管理功能:一方面,通过管理信息实现了对整体经济市场的干预和基本经济逻辑的设置,这是我们在区块链网络中讨论通证经济系统设计的原因;另一方面,通过提供一个信息完全透明不可能存在寻租行为的市场网络,来激励参与者各方在网络中进行创新,确保经济生态系统的正向演化。

这里不得不提到拜占庭将军问题,1882年被首次提出,简单归纳就是如何在分散的军队中下达同时进攻命令的问题,也就是如何通过算法设计在去中心化的中心系统中实现共识机制的问题。考虑到这个问题中存在信息流通不完善以及存在恶意敌对者等多个条件,因此当比特币的区块链网络中通过工作证明机制实现正向激励的时候,通过在分布式账本中公开透明的信息流通以及建立一种所有参与各方都认可的激励机制,能够在算法意义上将市场经济和社会主义同时实现。区块链技术所体现的算法经济,就是通过信息的算法解决了经济制度问题,而这个经济制度则是一个跨领域——计算机科学、密码学以及经济学的知识融合的成果,只有在这三个前提下这样的经济制度才是非常有效的。可以说,区块链通过跨学科的方式提供了一种容错度很高的管理机制,来实现数字经济领域的基本治理机制,这是我们思考数字经济学领域的经济制度设计过程中要理解的基本框架。

2. 基于契约理论的算法经济思想

市场的本质就是契约的制定和履行的过程。通过契约的制定来实现交易,而在交易的过程中参与者实现契约所需要的成本则称为交易费用(包括搜寻成本、谈判成本、签约成本等)。交易费用存在的前提是市场的不确定性以及信息的不完备性,基于科斯定律可知,企业成立的前提就是通过长期契约替代短期契约,从而降低交易费用。但是,由于企业所制定的长期契约中仍然会存在一系列事后交易费用和契约的执行成本,因此仍然是不完善的。算法经济的思想则提供了一系列技术契约的方案(如智能合约),来实现交易过程中所有状态下的权利和义务的对等,并记录所有交易过程中的信息,具备图灵完美性。也就是说,算法经济提供了一种比企业的长期契约更好的解决方案,解决了企业规模扩大而带来的交易费用上升的困境,从而通过算法实现了最优资源配置的经济模型。

总结一下,本章通过三部分的内容来讨论区块链与奥派经济学之间的关系:奥派的起源、奥派方法论以及算法经济与奥派经济学。前面主要介绍奥派经济学的思想演变与基本方法论,后面则针对奥派经济学对干预的市场经济机制的观点以及兰格提出的市场社会主义的逻辑进行分析，并通过算法经济的交易费用和契约制度的分析提出了通过分布式账本的机制来解决信息透明和可计算问题的框架。这是我们通过跨学科的思考方式来理解技术、经济以及社会制度之间关系的一种思考方法。

本章给我们的启发是，在学习任何一种理论时都不能盲目地给出判断，如算法经济的机制只是在数字经济领域提出了奥派经济理论的不合时宜之处，而实际上传统经济理论并不讨论这方面的话题，因此要在继承和创新过程中实现理论的突破，而不是简单地肯定或者否定某个理论或者看法，同时包容不同的思想，这是一流研究者和学习者的基本要求。除此之外，在分析技术领域概念时，应该更多地关注其背后的经济学原理而不是概念本身，只有理解了这些原理才能够了解这些技术概念所解决的问题的底层逻辑，也才能对数字经济学有更深刻的认知。

第9章

网络组织与创新管理

网络组织的平台部分相当于企业结构,生态部分相当于市场结构,这使得产业和企业的边界被打破,从而形成了一种真正的共享经济模式。而通证(可以流通的加密的权益代表)就可以在这样的数字经济生态中流通,从而发展出了一整套数字资产管理以及数字资产证券化的经济学理论。

5.3节讨论了企业家理论与创新思想,主要是从经济学的角度讨论企业家的重要性,以及企业家如何通过创新推动技术迭代,从而实现经济的动态均衡发展。而本章讨论数字经济时代的网络组织的创新管理,即从企业理论和管理理论的角度理解创新。讨论这个话题的原因有三个。

(1)数字经济尤其是网络经济时代,网络化的组织是未来企业组织的主要形式(这里暂且以企业这个概念来说明),因此弄清楚网络组织的内在逻辑非常重要,尤其是数字经济时代的企业组织生态内在演化逻辑的变化。

(2)数字经济时代经济发展的核心动力是通过组织创新推动新技术的应用,实现价值网络的重塑,因此需要理解网络组织的创新管理的基本理论和机制。由于在网络组织中最重要的创新模式之一就是开放式创新,因此需要讨论开放式创新的模式和生态,即通过由外而内的内向创新与由内而外的外向创新的耦合来实现中小企业的创新。

(3)数字经济时代的未来,企业组织以平台或者生态的构建方或者参与者存在,那么如何构建网络生态的战略,以及理解平台战略和生态战略的差异,是我们理解网络化组织的管理理论的基础。

简而言之,在数字经济时代,企业最核心的活动是创新,但是创新并不是持续发生的,按照克莱顿·克里斯坦森(Clayton Christensen)的说法,创新者一定会遭遇创新者的窘境。也就是说,创新组织为了取得短期成果而采取的行动,往往会催生导致长期失败的条件,也就是企业基因带来的短期正面价值和长期负面效应。

那么，应怎样理解未来网络化企业组织的架构？如何去突破创新者的窘境？克里斯坦森并没有意识到企业组织内部结构随着技术演变的变化，而他给出的方案——将那些颠覆式技术的新业务拆分——也并不完全适合大部分企业组织。

本章探讨未来企业（网络化组织）如何打破创新者的窘境，以及分析二元性组织结构的演化和管理逻辑。基于以上主题，本章分为三部分进行讨论：网络组织的双重结构、网络平台与生态的构建、网络组织的创新战略。

9.1 网络组织的双重结构

> 区块链下的未来企业（网络组织）通过点对点的协议形成了一种邻接式的契约，替代了工业经济时代的原子型的契约，同时拥有了扁平化和零交易费用的双重结构。

首先讨论网络组织的双层结构，这是网络组织与市场和企业机构最显著的差异。网络组织是由平台和用户共同构成的双层生态结构，即网络组织作为平台产生了产品和服务，而用户则成为平台扩展过程中生态的重要组成部分。15.1节会深入讨论这样的结构的经济学原理，本节主要讨论这样的双层网络结构带来的收益。

实际上关于网络化组织的理论，在互联网时代就已经得到了非常深刻的阐述，主要的理论叫作网络效应。这里简单介绍以往的网络效应的理论，一方面数字经济时代的网络组织理论仍然是在互联网网络组织的基础上发展出来的，因此具备相关的经济学属性；另一方面，理解这些属性也能对数字经济时代的网络经济效应有更深刻的认知。

互联网时代的网络效应主要讨论的是供给侧规模效应和需求侧规模效应，这是互联网经济时代最大的价值。

供给侧规模效应，指的是规模增长和单位成本降低，带来了企业的成本优势，从而形成了垄断效应。供给侧规模效应不仅带来了巨大的投资和资源门槛，同时也带来了在规模累积当中学习曲线的增长，从而实现了效率和成本优势。需求侧规模效应，就是网络外部性，也就是说每个加入网络中的用户，在享有该使用价值的同时也给网络本身增加了价值。随着用户规模的增大，网络对未加入用户的吸引程度也在增大，因此形成了不依靠产品本身创造用户价值的模式，这就是社交网络的商业模式的实质。

随着数字经济的发展，数字经济时代的网络组织的理论则出现新的特质，主要包括以下三方面。

（1）以网络组织为主要资源配置的单位，打破了芝加哥学派关于资本专有和专用的理论，因此也就打破了关于垄断危害市场的理论基础。数字经济领域大部分服务和产品实际上都是垄断的，这种垄断现象正是网络组织生态扩展性和高效率的体现，而通过反垄断的机制对这样的平台或者生态进行拆分实际上是非常不自由的经济方式，然而欧洲和美国不断地发起反垄断的起诉，也就是没看到网络组织的生态特质。正是由于网络组织兼具企业和市场的双重性质，因此在网络组织中讨论效率问题，分别是平台效率（组织内部专业化分工产生的效率）以及生态效率（组织外部扩张所形成的生态的多样化效率）。在这样的理论结构下，也就形成了区块链技术所推动的加密数字经济以及基于共识的社群网络经济的发展。

（2）网络组织的双重结构突破了关于以产业为单位划分市场结构的理论，因为产业经济学只考虑基于产业结构的垄断行为，而没有考虑基于企业生态的垄断行为。互联网行业出现了"巨无霸"的企业组织，它们不仅在自己的生态中构建了绝对核心的地位，而且通过收购、并购以及自身创新等方式将影响力扩散到其他领域。例如，国内的阿里和腾讯之间的竞争，以及国外的 Google 和 Facebook 之间的竞争等，它们的竞争通常是生态级别的，而不是产业级别的。这就是因为网络组织的双重结构，平台解释了其企业特质，而生态则体现了其产业特质，虽然二者在传统经济学中是完全不同的两个概念，但是在网络组织生态下是同一属性的概念。

（3）网络组织结构放宽了产权界定的边界，使得产权从以拥有权转变为以使用权为核心，因此使得共享经济成为数字经济领域重要的命题。在传统的组织结构中，企业是拥有资本专有性的，因此使得企业的边界是固定的，企业提供产品和服务的边界也是有限的，所以企业间的社会资本资源很难流通。而在数字经济时代，网络组织是没有固定边界的，除了内部的平台和生态服务以外，网络组织可以提供给生态以使用权为核心的产品和服务，能够使得整个生态效率提升。因此，网络组织打破了产权理论中关于支配权的论述，建构了以使用权为核心的权益体系，而未来越来越多的企业以共享经济的生态出现，而通证则会在这样的生态系统中获得更大的价值。

这里需要强调的是，互联网和区块链网络在重塑企业的组织生态时的角色是有一定差异的：互联网提供了企业组织的网络化效应，从而构建起企业组织的平台和生态系统，这个商业逻辑在过去二十几年间一直在持续起作用；而区块链网络中的网络效应的理论继承了互联网的网络效应的理论，只不过将网络的范畴从信息互联网扩张到了价值互联网。区块链则是通过"链"的方式将网络化组织的相关利益以共识技术机制的方式程序化了，也就是实现了以通证（token）作为组织权益（包括不限于所有权、投票权、收益权、分配权、治理权等）的自动化分配的机制。传统经济生态中，企业的分配机制是通过股份和股权来进行激励和分配的；而区块链网络生态中则是通过技术化的契约机制，将所有权益进行明确定义和分配，使得网络化组织形成一套基于智能合约的可信、高效、安全的自动化生产关系的系统，实现了收入分配的程序化和法制化的转化过程。

总结一下，随着数字经济的新技术尤其是区块链和互联网技术的发展，网络组织结构成为数字经济时代的主要结构，而理解网络组织结构要从企业结构和市场结构的双结构去理解，简单的理解就是网络组织的平台部分相当于企业结构，网络组织的生态部分相当于市场结构。正因为网络组织这种特质，使得产业和企业的边界被打破，从而形成了一种真正的共享经济模式，因此通证（可以流通的加密的权益代表）就可以在这样的数字经济生态中流通，从而发展出了一整套数字资产管理以及数字资产证券化的经济学理论，也就是 13.3 节要讨论的通证经济的基础。

当然，虽然网络组织都同时具备平台和生态的特性，但是我们将中心化比较明显的网络组织称为平台化网络组织，对应的是大规模定制的生产方式；另一种"非中心化"组织特征比较明显的组织称为生态化网络组织，对应的是个性化生产定制方式。这两种方式都具备网络组织的特性，只不过本身偏向不一样导致了能够服务的产业和生态也不一样，这一点要尤为注意。区块链经济则通过分布式账本技术推动生产关系以及分配权益的变革，使得整个企业网络化组织的利益关系重新分配，从而刺激整个商业生态成为自组织的基于技术契约的利益相关方网络，这就是数字经济时代的共享经济将成为主体的原因，也同时意味着新的网络化组织生态即将出现。

9.2 网络平台与生态构建

> 数字经济时代的企业组织正是通过平台与生态的方式构建起来的,区别于工业经济时代的网络组织,这种组织基于收益递增和网络效应实现了数字经济的独特商业模式,并在这样的网络组织生态下形成了一种"共生"的协作关系和管理理念。

在讨论完网络组织的双重结构后,下面具体讨论网络组织的生态与赋能相关的课题。可以将数字经济时代的经济理解为以平台为主体来构建生态的组织,也就是实现大规模定制的功能,平台通过提供可以分享的基础设施,来为生态里的应用企业服务。本质上就是平台提供同质性资产,然后生态发挥差异化增值作用,将同质化资产转化为异质化的服务,在专业化的基础上提供一种多元化的创新服务。

从这个角度来说,数字经济时代的未来在数字经济时代的重心在于,对古典经济的回归以及对工业经济的再度升华:对古典经济的回归,就是回归到以价值为中心的经济形态;对工业经济的再度升华就是保留了工业经济在基础设施层面的能力,为多元化价值经济提供了效能的基础。在这样的结构上,数字经济的作用就是能够实现以下三个工业经济时代无法实现的目标。

(1)基于网络化的组织生态用共享资产的方式替代了工业经济的固定投资,这是未来基于区块链网络的共享经济得以发展的基础,也是互联网时代未能完成的工作。由于互联网的信息网络无法提供金融和价格的要素,且无法实现完全的去中心化的方式去中介,导致共享经济止步于共享住宿和共享出行,而区块链网络则使这种共享的经济拓展到几乎所有的数字化的服务和产品。

（2）通过以服务经济和体验经济为核心的虚拟服务和数字化生态的运作，重新分配资源和要素，从而实现了再一次的财富分配，这次是以价值为核心而不是以增资为核心的经济形态，因此会促进整个社会和经济更加公平和正义。传统企业组织基于股权的分配逻辑被重新塑造，所有的用户、产品的提供方、管理者和投资人都会在同一个生态内得到收益分配，而不是只考虑投资人的收益，将大大改变数字经济的基本格局和商业模式。

（3）基于网络化的组织生态构建起一种新的协作机制和经济演化生态，将网络化组织当作数字经济领域的创新主体的原因就在于其能够通过不断的演化获得持续创新的能力，同时基于类似生物有机结构之间的配合的逻辑创造新的"共生组织关系"，从而形成一种基于用户的价值创造和生态的高效协作的新型组织形态，在这种共生网络中所有的生态参与方互为主体、资源共通、价值共创、利益共享，在基于共识机制的技术契约下完成原有的原子化的商业组织生态无法完成的演化。

基于以上的结论，我们来探讨这样的网络化的共生组织应该如何进行治理，也就是对平台和生态的治理进行分析，基本逻辑如下。

首先，在互联网时代的平台理论着重于双边市场理论，即认为平台相当于供求双边利益主体之间的中介，双方需求在平台的撮合下完成。在这个框架下所关注的重点就是平台的交易属性，而忽视了平台最核心的提供基础设施的功能以及平台如何与参与方形成新的商业生态的结构。到了区块链技术逐步发展的网络经济生态下，要重新理解平台，理解平台是与多方参与者共同构成了一个整体的生态单位，而不要割裂地去看待平台自身的发展。平台提供了一种"使用而非占有"的产权关系，交易并不是主要的，资本关系是最主要的，因此在区块链技术的网络中发行通证才有了价值，尤其是兼具资本属性和使用属性的通证具备了价值。

除了双边市场逻辑以外,还需要理解平台本身存在的企业与市场的二重性。罗纳德·科斯把企业和市场作为资源配置的两种主要形式进行分析,而平台则同时具备企业和市场的双重属性,具体形式主要是基于网络组织形成的平台。在互联网时代的平台主要体现为信息平台,而在区块链技术下形成的是以社群和社区为主体的去中心化分布式平台。无论是哪种形式,都同时具备双重属性:一方面,平台拥有自由资产和劳动力等经济要素,这跟企业组织保持一致性;另一方面,平台并不直接销售产品而是提供某种特定服务和产品的交易市场,将供给和需求匹配起来,这和市场的作用是一致的。因此,平台作为市场竞争的企业属性,最大的特质是具备跨边界网络的外部性,即双边用户的数量和规模的扩大会提升平台的价值。而平台作为供需两侧的市场,最大的特征是垄断性的市场交易权,即通过提供高价值的产品和体验来促成双边交易的达成。简而言之,双重属性是理解平台属性的内在逻辑的关键视角。

在理解了平台的内在逻辑后,我们就能理解平台为什么会自然而然地形成了结构上的垄断关系,因为平台会不断地拓展生态图,使得平台自身的业务形成垄断,然后依赖提供的生态方的服务实现多样化。在这样的垄断前提下,就形成了我们在复杂经济学中讨论的报酬递增现象,因为平台的本质就是提供了分享经济的固定资产,因此整体生态的成本随着生态扩大而不断降低。与传统的垄断竞争不一样的是,平台由于具备这样的报酬递增的特质,因此是基于差异租值的利润的,这是平台收益的重要原理。值得注意的是,报酬递增的现象并不是无节制的,如果平台提供的基础设施的价值低于这些企业本身创造基础服务设施的价值,那么平台的报酬递增也就失效了。因此,治理平台需要考虑平台的特质,如何为生态提供最好的最优化的社会资本,完成对生态每个节点的赋能是最重要的工作。可以将平台理解为一种范围经济下的产物，即提供在某个网络之内持续、稳定、全面的基于分享价值的社会资本，因此平台治理的关键就在于如何赋能以及如何使得资产在赋能生态的过程中获得增值。

那么，平台如何去为生态赋能呢？需要从平台内部的社群以及平台对外赋能的社群来讨论，具体可以从三个角度考虑。

（1）对于平台内部需要基于共同愿景激发员工自治，实现平台内部的社群创新文化。网络组织依赖共同的价值和目标实现创新，而在拥有之后我们希望内部生态的员工形成自治的组织，同时完成三个层面的进化：高默契度的团队；保障速度和时效的创新；通过自组织社群推动组织内部的灵活性和适应力。在传统企业组织中，员工的目标是完成职位描述中的任务，而在网络组织生态中每个员工都是组织战略的支点，依赖共同的愿景去完成使命，这是平台内部生态化需要实现的自组织。

（2）平台需要提供给外部应该用到的基础设施来保障整个生态的基本功能。通过硬件保障信息的存储和运转，通过软件保障信息的安全和高效，也就是将自身的产品和服务通过大数据和云服务的方式输出到生态各方，为整个生态提供基础设施，同时以区块链的技术保障整个交易的技术契约的信用，使其具备数字生态下最完备的基础设施。

（3）平台企业需要创建一种基于服务和体验的生态。过去我们总是强调数字经济中关于数字化的部分，而事实上数字化的本质就是在提供了基础设施（固定资产）后，如何对这些资产产生的价值进行服务化和体验化，也就是创造基于个性化需求的增值，这是数字经济的核心特质。简单地说，就是平台企业需要构建一种在资产非专有的前提下的数字生态。平台提供了生态中的基础设施并以云计算等形态提供给生态参与者以服务，从而实现了范围经济下的报酬递增。而这种经济形态只会在适合数字化、服务化以及体验化的经济下才能凸显出来。

以上就是对网络平台与生态构建的基本讨论,尤其是对共生型的网络化组织的管理学原理和治理机制的研究。数字经济时代的企业组织正是通过平台与生态的方式构建起区别于工业经济时代的网络组织,从而实现了数字经济基于收益递增和网络效应的独特商业模式,并在这样的网络组织生态下形成了一种"共生"的协作关系和管理理念。理解其中的经济学原理有利于创新者构建属于自己企业组织的网络生态,也有利于理解在企业实践方面数字经济具备的特质。

9.3 网络组织的创新战略

> 通过赋能传统企业组织从而实现其价值主张的升级,数字化的网络也是互联网+、生态赋能以及数字化转型等数字化生态战略的实质。

网络组织的创新战略并不局限于新经济,而是在整个商业创新历史上都不断发生的悖论,商业史上的企业(如《基业长青》一书中的大多数企业)成功之后紧随着失败,创新之后紧随着怠惰。事实上,由于市场和技术不断发生着不可预测的复杂变化,因此导致了上述悖论:成功的组织由于其成功所依赖的创新基因,导致了动态保守的情况,它们会主动地保护自己原有的竞争力,因此在面对新的商业环境变化和技术变革时很难做出及时的调整。所谓创新者的窘境,简单地说就是由于技术演变影响了创新周期,因此就要求管理方式和组织架构进行新的演化,管理者要懂得如何躲避创新者的窘境(即成功的陷阱),如何在组织中鼓励创新的同时提升管理的效率是所有企业的挑战,而这就是我们讨论网络组织创新管理的出发点。本节我们就来讨论如何拟定网络组织的创新战略,尤其是数字经济时代的网络组织的创新战略。

首先,讨论网络组织创新战略的关键要素:价值主张和价值要素。价值互联网的内在逻辑就在于其信息化、网络化以及社会资本的价值,从生态战略层面理解价值的内涵,也就是价值网络反映的是网络组织的某种价值主张。正是由于网络组织依据价值主张,对价值要素进行配置,构成了生态的基本结构。而价值主张的本质,其实就是区块链网络的共识机制中所形成的基本要素。不同的共识形成了不同的价值主张,主导了不同的资源配置方式,而数字化的网络通过赋能传统企业组织,从而实现了其价值主张的升级,这也是互联网+、生态赋能以及数字化转型等数字化生态战略的实质。

价值要素指的是为了实现价值主张所必须具备的经济资源,包括生产力、产品、服务以及其他资源。生态的逻辑并不是企业合作的逻辑,而是基于生态资源的价值要素的整合与配置,其中最大的不同在于用户也是价值要素的关键组成部分,参与价值主张的实现。正因为如此,区块链的网络组织才具备了更强大的生态能力,因为它通过通证激励的方式让用户更加彻底地参与到价值网络的要素配置过程之中。生态中往往存在着不同大小和类型的平台,为生态进行不同程度的赋能。也就是说,平台也是一种价值要素,同时也是一种特定的生态,通过平台的模式能够将价值主张以低成本的方式进行更好的资源配置。生态的不同价值要素,通过参与主体及其分工和分配的最终确定,实现了生态配置的动态变化,从而实现其价值主张,这就是创新战略的本质。

这里需要关注的是开放式创新与网络组织的关系,企业组织通过开放式创新提升企业的竞争力的研究已经有了很多年,但是其真正发挥价值和作用是到了数字经济时代尤其是互联网发展起来以后。开放式创新理论和常规创新理论的最大差别是运用外部知识和建立学习型组织提高企业的竞争力，超越了企业自身的边界。而在数字经济时代，这种开放性体现的最为明显，在网络企业，组织企图将知识产权锁死在企业价值链内部几乎是徒劳的，客户的需求也从事物导向转型为事件导向，即人们不再关注交付的具体产品而关注产品带来的体验和服务。在这种情况下，企业必须将价值链从纵向扩散为横向，从封闭的线性系统扩展为开放而复杂的生态系统，从相互竞争转向为相互协同与合作。这是开放式创新的内在逻辑，也符合在数字经济时代的复杂经济生态中，如何实现知识共享和价值共创是数字经济时代的网络化组织需要解决的问题。

然后，讨论网络组织创新战略的三个基本阶段，即数字化、平台化与生态化，这三个过程缺一不可。区块链经济在发展过程中所推行的通证经济的第一阶段，也就是以币改为核心的阶段。其本质就是数字资产的证券化过程，导致的结果就是由于其并没有改变资源配置的方式以及与产品和服务完全没有关系，在没有监管的市场上脱离经济规律进行交易，带来的就是野蛮成长以及最后的由于通货膨胀形成的经济泡沫的破灭。比特币、以太坊、莱特币等数字货币的超预期上涨带来的第一次区块链的狂欢和浪潮，就是建立于不稳定的理论基础和过度追捧概念的逻辑下，因此其失败就不足为奇了。

值得注意的是，传统企业的转型需要的是基于其价值主张的生态战略的变化，包括三个阶段：通过数字化的方式改变消费者习惯和构建数字化的战略；通过平台要素推动数字商业生态的形成；通过生态战略推动价值主张与价值要素的重新配置。需要注意的是，这个过程并不是线性的过程而是一个环环相扣的过程，从战略研究的角度来说，数字化的内涵要高于生态战略，而生态战略又要高于平台化的范畴。我们所研究的数字经济学的基本逻辑是将传统企业的数字化转型当作重点，而不是将传统企业本身当作重点。而平台化是特定价值要素和特定价值配置的生态，这是互联网时代最常见的生态战略。生态战略则是一种更加广义的价值要素配置的战略，其中未必需要出现平台的角色，也就是说，网络组织可以直接构建生态而不需要构建平台。

最后，讨论数字经济时代网络组织的战略的认知升级，鉴于平台化和数字化基本上为大多数读者所知晓，我们主要讨论数字化生态相关的话题，因为其中有很多需要回答的问题。数字经济时代的网络经济核心目标就是通过价值主张进行价值要素的配置，从而实现商业生态系统的重塑，在几乎为零的交易费用的前提下形成有效的网络组织和商业生态。那么如何理解这种数字商业生态的本质呢，可从三方面来解读。

（1）商业生态就是在构建核心业务模式的基础上，形成多个相关或者不相关的业务模块，并围绕着这些业务模块形成一个复杂的网络。我们之前一直强调的是，经济是通过演化和迭代而不是通过计划得到的，因此按照不同的价值主张推动生态的演化，这是创新者最需要关注的事情，也是数字经济生态系统的设计中首先要考虑的。商业生态只需要负责制定规则，而不是去计划每个步骤。

（2）生态演化过程中主要分为两个基本逻辑，即生态开发与生态演化。前者就是构建基础生态的过程，后者就是扩张现有生态边界的过程。创新者通过构建生态和扩张生态的多重循环推动整个商业生态在既定的规则下进行迭代。这个过程中要关注到的是两个基本逻辑：①市场是不确定性的，因此要建立动态的战略思维，也就是建立在复杂市场上不断创新和制定灵活战略的能力。② 生态战略分为内部导向和外部导向，网络组织既要推动内部组织对产品和服务的价值主张的落实，也要推动外部组织不断地进入生态，使得网络效应能够尽快落地。

（3）生态竞争战略的核心是将战略从竞争转向整合资源配置来应对

不断变化的外部市场环境。在互联网时代强调的商业模式和产品组合已经逐渐被淘汰，而未来的竞争就是商业生态之间的竞争，竞争的核心是生态演进和适应环境的能力。在生态演进过程中，创新者要确定哪些要素能够进入生态，并依据不同的要素给予其不同的生产关系和激励，强调其使用权而非所有权，这是转换战略思维的关键。

基于以上认识，我们可以建立起网络组织的创新战略，或者叫作数字经济时代的开放式创新战略。其本质是通过数字化、平台化和生态化的逻辑推动价值主张在生态中的实现，以及价值要素在生态中的配置。

正因为如此，我们需要关注的是区块链网络组织的商业价值和生态逻辑，而不是只关注其变现效率。16.3节专门会讨论共识，实际上所有产品和服务都是某种共识的体现，这些共识落实在商业逻辑上，就是商业的价值主张，这一点请读者好好体会。

总结一下，本章通过以下三部分讨论网络组织与生态战略相关的话题：网络组织的双重结构、网络平台与生态构建、网络组织的创新战略。

本章的核心在于构建了网络组织的创新战略的基本框架：数字化、平台化与生态化。只有通过这样的方式才能推动数字经济中的网络组织获得真正的价值，并将其价值主张有效配置在生态之中。无论是纯粹的数字经济时代的网络组织，还是传统企业进行数字化转型都需要这样的逻辑。除此之外，我们还讨论了开放式创新的理论以及关于数字化转型的思想，事实上我们将数字经济放在整个经济生态中看，它不仅仅会影响数字领域的创新和发展，也会影响其他两种经济形态（传统经济和虚拟金融经济）的发展，尤其是在创新和数字化转型领域。因此，如何把握数字经济学理论中关于组织创新和生态构建的思想，是我们理解整个数字经济未来的关键。

第10章

数字经济学的产权与均衡理论

分析数字经济学的均衡理论主要从以下两个不同的角度：基于保罗·罗默的内生经济的增长模型，提供了一个动态的报酬递增的均衡理论；而张五常的关于租值的探讨则提供了异质化资本的垄断均衡理论。以上这两条路径殊途同归，本质上都提供了一种有别于传统经济学的静态均衡的模型，并在这个均衡模型的基础上论证了数字经济领域增长的内生性要素：创新、知识以及异质化资本。

本章讨论数字经济学的产权与均衡理论，探讨这部分内容的原因有三个。

（1）讨论共享经济在区块链经济时代的重要性，而共享经济中最核心的就是使用权，使用权则衍生出关于"租值"的讨论。这部分内容的讨论涉及产权理论从拥有权到使用权的演变逻辑，而这是共享经济发展的内在逻辑。

（2）初步讨论数字经济时代的产权问题，主要是从权利和价值的关系去讨论。共享经济的本质是使用权和拥有权的分离，那么我们如何理解数字经济以及以区块链为代表的技术对这个领域的影响。

（3）在讨论了基本产权问题的基础上，讨论区块链的治理制度的基本逻辑，提出切实可行的产权治理的方案和逻辑。数字经济时代的企业管理制度与传统管理时代最大的差异之一，就在于数字经济时代的管理制度越来越多地用到很多经济学中的一系列政策制定的逻辑。这是 1.1 节所说的未来企业需要更多的首席经济学家而非首席战略官的原因。

基于以上的原因，本章分三个部分讨论数字经济学的产权理论：数字经济学的均衡理论、数字经济学的产权理论以及区块链网络与治理机制。

10.1 数字经济学的均衡理论

> 垄断带来的收益与完全竞争市场带来收益有差异，便形成了垄断收益的租值，这就是数字经济中的均衡理论；所有资源配置实际上是朝着垄断和完全市场化移动的，而技术创新等要素会带来完全垄断，最终导致赢家通吃掉所有收益，创新者再通过技术要素的重新组合进行创新再开辟新的市场。

古典经济学之所以被新古典经济学所替代，很重要的原因是新古典经济学提供了基于效用的边际生产力理论，即一般均衡理论。由于缺乏均衡理论，古典经济学的生产成本价值理论缺乏一般性，导致很多经济现象无法在古典经济范畴内得到讨论，而新古典经济学提出生产要素是有价值的，其价值范围是由消费这些要素所生产的最终产品获得的边际效用所决定的，而不是古典经济所理解的由产品本身的成本所决定的。最简单最经典的例子是钻石具有较高的价格但是有较低的效用，水具有较低的价格但是有较高的效用，古典经济学无法解释这个现象，因为他们根据钻石和水带给消费者的总体效用来理解这个现象，而新古典经济学则通过边际效用解释了这个问题。

要建立数字经济学的均衡理论，一方面要弥补古典经济学理论的不足之处，另一方面也要反驳新古典经济学中关于效用的讨论。因此，要同时提供两个基本的框架：第一，吸收新古典经济学关于均衡理论的观点，发展出适合数字经济学的理论框架。这里尤其要讨论的是基于技术的内生增长所构成的报酬递增模型，也就是诺贝尔经济学奖获得者罗默的内生增长模型的分析，并通过他的理论与经济学家罗伯特·默顿·索洛（Rober Merton Solow）提出的新古典经济增长理论的差异来理解数字经济增长的内在逻辑。第二，吸收张五常关于新制度经济学理论的探讨，尤其是合约理论中关于租值的理论。通过租值概念和异质化资本的分析来理解以使用权为核心的共享经济的框架。

首先讨论新古典经济学的均衡理论的思想演变，新古典经济学之父瓦尔拉斯对这个理论影响深远。他最大的贡献就是以正规的方式使得一般均衡理论模型化。在他之前的马歇尔创建的是局部均衡理论，这个理论将其自身限定在一些特定的家庭、厂商以及行业的分析上，通过孤立一些部门或者行业，将复杂的问题还原为简单的形式。但是这是在损失理论的严密和完整性下实现的，而瓦尔拉斯的一般均衡理论则给出了更加一般化的均衡理论，通过将最终产品和其他要素描述为一个联立方程来准确地建立了一般均衡模型（虽然他并没有完成这个模型对复杂经济现象的解释），这是他得以成为超越其他学者成为新古典经济学之父的原因。而后来的经济学家肯尼斯·约瑟夫·阿罗与热拉尔·德布鲁通过论文《竞争性经济中均衡的存在》（*Existence of Euilibrium for a Competitive Economy*）给出了一般均衡存在性的数学证明，从而建立了一般均衡理论的现代概念。

简而言之，一般均衡理论的核心就是寻求在整体经济多个互动市场的框架内探讨供给、需求和价格之间的关系，建立一种消费者、市场和企业都能达到最大理性状况的完整市场模型。新古典经济学就是基于一般均衡理论发展起来的，真正基于这个理论提出一整套有现代意义上的增长理论，则是20世纪60年代由经济学家罗伯特·索洛提出的新古典经济增长理论，他因为这个理论在1987年获得诺贝尔经济学奖，直到现在这个模型还是经济增长理论中不可或缺的内容。

索洛构建的新古典经济增长模型很简单。在这个模型中，经济体可以通过储蓄部分产出来实现资本的积累。这些积累的资本会有两个用途：一方面它会被用于资本的广化，即为新增的人口提供资本；另一方面它则会促进资本的深化，即让经济中的人均资本存量得到提升。由于资本的边际产出是递减的，因此随着资本的积累，经济会运行到一个均衡：资本的深化正好等于零的时候，新的储蓄全部被用于资本的广化。在均衡状态，经济体中的人均资本，以及对应的人均产出都会保持固定不变，经济体中人们的生活水平会保持不变。

那么，什么决定了均衡的人均资本存量和人均产出呢？在索洛模型中，它取决于三个因素：人口增长率、储蓄率和技术水平。人口增长率越高，就需要有更多的资本用于广化，因此它会让均衡资本存量降低；更高的储蓄率则会带来更高的资本积累，因此会让均衡的资本存量更高；更高的技术水平可以用同等资本投入得到更多产出，从而产生更多积累，因此也会让均衡的资本存量更高。

根据索洛模型的预言，一旦人口增长率、储蓄率和技术水平这些因素给定，无论经济体的起点如何，随着时间的推移，其人均资本水平和人均产出都会向均衡水平收敛。由于从经验上看，经济体的人口增长率和储蓄率通常会在很长时间内保持不变，因此最终决定经济体均衡发展水平的变量就只有一个——技术水平，或者更确切地说，全要素生产率（Total Factor Productivity, TFP）。不过索洛模型也并非完美无缺。一方面，索洛虽然让人们认识到了TFP在增长过程中的重要性，但却没有告诉我们它是怎样决定的，事实上，在索洛模型中它完全是一个外生变量。另一方面，一些经验结论也和索洛模型的预言存在冲突。例如，根据索洛模型的预言，各国的经济水平应该向稳态收敛，贫穷国家和富裕国家之间的收入应该会趋同。但实际上，不少富裕国家的人均收入一直在持续增长，而贫穷国家和富裕国家之间的趋同似乎也并不明显。

基于以上的理论和现实的悖论难题，经济学家罗默对索洛模型进行了反思和解释，并在 1986 年发表了论文《规模报酬递增与长期增长》，提出了"规模报酬递增"的概念，对持续的增长进行了解释。他认为正是由于"知识"这个报酬递增要素的出现，使得其具备强调的正向外部性，从而导致了规模报酬递增现象。在这个模型中他提出了四要素增长理论，即除了新古典经济学中的资本和劳动以外，又加入了人力资本（用受教育年限来衡量，强调知识）和新思想（用专利来衡量，强调创新）。罗默指出知识具备正的外部效应、产出生产中的收益递增和新知识生产中的收益递减等特性，这三个特征共同构成了竞争式均衡增长生产模式。结论就是即使在人口增长为零的经济中产出也会有正向增长，这是罗默对增长理论最大的贡献。

在这里，我们重点关注的是罗默在 1986 年发表的这篇文章对数字经济学的均衡理论和增长理论的影响，大致可以总结为三点。

（1）强调了知识这类带有外部属性的生产要素可以导致收益递增的总体产出函数，使得经济增长可以长期持续下去甚至增长可以越来越快。该模型表明完全竞争带来的市场并不是最理想的，垄断竞争是必要的，产权保护前提下的垄断竞争会使得经济持续增长。因此数字经济学也重点关注知识和创新等要素的增长，而非劳动力和资本的增长。

（2）探讨了如何将收益递增和市场完全竞争统一在一般均衡模型中，因此一般均衡理论得到了扩展，提供了一种动态的报酬递增的均衡理论。数字经济学的均衡理论也是基于这样的一般均衡理论的扩张，提供一种动态的报酬递增的均衡理论的思想，新要素的报酬递增（主要是创新要素和知识要素）与其他要素的报酬递减（劳动力和资本）形成了一种动态均衡，从而实现了数字经济的动态均衡。

（3）阐明了在此情形下市场竞争机制将导致次优结果，因此政府应当通过征税和补贴等组合手段对市场进行干预，将这些外部性内生化，从而重新达到社会最优。这也就能为数字经济学中的创新理论尤其是政府政策对创新的支持提供理论基础,完全不受政府干预和自由竞争的市场很多时候是无效的,在适合的场景下政府必须通过干预来扶持产业的发展和创新,才能使得行业正向发展。

其次讨论关于经济学中租值的概念,因为这个概念在数字经济学理论中特别重要,所以要详细介绍。

(1)从经济史演变的过程来看租值的概念,租值是生产要素的收入,是资产的价值,最早的时候指代的是土地的租金。古典经济学家们早期最关心的问题是农业,而地租正是农业最重要的生产要素,由于古典经济学家主张劳动产生价值,因此就无法解释地主收租的原因,这也是导致新古典经济学抛弃历史成本论而以机会成本的新概念取代的缘故。随着马歇尔对地租等问题的研究,发现一切生产要素的收入都是各自的租值,地租只不过是租值的一个特例。简而言之,由于新古典经济学研究的基础是自私与稀缺两大约束条件下的资源配置,而它们共同决定了物品价格,价格就构成了物品生产者的收入,这个收入就是租值。

(2)从收入变化的角度来看租值,如果收入变化但是供应没有随着变化,那么就产生了租值。我们通常在传统的经济学中用利润讨论收入减去机会成本,但事实上租值是解释这个概念的更合适的角度,也就是通过实际收入减去机会成本的数值等于租值。人们在做选择的时候就是考虑了一种租值最大化,这种租值是在事实上存在着信息费用的情况下,人们的预期收入与实际发生的偏差存在的租值。如果说第一个角度是将租值理解为生产要素的收入或者资产的价值,那么第二个角度就是以更加粗犷的角度去探讨个人的选择带来的结果,即租值的变化。

(3)从经济学的基本假设来讨论,由于自私的人追求的是租值最大化，这是比收入最大化以及成本最小化更加合适的维度。在最极端的情况下，租值就等于成本，而收入就表现为成本本身，只不过表现为人们是否能看到的和不能看到的成本而已，本质上并无差异。也就是说，人的自私本性与竞争行为决定了租值在极端情况下既是成本又是收入，而收入实际上都是成本，也没有不是成本的收入，这是理解租值的重要角度。

在理解了经济学中关于租值的概念之后，我们来稍微补充一下租值概念下如何去理解数字经济的价值理论。将思维从新古典经济学中的价格角度转换为价值角度。也就是说，将租值放在一个异质性选择的维度去理解，而不是同质性的竞争。数字经济学中强调的是对不同人的差异化需求的满足，而衡量这样的经济学效应，就要从异质性租值的维度去理解，才能理解数字经济的多元化和专业化并存的经济模式。

最后总结一下数字经济学的均衡理论，正因为租值的存在，使得差异化的经济模式下的两种租值存在：从资源配置角度理解，物品之间的差异化就是租值，简而言之租值就是异质化的利润；从利益分配角度理解，人与人之间的权利差异就是租值，简而言之就是使用费用。放在数字经济生态中，平台就是通过获取租值来使得整个生态得以运转：一种租值是对最终消费者的使用权利进行收费；另一种是对生态内商家使用基础设施进行收费。这两种租值都是异质化的效用带来的，而在这个过程中也就产生了数字经济的均衡状态。

这里需要补充租值消散的概念，这个概念之所以有名是张五常在《合约的结构与非专有资源理论》一文中对以往经济学家研究的海洋渔业问题进行推导和分析时得到非专有资源的租值消散理论。而事实上，这个概念本质上是从新古典经济学的角度去探讨古典经济学的价值规律，也就是解释价格围绕价值波动的现象，用租值的概念去看就是各种相互博弈的力量在帕累托最优下的资源配置点周围运动的现象。从同质化租值的角度，张五常推导出同质的租值由于同质的完全竞争而消散，因此需要通过私有产权的界定来减少租值消散，拥有权需要绝对垄断。而从异质化租值的角度，租值消散引发的是同质化竞争，反之则引发了异质化完全竞争，因为界定产权也需要交易费用，因此讨论数字经济中所有权的相对化是基于异质化竞争的角度的。

在理解了租值和租值消散的原理后，我们基于租值的概念去理解数字经济学的均衡理论，租值在数字经济生态中对应的是垄断竞争和完全竞争均衡价格的差值，也就是如果竞争是垄断带来的收益与完全竞争市场带来收益有差异，从而就形成了垄断收益的租值，这就是数字经济中的均衡理论。所有资源配置实际上是朝着垄断和完全市场化移动的，最终由于技术创新等要素会带来完全垄断，然后赢家通吃掉所有收益，创新者再通过技术要素的重新组合进行创新再开辟新的市场。在数字经济中以共享为核心模式的原因，就在于租值对应了使用者的权益，同时也对应了组织进入某个领域的垄断壁垒，在差异化和个性化之后所有的知识资本（尤其是具备创新能力的组织者与劳动者）一定是稀缺的，从而形成了一种依赖企业家的创新能力的异质化竞争环境，这种竞争的目标就是追求在某个领域的垄断均衡。

总结一下，本节从两个不同的角度分析了数字经济学的均衡理论：第一个角度是基于罗默的内生经济的增长模型，提供了一个动态的报酬递增的均衡理论；第二个角度是基于张五常关于租值的探讨，提供了异质化资本的垄断均衡理论。事实上，两条路径是殊途同归的，都提供了一种有别于传统经济学的静态均衡的模型，并在这个均衡模型的基础上论证了数字经济领域增长的内生性要素：创新、知识以及异质化资本。理解数字经济学的均衡模型，也就理解了数字经济增长的根源。

10.2 数字经济学的产权理论

> 若想理解网络中互相协作产生的经济效应的基本逻辑,我们需要参透囚徒困境下的合作机制以及网络效应产生的规模法则。

在讨论了数字经济学均衡理论以及租值相关的问题后,我们可以正式地讨论产权理论了,这个问题是新制度经济学研究的重点,也是数字经济学理论中最关注的问题之一。合约经济学实质就是新制度经济学,因此会介绍传统的新制度经济学理论以及产权问题的界定,然后讨论数字经济学理念中的产权理论。

讨论产权不得不讨论到交易费用,而讨论交易费用就不得不涉及科斯定律。科斯定律提供了三个不同的版本和内涵,教科书通常是第三个版本。

第一个版本:权利界定是市场交易的必要前提。也就是所有的资产都应该具备私有产权,包括使用权、收入权和转让权。这里面并没有包括所有权,因为只要具备前三种权利就在事实上具备所有权了,国内的房产买卖实际上卖的并不是所有权,而是前三种权利的综合。

第二个版本:有了明确的产权界定,在市场交易下资产的使用会带来最高的资产价值。事实上这个结论并不完全成立,因为经济学中关于"自私"的限定认为一切行为已经达到最优了。是否有明确的产权界定并不影响其真实资产价值,而且事实上界定权利与构建市场本身都需要交易费用。因此在现有局限条件下所有资产都应该是达到最高的(帕累托最优或者均衡最优状态)。这个版本实际上是说了一句正确的废话,而且暴露了科斯定律关于界定权利费用的这部分。

第三版本最广为人知:权利只要明确界定为私有产权,不管最初界定给谁，在交易费用为零的条件下，市场交易的结果最后都是一样的。也就是无论是市场还是其他的制度都会有交易费用，如果制度效果一致则会产生随机不可预测的市场行为，因此存在着交易费用为零的条件推导出不需要市场制度的结论，而张五常则提出把这个前提改为市场的相对价格不变，则使得结论更加合理了。

理解了新制度经济学中的产权理论后，下面来讨论数字经济学的产权理论，也就是"使用而非占有"的产权关系，即共享经济。旧有的经济中使用权与拥有权是对称的，而数字经济中是不对称的，工业化思维中最重要的就是把所有权和支配权放在一起，德国著名法学家、历史学派创始人弗里德里希·卡尔·冯·萨维尼（Friedrich Carl von Savigny）在《论占有》一书中提出"占有既是一种权利又是一种事实"，也就是占有的双重性与商品的双重性内涵一致。萨维尼从法学研究的角度讨论了市民法占有与自然占有。前者是法律意义上的占有，涉及人与人的关系，主要是从价值维度去考虑。后者是法权意义上的占有，涉及人与物的关系，通向使用价值。从这个角度来说，前者是自然权利，后者是社会权利，也就是自然权利对应的是使用价值，而社会权利对应的是价值，这就带来了由社会关系推导出了所有权的问题。事实上，这在西方漫长的法学发展过程中（从罗马到法国大革命）都是未曾发生的，工业革命之前强调的是支配权而非所有权，工业革命之后资产阶级将这个概念偷换为所有权，因此采用"使用而非拥有"的产权方式实际上也算是一种正本清源。

基于使用权的产权关系，我们就可以讨论数字经济学理论中基于网络效应的产权相关思想的变化，这里面的关键概念就在于基于囚徒困境下的合作机制以及基于网络效应的规模法则。这是我们理解在网络中互相协作产生的经济效应的基本逻辑的基础，正因为产权关系以使用为核心，所以使得每个个体都可以投入价值的创造之中，而不是以收入分配的结果为核心去考虑自身的价值。接下来分别介绍两个概念的基本思想。

基于囚徒困境下的合作机制指的是在网络化组织中进行合作的最基本的基础就是创造社会资本，而社会资本就是社会网络中存在的全部有利于囚徒困境合作的那些要素，而这些要素的产生过程就是基于合作产生的。正是基于网络中的协作方之间普遍的合作而不是竞争的博弈过程，才使得理性选择在多次重复博弈下能够产生有效的协作，从而使得个体为了满足组织的长期发展需求而牺牲个人的利益去做出贡献，这样的方式就类似蜂巢中的不同分工协作的蜜蜂通过牺牲自我来保存族群生存的能力。而数字经济时代的网络组织就是建立于共识之上，通过不同的协作分工而脱离了囚徒困境。这种协作和共生关系的前提就是通过价值网络在区块链的信任的机器的作用下，形成的想象共同体的作用。一方面要看到行为经济学在其中所起到的贡献和价值，通过技术契约使得共识能够被严格地执行；另一方面要看到其中的道德基础，正是由于网络组织的基础是道德的，因此能够号召每个个体为了组织的长远价值去牺牲个体的短期利益。

基于网络效应的规模法则，这个理论的构建者是英国理论物理学家杰弗里·韦斯特（Geoffrey West），他也是全球复杂性科学研究中心圣塔菲研究所的前所长。他在其著作《规模》中提供了这个规模法则，通过对一系列宏观而复杂的问题的研究，包括全球城市化的进程和城市的双重属性、生命和死亡的问题，以及生物的能量、新陈代谢和熵的概念，得到了关于规模缩放和可缩放性的相关成果，也就是事物如何随着规模的变化而发生变化的逻辑。总体来说，网络化的组织具备的就是这种复杂系统的特质，正是因为网络的扩张带来了不断适应外部条件和进化的能力，而网络则决定了动力和资源被输入不同节点的速度，从而决定了进化的速度。正是由于产权关系的变化，才使得网络效应能够从互联网的信息扩散到所有具备使用权价值的数字资产。

简而言之，新古典经济是从资源配置角度去讨论产权问题的，也就是经济中的物质力量的相互关系；而古典经济学则以利益相互作用为核心讨论社会力量之间的相互作用。现代产权制度是以拥有权为核心建立起来的，而事实上基于合约理论的逻辑，将使用权作为核心逻辑放在产权关系的核心是一个非常重要的改变，也就是基于合约的契约和认同共同享有资产，同时舍弃掉排他性的产权关系，这是一种基于合作和利益共享的产权理论。而网络组织的合作机制以及规模效应的发生，正是基于产权理论的变化扩散到所有的数字化资产和生态之中，而不是局限于信息互联网的范畴。

10.3 区块链网络与治理机制

> 推动垄断竞争的模式是互联网的网络效应的最重要体现，而去中心化驱动的区块链网络则帮助实现生态价值的共赢。在此过程中，我们需要关注如何制定一种可以不断进化的治理机制来确保区块链网络的商业系统的未来。

在讨论了数字经济领域的产权理论后，本节讨论区块链网络与治理机制的内在逻辑，这是应用数字经济学产权理论的重要领域。

区块链技术从诞生以来最大的影响力不在于创造了一种虚拟货币的形式，而是通过技术契约建立了一种基于技术契约的治理机制。中本聪用几页白皮书就催生了价值数千亿美元的加密通证经济系统，带来了一个比排名前 500 名的超级计算机大上万倍的计算机网络，以及包含着数以百万计的开发者、用户和企业组织的多元数字生态系统。毫无疑问,从社会治理角度,这是人类文明历史上第一次在无明确中心领导下的自组织行为,它也展示了区块链网络作为未来经济主体的力量,可以通过完全自组织的生态构建庞大而复杂的商业生态系统。

因此,我们需要来详细研究区块链治理机制的基本逻辑以及对数字经济产权理论的应用。

首先,讨论区块链网络的基本逻辑。也就是通过激励机制和协调机制促进区块链网络的演化和变迁,形成动态均衡的商业系统。由于目前区块链网络的技术还在非常早期的阶段,区块链治理机制的核心问题是如何设计底层的激励机制以及如何建立协调机构。前者是通过类似拜占庭将军问题的解决和通证经济系统的设计去实现的,后者是通过社区投票机制的设定和链上共识的达成来实现的。目前都还在非常初级的阶段,下面对激励机制和协调机制进行简单的分析。

(1)激励机制。在区块链网络中通常是通过通证的形式,以差异化的激励结构、货币政策以及使用权的平衡来实现的。正如数字经济是以使用权为核心的经济机制,因此通证的货币属性是基于使用权而非拥有权的,通过通证促进网络内部价值的交换和流通,这是区块链激励机制最重要的部分。目前的区块链网络的激励机制相对单调,如比特币通过工作量证明机制(Proof of Work,PoW)来增加通证的价值,从而保障开发者、矿工和用户的不同权益,尤其是用户的使用权利的确权。而以太坊通过权益证明机制(Proof of Stake,PoS)来推动参与各方的权益增加。目前的激励机制都是简单的技术契约,并不能将复杂的商业逻辑完全体现在其中,而未来我们需要考虑的是如何更好地通过科技赋能实现经济发展。

(2)协调机制。就是在制定了技术契约之后,要确保网络向着正确的方向迭代演化。与此同时，要保证在链和离链价值之间的协调，使区块链网络中的数字资产与实际的产品和服务能够对应。目前的区块链社区是基于网络化的协调机制，如比特币和以太坊通过社区以及邮件等方式来实现对网络发展进程的协调，而这样的机制依赖着极客们对技术的热情以及对社区主导者的信任。我们希望未来的协调机制是一种以在链治理为主、离链生态为辅的完整机制，使得现实中的大部分经济学的治理逻辑能够通过技术的方式进行扩散和创新。

其次，讨论区块链网络的治理机制与网络效应之间的关系，以及二者对价值流动的影响。我们要理解的是区块链价值网络目前最核心的功能是将硬件、软件和数据通过去中心化的方式进行商品化，而其中最关键的实际上是通过数据来反映现实中的经济价值要素，从而实现通证经济的真正价值。那么，通证经济如何实现区块链网络的价值？这里我们提供三个基本逻辑。

（1）通证经济通过智能合约代码的执行，让技术契约能够以挖矿的方式进行运转，从而获得区块链网络的基础设施的构建，并通过激励的方式给到不同的开发者，使得基于区块链网络的商业生态系统能够正常运转。这里要注意的是，中心化的运营和分布式的实现并不矛盾，因此区块链形成的并不一定是去中心化的管理生态，而是通过将区块链技术放在网络组织之中提升其效率。一般来说，采用区块链和智能合约的技术生态系统，成本会降低到原有系统的十分之一到百分之一。

（2）通过多种通证经济的激励机制（如基于使用的稳定货币模型等），建立在商业生态中的经济系统的基本规则之上，从而使得通证能够被大规模使用的同时，避免过度的通货膨胀或者通缩现象。这个逻辑并不是数字资产的证券化，而是通过通证的使用权的确权扩大区块链价值网络的边界。因此，只有集成激励层的通证经济，才能使区块链激励参与者形成分布式自治组织（DAO），才能涌现出集体参与的社会智能，因此区块链的变革中通证是非常核心的机制。

（3）通过通证使用权的扩大，累积与产品和服务相关的效用价值，通证的核心就是激励或者抑制某种服务或产品相关的行为。基于这个逻辑可以给出不同的治理策略以及不同类型的通证化模型，从而促进数字商业生态系统的繁荣。

值得注意的是，区块链的赋能的浪潮很有可能是从小众经济开始而不是颠覆大众经济，正是因为其提供的灵活和高效的生态，才使得小众经济基于个性化的价值需求能够被认可，而通证经济生态也是从小众经济和个性化的价值服务方面落地的。

基于以上解读，我们可以将通证经济与网络效应联系起来。9.1节讨论过互联网网络效应的功能和作用，而区块链网络则具备更加复杂的价值。互联网的网络效应最重要的体现就是推动垄断竞争的模式，而去中心化驱动的区块链网络则推动生态价值共赢的实现。每个个体都可以自由选择产品和服务，而不用担心像网络时代的垄断行为带来的转移壁垒。例如在互联网时代使用Facebook的人很难退出，因为他们还需要劝说自己的交友圈重新开始在新的社交生态中沉淀关系和内容，然而在区块链网络中只需要通过分叉的方式就可以将所有应用软件和当下的每个节点的状态完美复制，只需要通过共识机制的技术契约就能建立一个几乎完全一致的网络应用生态，这是区块链网络效应的价值所在。

最后，讨论区块链网络治理机制的未来趋势，一方面区块链网络治理机制的未来是整个数字经济商业生态的最核心的工作之一。人们需要通过在链和离链的方式来构建区块链网络的生态，保证其商业生态系统的有效性和合法性，从而使得每个参与者都能够在统一的共识下形成忠诚度，与此同时也可以推动网络效应的实现来吸引更多的成员加入，这是区块链网络治理最大的价值。另一方面，由于目前区块链网络的治理机制还非常不完善，因此带来的问题就是在不断的创新过程中，机制的朝令夕改使得人们丧失了对网络和社区的信任，从而导致了区块链网络的崩溃。这个案例在很多知名的区块链网络中屡见不鲜，这是区块链商业生态成长不得不付出的代价。

区块链社区已经出现了诸多治理的方法，即多投票机制、流动民主机制、Futarchy投票机制、代理精英统治机制等，不同的机制并不是简单的权益分配，而是通过治理机制建立起对区块链网络社区的服务体系。通证只是服务体系中价值衡量的表现方式，但是最核心的是如何通过技术化的服务体系来推动整个社群网络的生态正向循环。不同的生态机制实际上对应的就是数字经济学理论中产权关系的分配，而由于区块链网络的经济机制是基于技术契约的，因此如何制定一种可以不断进化的治理机制来确保区块链网络的商业系统的未来是我们最需要关注的问题。

需要理解的是，区块链经济的制度安排事实上论证了10.3节提到的一个趋势：就是将原来经济学、政治学等用于宏观思考的理论用于企业管理和制度设计之中，使得企业管理理论的格局得以扩大，也使得宏观理论能够应用于更小的颗粒度的实践过程中。例如区块链治理制度的设定过程，区块链网络的创立者就好像制定美国宪法的先驱们，在充分考虑不同各方的利益平衡和整个生态的长远价值的基础上，给出一个可以持续发展和演化来适应外部环境的正向迭代的机制。这个现象的出现还在较早时期，这个趋势会越来越明显，而关于这方面的理论探索也必将成为未来的经济学家们和企业理论的研究者们关注的重点。

总结一下，本章从三个角度讨论了数字经济学的产权与均衡理论相关的话题：数字经济学的均衡理论、数字经济学的产权理论以及区块链网络与治理机制。

通过对均衡理论的讨论，以及内生经济增长的均衡模型和异质化的资本下的垄断竞争的均衡模型，我们理解了数字经济学内均衡的本质，也补充了之前关于数字经济学增长理论的思考。数字经济学的均衡理论的基础就在于这种报酬递增的、完全垄断的、基于知识和创新的异质化资本的理论建构。

　　通过产权理论的讨论，明确了基于租值的产权理论的基本逻辑，以及以使用权为核心的产权才是数字经济学的基本逻辑。正是因为以使用权为核心，所以提供异质化的服务与体验就是数字经济有别于传统经济的地方，也是理解共享经济必须基于使用权的数字经济模式。

　　最后讨论了区块链网络的治理问题，并给出了区块链治理的核心就是通过激励和协调的机制来构建一种服务生态。在这个生态中以使用权为核心的通证的流通保障了各方的利益，而区块链网络的机制则需要构建出一种动态演化的规则体系，来适应不断变化的经济发展。理解区块链网络治理的关键就是理解数字经济学的产权理论和增长理论，只有明确了产权和增长模型，才能理解这种治理制度，事实上就是将数字经济学的方法论应用于具体企业管理的典型应用场景。

第三部分

数字经济资本论

第11章

数字经济的货币理论

在可预见的时间内,没有任何纯粹的技术革命可以在超越国家这一层面提供一种去中心化的货币解决方案,更不能无中生有地去挑战现有的货币政策和经济秩序。要改变宏观经济意义上的货币秩序和金融秩序,需要建立一种基于社会共识的超国家主义的政治和经济解决方案,这个方案不能由创新者自下而上地推动。

本章重点讨论货币理论的内容,这也是第三部分内容中最重要的模块。本章内容非常重要,主要有以下三方面的原因。

(1)现代的商业社会是以货币信用为主要载体的社会,因此理解货币的本质对理解商业的逻辑非常重要。我们需要理解货币的起源和本质,才能理解虚拟货币的算法信用是无法替代商品信用的,也无法替代中央银行的职能功能。私人发行货币的逻辑在可预见的未来是不成立的,也不会有私人发行的货币完全代替法币的现象。

(2)经济的增长和发展与如何理解货币理论直接相关,而探索稳定通货的理论基础、寻找治理通货膨胀的善策良方,就成为经济学家最重要的使命和义不容辞的责任,这就要求我们理解传统经济与奥派经济学的货币理论以及解决方案。随着区块链领域稳定货币的推出,很多创新者对于货币的概念产生了新的困惑,误以为稳定货币就是拥有稳定价值的货币,而我们必须对这个出现在数字经济领域的创新进行解读。

(3)随着区块链技术的发展,以通证经济为代表的货币理论得到了广泛的接受,而其中最关键的就是对通证的货币性质的讨论。我们要给出的理论就是如何让通证的概念脱虚向实,从虚拟货币转型为小众经济体内部的价值标的物,这是理解区块链中通证的关键,也是理解区块链行业大规模商业化的前提。

基于以上的内容,本章分三部分进行讨论:传统经济学的货币理论、奥派经济学的货币理论以及小众经济体与通证经济。

11.1 传统经济学的货币理论

> 货币是间接经济交易的产物,也是自由经济秩序下演进的产物。在奥派经济学家们看来,作为基于政府和国家信用产生的货币,法币并不具备商品价值。而通货膨胀则是由于凯恩斯主义对货币理论和宏观经济的错误认知所带来的盲目的信用扩张和政策性的税收行为。

毫无疑问,在当今世界的经济运行体系中,货币以及建立在货币上的金融制度是现代文明的标志,为国际贸易体系和社会秩序提供了最基础的制度,基于货币的经济体系调节着每个国家甚至个体的行为。与此同时,由于货币的通货膨胀带来的经济问题又是全球经济面临的最大问题,本节就来讨论传统经济中的货币理论以及通货膨胀带来的经济问题,主要分三部分:货币的演进与功能、通货膨胀与凯恩斯主义、传统货币理论的局限性。

1. 货币的演进与功能

我们需要通过货币制度的演进过程的学习,来理解货币的本质和社会功能,以及货币体系的运作过程。在人类社会早期还没有产生交易媒介的直接交换的社会里,交易存在着很大的局限性和不确定性。因为直接交换的经济模式要求交易双方对另外一方的物品或者服务有着直接的需求,因此交易就存在很大的运气成分,这也限制了交易规模的扩大,以及社会成员之间的分工和协作的复杂程度。而随着社会的发展,人类开始发展出一套间接交易的行为,即通过作为交易媒介的商品来扩大交易规模和范围的行为,从而推动了普遍交易媒介即货币的出现。货币的出现既满足了人们作为消费品或者生产要素带来的效用的非货币需求,也带来了作为交易媒介产生的基于交换价值的货币需求,也就是货币兼具使用价值和商品价值,带有这两种属性的经济财货被定义为货币。从货币产生的过程中可以看到货币并不产生于某种社会契约或者政府法令,而产生于自由市场的经济秩序中的人们的需求,市场的个体是为了使得交换过程更流畅以及交易规模扩大而产生的。

正如米塞斯所说:"货币是交换媒介,它是销路最好的财货,人们之所以取得它,因为他们想在今后的人际交往中使用它,货币是大家接受当作交换媒介的东西,这是它的唯一功能,至于其他的一切功能,只是这个基本功能(交换媒介)的特殊面。"

2. 通货膨胀与凯恩斯主义

通货膨胀与凯恩斯主义是目前经济学家们讨论的重点。通货膨胀可以理解为:通过破坏或扭曲自由市场的货币生产规则,使得货币的数量已超出其在自由市场本应该会有的产量而进行的扩张现象。而这个现象的发生的根源在于随着历史的发展,以国家信用背书的纸币成为了现代货币制度的核心。纸币依靠的是政府立法获得的信用与特权,而不是自由市场自然产生的秩序,而这一点既是凯恩斯主义大行其道的基础,也是奥派经济学家攻击传统经济理论的基础。这里要注意的是,虽然主流经济学通常将通货膨胀理解为货币购买力下降或者价格水平的上涨,但是奥派经济学者认为现代通货膨胀本质上就是通过降低货币的成色来增加货币的数量,也就是政府通过制造新货币来对人们的私有财产进行掠夺,而价格上涨和财富重新分配则是这个过程的后果而不是原因。

凯恩斯主义的宏观经济学与货币政策理论指的是 1936 年在他的《就业、信息和货币通论》中所提到的一个基本理论:他认为一个经济体应该从一系列总量中考虑消费者的总体需求和供给之间的关系,政府和中央银行的任务是保证向经济体中注入充足的货币促进需求的增加,这样就能够提高最终消费品和服务相对于一般工资价格的水平，而企业家也能够雇佣失业人员来改善就业。目前主流的货币理论就是基于凯恩斯的宏观总量分析框架，特点就是从一个经济体的整体产出水平和就业水平来制定相关经济政策，尤其是货币政策。在这样的政策引导下，带来的就是政府通过推动货币的广泛流通和通货膨胀来改善短期的经济增长问题的冲动，通货膨胀在纸币为主的制度下就表现为信贷的扩张以及货币数量的无节制增加。正如美国国会众议院前议员罗恩·保罗（Ron Paul）在《繁荣基石：自由市场、诚实货币与私有财产》一书中提到的高利率和高物价是通货膨胀导致的结果，而通货膨胀可以视为一种税收，让民众承受更高的物价水平，与此同时也推动了美国民众对政府的不信任以及误导了人们的经济判断等问题的发生。

3. 传统货币理论的局限性

这里主要讨论奥派经济学者对传统经济学理论的批判。传统的新古典经济学认为生产过程是由一系列生产要素（劳动、资本以及其他要素）的组合得到的，这个组合的方式是通过数理方程可以计算的。而奥派经济学者认为，生产的过程并不能够简单地转化为这样的数量关系，不同的资本品之间也不是完全能够相互替代的，异质化的资本是真实经济世界的基本事实。只有通过一系列相互联系和互补的生产要素以特定的方式在不同生产阶段中发挥作用，才能促进消费品的产出。而企业家正是依赖市场的货币信号和利润价值，通过技术创新和商业模式创新来实现不同生产要素的最优配置。换句话说，真实的经济世界里并不存在总需求、总供给或者经济整体产出水平等一系列量化指标。奥派经济学者认为这是主流经济学家们造出来的统计学产物，跟真实世界的经济状况没有任何关联，这是凯恩斯主义导致的通货膨胀的货币政策的最根本的原因。

以上就是对传统货币理论和宏观经济理论的探讨,我们通过对货币演进和功能的讨论,了解了货币是间接经济交易的产物,也是自由经济秩序下演进的产物。在奥派经济学者看来,法币则是基于政府和国家信用产生的货币,并不具备商品价值。而通货膨胀的原因正是由于凯恩斯主义对货币理论和宏观经济的错误认知,带来的盲目的信用扩张和政策性的税收行为,这是理解宏观经济的基本状况的重要参考逻辑,也是11.3 节讨论数字经济领域的货币理论的一个重要思考。

11.2 奥派经济学的货币理论

> 货币以及建立在货币基础上的价格和利润机制是市场中协调不同参与者最重要的制度。

在讨论了传统经济学的货币理论后,本节从三个角度简单介绍下奥派经济学的货币理论:货币制度、货币秩序以及商业周期理论。理解奥派经济学理论不仅对理解现实中的宏观经济学有所帮助,更重要的是在理解数字经济学理论中的经济秩序的演化以及货币理论的核心方面有着非常重要的价值。

首先讨论奥派经济学者对货币本质的理解,尤其是对货币机制的理解。要理解货币机制的作用,就涉及企业家创新理论中的观点。也就是将企业家才能的自由发挥作为构成市场过程和经济成长最基本的驱动力,而企业家发挥才能需要一定的制度性条件,这里最重要的就是货币制度。奥派经济学者认为,货币以及建立在货币基础上的价格和利润机制是市场中协调不同参与者最重要的制度。一方面,货币提供了一种满足复杂经济的自下而上的秩序,使得经济计算成为可能,只有使货币作为交易媒介进行流通,才能比较经济财货在不同用途中的边际效应;另一方面,只有通过货币才能理解当前财货与未来财货之间的价值差异,也就是利息的现象。货币制度可以理解为一种信息协调机制,能够使得自由市场中的不同参与方的计划和行为在统一的秩序中进行链接,而企业家的行为就是在这个过程中不断地接收信号、调整自身主动行为以及发出信号的行为。

其次,讨论基于自由经济秩序的货币理论,理解奥派经济学中关于货币秩序的概念。货币秩序就是一张由参与货币生产的人、企业和其他组织构成的网络,奥派经济学者认为一个经济体要在整体上达到生产平衡以及可持续的就业水平,就应该在不同的市场上买卖不同类型的异质化商品和服务,来使得需求和供给达到平衡和协调,从而构成一种基于自由经济秩序的网络。

这里比较推荐著名经济学者穆瑞·罗斯巴德的理论,他正是以微观动态过程的分析框架,解释了美联储20世纪20年代采取的货币政策如何导致了储蓄和投资之间的失衡,以及如何促使美国1929年的经济大崩溃的产生。奥派经济学者认为正是由于政府采用干预经济的模式影响市场,从而导致经济恢复过程变慢,从而使得经济危机的后果持续了更长的时间。简而言之,奥派经济学者认为过度信赖政府权力保障和维持经济繁荣与稳定是一个非常可怕的事情,它破坏了自由经济的秩序以及扩大了经济危机的影响,同时也造成了周期性的经济波动现象。

最后,总结一下奥派经济学的货币理论以及商业周期理论,主要介绍米塞斯和罗斯巴德的研究成果。

米塞斯在《货币与信用理论》中讨论了货币作为信用媒介的作用,认为从这个角度理解货币会更加准确。他认为货币的扩张使货币利率降到自然理论之下,从而导致人们需要货币时贷款的利率低于真实的资本品被借出后的自然利率,从而导致了信用的扩张。基于庞巴维克的资本和利息理论,在这种情况下生产者进入更加"迂回"的生产过程中,从而导致了这个"迂回"过程的周期变长,企业家付出的代价更大。与此同时市场收到了错误的信号,贷款市场的均衡被打破,可以获得的消费品减少,消费品的市场价格上涨,从而带来了通货膨胀的现象。

简而言之,米塞斯认为经济危机就是一些在过度延长的迂回生产过程中投入的资本的损失,而这种损失就是由于自由市场的秩序被错误的货币政策干扰,导致了商业周期不断出现。这个理论后来也被哈耶克在1931年出版的《价格与生产》一书中再度讨论,奥派经济学者中大多数人都是支持米塞斯的理论,认为货币过度供应导致了商业周期的出现,而本质上就是货币扩张导致了货币利率系统性地低于自然利率。

罗斯巴德关于货币理论的研究成果几乎都在其著作《人、经济与国家》一书之中,这里主要讨论本书中关于交换和价格的理论。古典经济学家一般都会先讨论生产再讨论交换,而罗斯巴德则反其道而行之,其根本原因在于罗斯巴德认为交换是自由市场经济的基本逻辑,而交换的基本前提就是与正义关联。与此同时,罗斯巴德认为经济学就是一门讨论交换行为的科学,而不是研究物质财货的学科,这个观点符合奥派经济学是一门研究人满足其欲望的行动的科学,不同的人对不同财货的主观价值评价不同,从而导致了交换的行为,没有可以交换的财货时就会引发生产行为,而价格就是在交换基础上产生的。

罗斯巴德用了价值表的概念替代供求曲线来描述价格的本质,他认为价格是落在最有能力的买家的最高购买价格和第二有能力的竞争者的最高价格之间,也就是边际买家和边际卖家决定了财货的价格。罗斯巴德指出,价格的最终决定因素就是货币和财货的库存,以及货币和财货的留存需求,价格会随着财货库存和货币留存需求的增加而下降,随着货币库存和财货留存需求的增加而上升。

从这个理论中可知货币是如何产生的,以及货币的真实价值如何体现,尤其是奥派经济学所提倡的财货并不存在客观价值,只有不同的人在复杂市场上充分博弈后得到价格,而价格本身就包含了每个个体的价值判断。因此货币的作用就体现在拓展了专业化和劳动分工的范围,使得个体能够不断地探索专业分工的极限程度。罗斯巴德基于这个理论提出了"天使加百列"模型来说明货币的总量并不重要的理论。这个模型的通俗的解释就是,货币的价格(购买力)由这个社会货币总存量和现金余额需求曲线的交点所决定,由于任意给定的时刻每单位的货币都被某个个体拥有,因此总货币供给总是会恰好等于那一时刻的个人现金余额之和。简而言之,市场运作趋向于把货币购买力的最终状态决定在货币供需达到一致时的水平,经济体内可利用的货币量总是能够充分地使每个人利用货币得到一切。

本节从货币的起源、制度以及其经济学本质等角度讨论了奥派经济学的货币理论,给出了不同于主流经济学的货币理论思考。我们理解了自然秩序下的货币和作为信用媒介的货币的不同角色,理解了真正代表社会财富的是现实中的资源、劳动力、资本和商品等,因此货币的增加不会使得社会更加富裕反倒会推动经济周期的产生,以及促使不同的商品和服务的价格上涨。奥派经济学者反对政府可以通过控制纸币发行来解决经济危机和推动经济发展,他们认为自由市场中货币数量增加需要以真实的储蓄作为支撑,而自由市场的货币流通是投资和社会财富生产的过程,应该由企业家自己决定这个过程。

因此,市场中最后的货币数量不由某个经济体来决定,而是在动态市场过程中由不同的货币企业家来决定更为合适。我们既要理解奥派经济学理论中货币理论的逻辑和严密思考,也要理解其对市场本质的揭示,这对 11.3 节讨论数字经济领域的货币理论很有价值。这个理论在真正市场中的局限性：毫无疑问政府的信用对货币是非常有价值的，纯粹依赖市场推动的货币供应体系目前并不是主流，也不符合现实。

11.3 小众经济体与通证经济

> 通过企业组织内部数字通证的发行实现企业从简单的生产和市场单位，扩张为小众经济体的生态，从而实现企业价值的规模化以及整个市场交易成本的下降，这是区块链带来的数字经济变革的未来。

众所周知区块链技术的里程碑事件就是虚拟货币——比特币——的产生，而比特币诞生的背景就是 2008 年的金融危机。比特币的创始人中本聪在比特币的创世区块上留下过一句话：2009 年 1 月 3 日财政大臣正处于实施第二轮银行紧急救助的边缘。而这句话也是当天《泰晤士报》的头版标题，这一套首批 50 枚的比特币正式诞生。比特币的历史背景和重要意义就在于，希望通过建立一种不受中央银行和任何中心化的金融机构控制的、基于点对点的技术所构建的现金系统，来解决根植于现代金融体系的周期性的危机问题。那么，如何看待现代金融体系的问题，以及货币在其中所起到的关键作用呢？这就要从国际货币体系的发展当中来看数字货币诞生的背景，以及现代金融资本主义的货币现状。

1971 年 8 月 15 日，时任美国总统尼克松向世界宣布终止了美元和黄金的兑换，是全球货币体系划时代的事件，同时也宣布了布雷顿森林体系的崩溃。这个事件可以看作人类货币体系与物质商品体系的彻底瓦解，也是人类第一次真正进入完全信用货币时代，或者叫作无锚定货币时代。在这之前人类总是以某个稳定价值的物质商品作为锚定货币价值的参照物，如金本位制、银本位制或者复本位制。而布雷顿森林体系的崩溃则使得人类从商品货币时代进入了信用货币时代，信用货币赋予了主权国家的政府操纵货币的权力和责任，带来了国家财政赤字、国家债券的发行以及通过通货膨胀间接征税的可能性，因此就产生了一系列现代中央银行的货币政策，如调节货币供应量、调节利率以及控制流动性等。另外，固定汇率体系的基础被摧毁，浮动汇率成为了各国货币关系的主流，从而使得国际金融体系极其脆弱和敏感。正是由于无锚定的信用货币的诞生，以及全球金融体系中虚拟经济和实体经济的背离，全球资本在现代经济发展过程中的过度膨胀，导致了2008年的金融危机，从而推动了比特币以及以通证机制为核心的数字货币机制的诞生。

2018年9月10日，美国纽约金融服务部（NYDFS）批准了数字资产交易所Gemini Trust和区块链公司Paxos Trust各发行了一种与美元挂钩的稳定货币——GUSD和PSD。这一事实引发了数字经济领域尤其是区块链金融创新相关的学者和行业人士的关注，由于稳定货币和其他加密货币之间的兑换非常便利，也形成了对传统跨境资本流动的监管的挑战，因此行业对其关注度较大，也衍生出来了对区块链技术带来的金融和商业变革的展望。本节基于数字经济学的视角深入探讨关于数字货币的内在逻辑和相关背景，也会提出一种基于小众经济体的新的经济秩序的形成，为大家提供一种理解区块链技术和数字货币的新视角。

结论：在可预见的时间内，没有任何纯粹的技术革命可以在超越国家这一层面提供一种去中心化的货币解决方案，更不能无中生有地挑战现有的货币政策和经济秩序。要改变宏观经济意义上的货币秩序和金融秩序，需要建立一种基于社会共识的超国家主义的政治和经济解决方案，这个方案不能由创新者自下而上地推动。在商业市场上真正能够推动区块链技术发展的商业路径，是基于企业组织从合约组织转型为小众经济体，在现有的经济秩序框架内提供一个新的价值增量网络，也就是自下而上地通过企业组织的商业变革带动整体经济价值和秩序的变革，从而推动经济体的数字化转型与区块链的大规模商业化落地，这是区块链技术带来的数字经济秩序革命的内在含义。下面分三部分讨论这个话题：稳定货币的内在悖论、小众经济体与数字经济新秩序以及通证价值与货币理论。

1. 稳定货币的内在悖论

当探讨区块链技术时，讨论最多的就是共识机制，也就是通过分布式计算机共享相同任务和资源来解决网络之间的通信与计算问题。共识机制就是区块链或分布式账本技术应用的一种无须依赖中央机构来鉴定和验证交易的技术机制，这是所有区块链和分布式账本应用的基础。共识机制发展经历了三个重要阶段。

（1）由两位伟大的图灵奖获得者——计算机科学家莱斯利·兰伯特（Leslie Lamport）和芭芭拉·利斯科夫（Barbara Liskov）在 1982 年开发的经典共识协议拜占庭容错（Byzantine Fault Tolerance, BFT），其特点是采用"许可投票、少数服从多数"的方式达成共识。其优点是快速结算和快速担保交易；缺点是扩展性较差，只能在有限的网络节点中使用。

（2）由中本聪在 2009 年提出的 PoW，其优点是在不需要知道所有节点的前提下形成了扩展性极强的网络，而付出的代价就是极低的计算效率和非常有限的吞吐量。

（3）以太坊提供的 PoS、Hyperledger 提供的实用拜占庭容错（Practical Byzantine Fault Tolerance, PBFT）等机制及其衍生机制，其核心是通过更加灵活和复杂的技术机制实现高速交易和其他扩展性需求

（如投票机制等）。

经历了这三个阶段以后，区块链商业的应用技术基础逐渐成型，在金融市场和非金融市场逐步落地。

下面讨论共识协议与数字货币的内在逻辑悖论，事实上稳定货币产生的初衷就是通过抵押信用的方式解决加密货币价格波动过大的问题。目前的解决方案主要有以下三种模式。

（1）以泰达币（USDT）为代表的模式，通过在官方账户上存入相同数量的美元实现法币和 USDT 的相互兑换。

（2）通过数字资产代替美元作为抵押物来发行稳定货币，其代表是 MakerDAO。

（3）通过算法调节市场上代币工序关系，进而将代币价格稳定在和法币的固定比例上。

事实上无论是哪个模式都是通过间接信用的建立来实现稳定货币值，基于数字经济学的货币理论的分析可知所有货币的基础并不是算法信用，而是基于使用权的商品信用，因此稳定货币的出现恰好论证了现有数字货币生态的一个内在悖论：为了解决现有宏观货币体系存在的信用扩张问题建立的去中心化的货币机制，试图通过建立与现有法币体系的信用链接来实现其信用链接。一方面，人们希望通过共识算法等技术来实现货币的去中心化与发行数理的总体限制，从而解决数字经济中的货币稳定问题，避免出现实体经济中的过度信用扩张带来的后果；另一方面，在这样的生态中又设计了一种人为干预的货币政策，以及通过间接信用的建立来解决数字货币的商品信用问题。毫无疑问，这样的方式并不能带来有益的效果，既无法解决数字货币的信用问题，也无法解决币值稳定问题。

我们在理解数字经济生态中的技术时，往往过度高估了技术带来的变革，而忽视了技术背后的制度性要素。事实上，数字经济中的货币政策的制度研究目前来说没有得到足够的重视，任何一种货币的信用也是依赖其经济生态中各个要素的平衡，而不是单一要素的变化，因此现有的稳定货币机制并不是理想的数字经济的货币解决方案。自从货币产生以来，人们追求币值相对稳定的尝试也从未中断过，迄今为止的收获也是相对有限的，没有制度性要素的重构就没有稳定货币的市场。

2. 小众经济体和数字经济新秩序

基于以上分析和判断，需要思考一个问题：区块链带来数字经济的生产关系变革，其真正价值体现在哪些方面呢？下面就来讨论小众经济体和数字经济新秩序的话题。结论：区块链带来的数字经济变革的未来，是通过企业组织内部数字通证的发行实现企业从简单的生产和市场单位，扩张为小众经济体的生态，从而实现企业价值的规模化以及整个市场交易成本的下降。

小众经济体有三层内涵。

（1）企业组织从简单的生产交易的市场主体转变为能够具备内生生长逻辑的经济生态，也就是成为数字经济市场中既具备企业属性，又具备市场属性的双重结构的组织。

（2）企业组织的核心不仅仅是生产，而是建立一种针对整个生态社群的经济生态。一方面，要通过生产商品和交易来满足每个个体的差异化需求，建立一种广义上的社区经济；另一方面要通过提升整个生态的体验，来满足用户在定制化的差异需求上的价值主张。

（3）小众不仅仅指的是用户规模，更准确的是基于不同价值追求的用户，企业组织要试图构建一种想象的共同体，使得产品和服务能够为特定人群创造更高的价值。

值得注意的是，只有在数字经济生态中小众经济体才是有意义的，因为数字经济生态提供的就是体验经济和服务经济，因此基于数字经济学的观点，可以推导出三个不同的结论来理解区块链带来的商业逻辑的变化。

（1）数字经济是以使用权而非所有权为核心的市场机制，因此产权交易的本质就成为了使用权交易。而小众经济体就是要创造差异化的体验和服务来满足每个个体的体验，区块链提供了一个高效的交易网络机制来保障整个使用权交易的信用生态。

（2）由于小众经济体兼具企业和市场的双重属性，小众经济体所发行的通证，其本质是在内部价值交换过程中所形成的价值计量单位。因此，如何通过通证使得内部市场能够更加高效和稳定的运行，这是其最重要的作用。

（3）由于小众经济体的存在，产业分析和企业分析需要得到统一，企业不仅仅需要提供特定产品和服务，还要考虑如何建立细分产业领域的生态能力。亚当·斯密给我们的启示是专业分工越充分，这个产业扩张的潜力就越大。因此，如何创造一些新的产业来为生态中的用户提供更好的服务，是小众经济体应该解决的根本问题。

理解了以上三个基本逻辑之后，我们就可以将区块链技术的落地场景放在实体经济的增量范畴讨论，而不是局限于如何掠夺实体经济在存量上的优势，或者是改变以金融为代表的虚拟经济的基本逻辑。一方面，数字经济是完全不同于实体经济的生态，其目标是创造一种再部落化的小众经济体；另一方面，由于大多数数字经济生态尚未具备足够的商品信用，因此如何累积价值和建立小众经济体内部的共识是这个阶段要解决的问题，而不是盲目地挑战现有的金融秩序。

3. 通证价值与货币理论

事实上通证一词的出现早于区块链，早在19世纪80年代，耶鲁大学教授艾伦·凯斯汀（Alan E. Kazdin）就将通证经济体系用于精神病学、临床心理学、教育等领域，并在 1977 年发表专著 *The Token Economy: A Review and Evaluation*。他是耶鲁大学心理学和儿童精神病学的"斯特林"荣誉教授，也是耶鲁大学育儿中心的主任，并在 2008 年担任美国心理学会主席。这个概念提出的时候并无经济的成分，讨论更多的是激励的成分，即如何通过激励行为引导他人的行为。目前关于通证的讨论更多的是经济层面，实际上放在小众经济这个概念中，它更多承担的是价值流通和激励机制的双重作用，下面分别从这两个角度来分析通证和货币理论之间的关系。

（1）从价值流通角度来看，可以将小众经济体的通证认为是内部流通的加密数字权益的数字凭证。它并不具备狭义上的法币的作用，只具备在网络组织生态内部流通的作用，也就是具备的是基于使用权的内部生态货币价值。按照米塞斯的回溯定理，货币的价值最终会被回溯到它作为物物交换的商品时的价格，因此基于使用权的交换理论的通证才具备某种意义上的货币价值。在这个理论框架下，我们就能够理解某种财货成为一般交换媒介的基础就是它本身就来源于人们对其主观效用的评价，也才能够理解其对通证经济的货币价值的讨论是基于使用权的理论。

（2）从激励机制角度来看，可以将通证理解为在加密经济体中创造的一种自由开放协作机制中的激励方式。区块链技术的本质是创建一个公共可见的分布式账本，用来记录交易的历史信息。在这个过程中则实现了通过通证的挖矿机制激励和惩罚相应的行为，这是理解其激励机制的关键。正是通过区块链技术创造的基于共识的、可扩展的、图灵完备的应用，任何人都可以通过智能合约中设定的自由定义的所有权规则和交易方式，进一步降低在小众经济体内的与契约不完备性相关的交易成本，使得通证的价值得以实现。

总结一下，本章通过三个部分讨论了数字经济学的货币理论：传统经济学的货币理论、奥派经济学的货币理论以及小众经济体与通证经济。只有理解了货币的本质和小众经济体的概念，才能不去盲目地理解通证的价值以及区块链商业化的内在逻辑。我们既不能将通证与中央银行发行的数字货币的逻辑混淆，也不能忽视通证的真正价值，这是研究数字经济学的货币理论应该具备的认知。货币逻辑和货币理论本来是宏观经济领域的重要课题，本书将其放在数字经济领域中，更多的是基于企业和产业的逻辑进行分析，而不是从代替法币价值角度进行研究。

第12章

数字时代的制度经济学

12

任何一个社会都面临着不同的制度选择以及制度变迁的可能性，制度是社会成员所遵守的共同行为准则。它的目标是组织或者社群处理未来不确定性并增进组织效用的方法。从这个角度来说任何制度都可以提供特定属性的组织生态和服务，而任何制度安排都需要理解其内在的交易成本，尤其是制度变迁带来的成本。这是研究数字经济领域的制度变迁理论的内在逻辑——为了更有效的制度安排，需要通过技术手段降低交易费用，使得整个企业组织生态获得更高的效率和更低的成本。

本章讨论数字时代的制度经济学，尤其是制度经济理论在数字经济时代的演变。讨论这个话题的基本原因有三个。

（1）人类社会制度的变迁是研究经济行为的基础，因此首先要理解社会制度与经济发展之间的关系。

（2）区块链技术的重要贡献之一就是对企业制度的变革，而其中的经济学原理就是科斯定律，我们需要对这部分内容进行深入讨论。

（3）数字经济时代的一个重要特征就是跨越地域和国家的自组织的社区，需要讨论在这个维度上的制度经济与治理机制。

基于以上原因，本章分三部分讨论数字时代的制度经济学：经济与社会制度变迁、智能合约与科斯定律以及制度变迁与数字经济。

12.1 经济与社会制度变迁

> 如何理解组织对数字经济学至关重要，而制度是理解组织的形成和组织如何行动的关键。

讨论经济与社会制度变迁的关系需要建立在对人类社会的历史演变框架内。诺贝尔经济学奖得主道格拉斯·C. 诺斯(Douglass C. North)和学者约翰·约瑟夫·瓦利斯(John Joseph Wallis)曾经合著一本《暴力与社会秩序：诠释有文字记载的人类历史的一个概念性框架》对国家经济增长问题进行深入研究，发现无论是资本积累、资源禀赋或者是地理因素都不能对国家经济的长期发展进行解释，但是不同社会形成的制度安排尤其是经济制度安排可以理解国家的经济增长。其中基本的逻辑就在于人们通过制度来规范人类行为，通过组织来进行复杂的社会交往。因此，如果要理解人类发展的进程，就需要理解制度如何塑造出能够实现人类持续合作的组织。本节通过诺斯对社会发展以及制度变迁的研究，讨论经济发展与制度变迁之间的关系。

首先，讨论诺斯关于社会秩序的研究成果。诺斯认为当把经济体系和社会体系放在一个框架里考虑时，就形成了社会秩序的概念。他将历史上的人类社会定义为三种社会秩序。

（1）原始社会秩序：有文字记载前的社会。

（2）有限准入秩序：通过限制进入产生租金，以政治制度为核心来约束暴力行为的秩序，主要指的是现代社会之前的封建国家的秩序。

（3）开放准入秩序：通过政治和经济上的相互竞争形成的秩序，主要指的是现代国家的秩序。

在开放准入秩序之中，最重要的特点如下：制度化的竞争、自由进入和流动以及市场的自由秩序带来的经济长期发展。而诺斯认为政治制度和经济制度都会趋向于越来越开放，并通过双重平衡理论来论证其中的逻辑。也就是说，经济体系和政治体系要么都倾向于开放，要么都倾向于限制进入，如果其中某个体系没有发生根本变革，那么另一个体系也不会发生根本性变革。因此，如何通过构建开放的政治制度探索开放的经济制度，这是诺斯认为社会发展和制度变迁研究的重要目标。而这部分内容，对我们研究数字经济领域的制度设计无疑是非常重要的。

值得注意的是，诺斯发表的《制度变迁和经济增长》一文对制度变迁和经济增长的内在逻辑进行了深入浅出的分析。他认为制度变迁和经济增长的关系：通过制度变迁的理论可以使得一个行动集团看到某种新的制度安排会带来收益，使得因革新组织形式所花费的成本得以补偿，尤其是有益于实现潜在的规模经济，降低信息成本、分散风险以及把外部效果内部化。这里要注意的就是制度变迁有两种基本形态：一种是依赖政府的外部协调；另一种是依赖自发秩序的力量进行制度创新。而且不同的制度创新带来的后果也可以分为两种：一种是生产性的制度安排；另一种是再分配性的制度安排。也就是说，制度安排有可能会带来经济的增长，也有可能带来的只是对存量的再分配，这是在设计相关的经济制度安排要重点关注的课题。

其次，讨论诺斯对人类社会制度演变以及有限准入秩序的研究。事实上，优先注入秩序是过去人类社会发展过程中最主流的制度安排，其特点如下：制度化的设租、市场势力、特权、精英和公民区别。诺斯认为，政治和经济的关系在于政府通过限制经济上的进入获得经济租金，用以在精英阶层中订立可信承诺，从而支持现有证券并提供社会秩序。政治体系并非独立于经济体系，因为政治体系是经济活动的主要参与者，而政治关系则是建立于经济租金之上。因此，诺斯认为如果没有组织的开放准入，那么竞争性的经济社会与政治社会都不会存在，如何实现社会组织的开放准入是现代社会发展的关键所在。简而言之，经济发展的进程是从优先准入秩序走向开放准入秩序，这个结论也是新制度主义中重要的结论。新制度主义的学科就是结合数理工具（如博弈论和统计学）研究经济、政治和社会的一整套分析工具，而这套工具对理解制度和经济之间的关系有着重要的启发。

基于诺斯的理论对制度安排带来的效果进行简单的分析,诺斯提到关于制度分析有两个基本问题:第一,基本制度环境是如何形成和改变的?第二,任何一套基本决策规则的后果是什么?诺斯通过美国历史中对宪法修改研究的过程得到的结论是,改变最高法院对宪法的解释往往会带来相对滞后的经济效益,其基本逻辑在于以下三点。

(1)随着从制度改革中获取收益的增加,刺激的制度安排和创新将以低于改变基础制度安排的成本被诱发和刺激出来,它会产生试图绕过基础决策的原则的限制来获取利润。换言之,制度安排不可能是完善的,而带来的次级制度安排会造成交易成本的提升甚至诱导违反基础决策原则的行为。因此,制度经济的变迁不可能只带来收益,也会付出成本和代价。

(2)随着基本决策原则的变化,会带来重新分配财富、收入以及基本政治权力格局的变化,对未来的预测是不准确的。因此,制度变迁的结果,尤其是在经济增长之外的结果一定是具备不确定性的风险的。

(3)制度环境的特质和新制度实行的程度决定了其对经济增长的影响,如果制度更强调增加产量而同时也兼顾了新的收入分配规则,那么可以预期经济的增长。反之,只讨论收入分配而没有实现经济增长则会导致制度安排的失败。

最后,讨论这部分内容对数字经济学研究的启示。一方面从社会发展和制度变迁来理解,诺斯曾经说过:"社会科学研究的是人类如何相互影响进而产生我们都生活在其中的复杂的社会结构,因此必须将研究的重点放在组织上,我们要了解不同人群如何在长期最终是永续的互动中来组织他们的关系。"因此,在数字经济学中如何理解组织是非常关键和重要的,而制度是理解组织的形成和组织如何行动的关键。

另一方面，我们需要研究制度化的规则与人类信念和共识之间的关系，经济史学家艾弗里·格雷夫（Aver Greif）说："制度化的规则，在文化上、社会上和形式上是可以传递的，传达和培养了规范和信仰形成的过程，反映了我们周围世界的规范和信念、利益、人种特征和行为以及合法性。"也就是说，不同的制度和文化之间是相互怜惜的，正因为信仰和价值观的差异导致了不同的制度传统，因此在16.3节会讨论现代社会的价值观和共识精神，只有理解了在数字经济时代所能达成的共识和价值信念，才能对数字世界的制度安排和组织生态有更深刻的认识，从而推动我们进一步进行技术创新和企业变革。

12.2 智能合约与科斯定律

> 若将区块链作为互联网的新革命，需要考虑的不只有技术层面的创新，更需要考虑在技术创新中所诞生的理念对未来经济的影响。

在区块链技术发展的过程中，最重要的技术创新之一就是智能合约的应用。事实上，这个概念是20世纪90年代由尼克·萨博（Nick Szabo）提出来的，几乎与公开的互联网的历史是同样的年龄（事实上，互联网的概念得到普及也是在1996年以后）。2013年，以太坊首先看到了区块链技术和智能合约的契合，发布了《以太坊：下一代智能合约和去中心化应用平台》白皮书，复活了智能合约的概念，发展到如今成为智能合约领域的龙头机构。不过，本节不讨论众所周知的智能合约的技术问题，而是讨论智能合约的经济学意义和对企业理论的价值。我们将区块链当作互联网的新革命，这个革命的影响不只需要考虑技术层面的创新，而且要考虑这个技术创新中所产生的理念对未来经济的影响。10.2 节讨论过产权相关的问题，本节从制度经济和组织变革角度再次进行分析。

具体来说，智能合约的概念事实上是对网络经济中关于产业和企业的组织形态的新的解释，未来的网络经济形态中企业将越来越边缘化，而网络所构建成的共识性社群则成为主流。关于这个理论的解释，要回到经济学中关于企业和市场的讨论中，尤其是关于企业理论的部分。先通过讨论罗纳德·科斯与张五常关于企业与市场的观点来理解目前经济学家们对市场理解的维度，再讨论为什么智能合约机制下形成的网络组织将会替代传统市场中的企业的功能。

罗纳德·科斯是新制度经济学的创始人，在 1937 发表的《企业的性质》一文成为了企业家理论的重要里程碑，也是其获得 1991 年诺贝尔经济学奖的两篇论文之一，另一篇是《社会成本问题》。在这篇不长的文章里，科斯回答了两个基本问题：第一，企业何以存在；第二，企业的规模由什么要素决定。本节主要讨论前面这个问题，科斯给出的理由：交易费用的节约，寻找价格、谈判和签约成本的降低。也就是说，企业可以节省信息成本、度量成本和谈判成本。在这个讨论过程中，科斯注意到交易背后事实上是产权问题，运用价格机制实现企业间联系的摩擦小、交易成本低，而交易成本的范畴成了现代产权理论的基础。两年后，他发表的《社会成本问题》进一步指出如果不讨论产权问题就没办法讨论资源配置的有效性问题，后来这个思想被经济学家斯蒂格勒概括为科斯定律。以奥利弗·威廉姆森（Oliver Williamson）为代表的经济学家们认为，科斯定律的核心是交易成本，因此初始合法的权力配置对于资源配置的有效性是无关的，也就是只要交易边界是清晰的，那么资源配置就有效，市场机制自动会达到帕累托最优。

科斯定律是产权经济理论的基础,也是分析经济问题的基本逻辑之一。下面讨论这个定律和区块链经济之间的关系。这个定律可以从三个角度理解:①在交易成本为零的情况下,权力的初始界定不重要;②当交易成本为正时,产权的界定有利于提高效率;③通过政府来准确地界定初始权力,将优于私人之间通过交易来纠正权力的初始配置。一言以蔽之,产权确定可以降低交易费用,从而提升市场效率。其中的精华就在于发现了交易费用和产权安排的关系,也就是交易费用对制度安排的影响。用这个理论分析区块链经济中的共识机制,其本质就是一种制度安排。根据科斯定律,任何一种制度安排都有相应的成本,一切制度安排的产生及变化都离不开交易费用的影响,因此在区块链中采用不同的共识机制(PoW、PoS 或者其他)的本质就是通过制度安排来降低交易费用,从而提高价值网络的运营效率,这是理解未来区块链社群或者分布式自治组织(DAO)的重要角度。区块链的未来经济形态,就是以网络的方式替代企业,从而获得更高的交易效率以及更低的交易费用。

因此,科斯定律值得商榷的地方在于,科斯认为企业(公司)是唯一的降低交易费用的方式,而这受限于科斯在写论文时的信息革命,尤其是网络经济尚未发达的缘故。在《企业的性质》一文中,科斯认为企业替代了市场的作用,企业的本质就是对价格机制的替代,而价格机制的运行是有成本的,市场运行也存在费用,企业存在的原因就是通过管理协调来代替市场协调并降低成本的必然结果。他认为市场和企业是可以互相替代的配置资源的手段,区别在于市场上资源配置由价格机制调节完成,而在企业内则通过管理机制来调节。事实上,按照经济学家张五常在《经济解释》一书中关于合约经济的分析,市场只需要合约即可,企业是合约的一种特殊形式。他说:"企业是合约安排的一种形式,而企业替代市场,不过是一种合约代替了另一种合约。"他认为科斯定律中并没有定义什么是共识,而且产品市场和市场要素并没有被清晰界定。

更准确地说,公司的含义都没有被清晰定义,公司可以小到两个资产所有者的合约关系,也可以大到包括整个经济体。而张五常通过合约的概念理解市场的分配机制,认为所有的个体是通过合约联系在一起的,传统上经济学家们关注收入分配和资源配置,而合约安排则被忽视了。事实上在复杂的经济世界里,交易费用和合约缔结才是复杂的现实经济的主体,科斯定律中关于完全竞争市场中交易费用为零的推断更是不可能实现的。因此,采用张五常的提法,企业不过是合约的一种,是用一种叫企业的长期合约替代了市场的一系列短期合约的方式来节省交易费用的结果。

得出以上结论后,我们就有了一个新的推断:如果存在一种不同于市场也不同于企业的合约形态,是否就可以代替企业和市场的资源配置的作用,或者是同时发挥两者的作用呢?很显然,答案就是基于智能合约的区块链经济(网络经济)形态中,可以用一种新的合约代替企业这种特殊的合约来完成资源配置的功能。也就是说,在传统的市场和企业理论中,企业就是解决市场交易费用问题的唯一答案,而在网络经济学中的智能合约,是一种比企业形态更好的市场机制。

从逻辑上看,区块链经济中的智能合约实际上从三个角度解决了合约的理性形态问题:第一,通过点对点的交易方式,能够实现扁平化和几乎零交易成本的逻辑,这是去中心化的经济形态天然的优势;第二,通过智能合约对共识机制的自动化,实现了市场契约的信任机制的建立,技术契约的保障效率远高于由法律制度保障的交易效率;第三,通过社群的机制,实现了网络价值的传递,在区块链社群里的传播效率远高于传统企业中的层级制的传播。因此,在网络经济或者区块链经济中,科斯定律失效了,未来的组织中企业就并不是必然的选择了。

最后，我们用合约理论以及网络经济的方式讨论数字经济学的价值，第6章讨论的数字经济学价值论就在产权理论的逻辑下获得了新的理论解释，也带给我们关于这个领域新的思考。

（1）网络经济本质上是分享经济，因此产权界定的范畴从占有为中心转移到以使用权为中心，这就是区块链对实体产业最大的改造会存在于分享经济的逻辑之中。在古典企业的讨论中，资产专用性是非常普遍的，与此同时包含在资产中的可挤占准租金问题带来了新的成本。可挤占准租金指代的是因为存在资产专用性在缔约之后敲诈的部分。而在数字经济的产权理论中，由于以使用权为主，因此不存在资产专用性问题，而智能合约则可解决挤占准租金问题。

（2）区块链经济的主体是网络组织（如 DAO），这个结构是同时拥有企业的管理属性和市场的交易属性的结构，因此讨论网络的价值必须从生态管理和市场效率两个维度讨论，管理学和经济学在这时取得了理论上的同一性。产权制度基础上人们之间的交换合作就是产权达成的合约，也就是合约构成了市场经济的主要内容。网络则提供了一种新的合约安排，兼具了企业和市场的属性。

（3）区块链经济需要对广义均衡理论和广义帕累托进行讨论，也就是网络经济的社会资本的利润来自企业家对结构洞的填补，来自创新和个性化对市场资源的再配置过程中产生的租值，而不来自企业资源的差异，或者是对某个特殊群体的压榨和剥削。

只有理解了这三个基本经济学逻辑，才能理解新经济生态中的主体，也就是基于智能合约的网络如何产生价值，才能推导出基于网络经济学的区块链经济的理论大厦。

以上就是关于智能合约对传统经济中关于产权理论基本逻辑的讨论。一方面，未来的数字经济中基于智能合约的网络组织才是资源配置的主体，而企业只不过是其中一种特殊的形态，区块链网络可能形成未来更具备优势的资源配置方案；另一方面，智能合约是基于网络经济学的，因此讨论它的经济价值需要建立不同于新古典经济学以及传统产权理论的思路。

12.3 制度变迁与数字经济

> 区块链技术不仅仅是企业组织变革的技术，也为建立一种更加去中心化的社会契约提供了一种可能性。

在讨论了企业层面的制度治理的安排以及经济学原理后，我们来深入分析制度变迁与数字经济之间的关系，并以区块链的社区治理机制为案例分析这一理论。

首先要理解的是传统的新古典经济学对现代制度经济的理论通常是忽视的，在构建经济模型时往往假设了清晰的产权、无摩擦的信息和几乎没有制度成本的交易。事实上，市场是作为唯一有效而合理的制度安排机制在新古典经济学中存在的，但实际情况是无论国家、社会还是企业都有其独特的制度安排，而这些制度安排的效率很大程度上决定了资源配置的效率和不同个体之间协同的交易成本，现实中是存在着各种不同于市场机制的制度安排的。换言之，任何一个社会都面临着不同的制度选择以及制度变迁的可能性，制度是社会成员所遵守的共同行为准则。它的目标是组织或者社群处理未来不确定性并增进组织效用的方法。从这个角度来说任何制度都可以提供特定属性的组织生态和服务，而任何制度安排都需要理解其内在的交易成本，尤其是制度变迁带来的成本。这是研究数字经济领域的制度变迁理论的内在逻辑——为了更有效的制度安排，需要通过技术手段降低交易费用，使得整个企业组织生态获得更高的效率和更低的成本。

其次要区分制度安排和制度结构的差异，并理解这两种方式在数字经济领域中的应用。制度安排就是约束人们特定行为模式和特定关系的行为准则，如家庭、企业、大学、政府等，包括正式的和非正式的安排。在数字经济领域中，各种类型的制度安排（如基于共享经济的无边界的组织、基于加密经济的分布式组织等）应用的领域，并且不同的技术范式与不同的制度安排之间是有深刻的内在联系的。制度结构则是一个社会中正式的和非正式的制度安排的总和，如数字经济领域中存在着中心式的与非中心式的制度结构，存在传统式的与智能化的制度结构。我们通常讨论的制度变迁指的是制度安排的变迁而不是制度结构的变迁，因为制度安排是为了使得整个组织生态带来更多收益的方式，而制度结构则是由于社会生态和技术范式带来的演化使得整个经济和社会机制带来结构性变化的方式。

我们可以把数字经济中由于技术范式变化带来的整体性变革理解为制度结构的内在演化，这种演化过程较为缓慢，迄今为止只有两次比较明显的结构变迁。第一次是互联网经济的崛起所带来的制度结构变迁，以硅谷企业为代表的产业组织生态及管理生态得到了全世界所有的互联网创业者的认可，扁平化的、以创新为中心的、以产品体验为目标的互联网组织安排成为了制度结构变迁的典型现象。第二次就是我们正在经历的，以共享经济、区块链经济为代表的算法经济带来的以效率和安全为核心，采用去中心化的分布式组织方式来构成整个组织的制度结构的底层逻辑。这一制度结构的变革迄今为止尚未结束，正在经历着共享经济的范畴扩大以及区块链经济正在逐步探索的阶段。毫无疑问，无论是哪种制度结构或者制度安排，它的底层逻辑就是安全和经济，任何的制度安排都要兼顾这两个要素。例如共享经济模式，如果只顾及经济规模的扩张而不顾及安全的底线，就会带来代价和风险，从而威胁到企业生存的根本。因此，我们在考虑由于数字技术带来的制度结构变迁时，尤其不能忽视安全性和经济性的协同。

最后以区块链的社区治理机制为案例分析制度变迁理论在数字经济领域的应用。区块链技术代表了数字经济时代中对于人们协作关系的变革，同时也推动了整个企业生态的变革。正如工业革命推动了社会从农业社会转向工业资本主义社会一样，区块链技术也不仅仅是企业组织变革的技术，也为建立一种更加去中心化的社会契约提供了一种可能性。下面从三个角度讨论这个问题：分布式账本与社会制度之间的关系、区块链经济的双重治理结构及区块链社区的自治生态。

（1）分布式账本与社会制度之间的关系。这是理解数字经济时代的技术与制度变迁的重点。账本的概念并不只是一个记录会计交易的工具，而是人们对某个事物或者事实达成共识时，所形成的契约的记录。账本通过记录契约各方的所有权、身份信息以及不同的状态，来确认在某个契约下合作各方的权利、义务以及产权安排等，从而形成了不同的社会协作关系，也导致了不同的经济制度安排。现代的复式记账技术就是现代资本主义经济的基础，正如2009年诺贝尔经济学奖获得者威廉姆森提出的，人们在市场、公司或者政府之间的生产和交换行为，取决于这些机构间交易成本的差异，而这种差异就取决于不同的机构管理账本的方式和效率，现代政府和企业的重要工作就是维护公民和员工的账本信息。而区块链提供的分布式账本技术，就为加密经济与数字经济提供了全新的记账技术，从而通过博弈论和激励设计的方式推动经济生态系统的演变。

这里要关注到的就是分布式账本实际上是用新的方式来记录产权

关系，由于任何社会都需要解决它的社会成员之间的利益冲突问题（也就是竞争问题），那么如何通过产权的界定来将权利分配给个人就是经济学要解决的问题。并不是区块链推动了公有制而否定了私有制，事实上公有制和私有制的差别在于公有制的所有者不能出售公有财产中属于他自己的股份，而在区块链经济下进行价值交换时是需要通过通证来进行交易的。产权的界定在区块链网络中仍然是非常核心的问题，产权本质上就是作为一种社会契约来帮助经济共同体形成理性预期，而区块链只是改变了这种产权关系的形成方式以及产权价值归属的制度安排。以往需要通过社会契约实现的产权安排，在区块链经济中通过技术契约实现；以往需要通过股份制的方式获得的收益安排，在区块链经济中通过通证经济实现。这是理解区块链形成的制度经济的基本逻辑，它仍然是市场机制下的产物而非乌托邦式的公有制的产物。

（2）区块链经济的双重治理结构。由于区块链提供的分布式账本构建的是一种去中心化、去信任、自治性、信息不可篡改的机制，我们需要对这样的社区进行管理，那么毫无疑问需要一种双重治理结构。一方面通过类似 PoW 这样的基于算法和算力的机制来确认账本中的所有权的归属，以及整体经济激励机制的生态。另一方面可以通过 PBFT 这样的投票机制来提升效率和社区的可控性，能够解决区块链生态中的分叉和性能等问题。

也就是说，通过区块链的技术机制可以建立一种兼顾效率、安全和性能的双重结构。其中，一个机构负责解决其中的安全问题，通过监督来保障治理体系内部的生态安全，避免整个生态在去中心化的过程中作恶；另一个机构则负责保障整个治理体系的效率和性能，通过技术生态保障效率达到最大化。这是一个去中心化的、基于投票机制与工作量证明机制的双重治理结构，这样的组织结构和制度安排有可能最大限度地发挥区块链技术的优势,构建一种更加安全和高效的经济生态。

(3)区块链社区的自治生态。它对银行、企业等组织的影响,以及如何监管和控制其中的风险,下面结合加密经济学来进行研究。一方面,现代资本主义制度是基于账本发展出来的,政府维护的是公民数据和相应权利的账本,企业维护的是基于雇佣和产权等资产的账本,银行维护的是社会中储蓄和投资相关的货币资产的账本,因此区块链的制度经济提供了一种全新的账本技术,从而提供了一种新的治理机制。另一方面,区块链的加密经济学提供了一种高度安全和无需信任的制度经济,也就是通过博弈和激励设计来推动技术契约的达成,从而发展出一整套符合数字经济逻辑的组织生态与治理结构。

区块链的制度经济带来的收益是显而易见的,但是其中的风险(如加密银行通过智能合约履行资金的交易环节)完全脱离了组织的监管和控制,对现有的经济秩序会有着非常大的冲击。区块链技术和商业生态的不成熟会让人们忽略一些显而易见的现实:高昂的维护成本、技术缓慢发展、激励设计的高度复杂性以及自发的智能合约带来的风险。我们对区块链对未来商业和社会的预期,都是基于对这个技术长期发展的考虑,但是眼下我们却要看到完全去中心化的技术所带来的社会和经济秩序的风险。

以上就是对区块链的制度经济学的初步研究,通过对分布式账本、双重治理结构以及加密制度经济学等话题的讨论可知,一方面,区块链技术带来的社会制度以及经济领域上可能的影响。其中的关键是要理解去中心化的技术并不一定带来完全去中心化的社会制度和契约,需要采取更加符合现实的社会逻辑。另一方面,完全依赖自动的技术契约所带来的社会风险,对过分强调技术至上主义要保持警惕。

总结一下,本章分三部分讨论了数字时代的制度经济学:经济与社会制度变迁、智能合约与科斯定律以及制度变迁与数字经济。其中最重要的是要理解技术、社会以及经济之间的关系，技术推动人们协作方式的变化，从而推动社会分工的变化，导致社会制度的演变。正如罗斯巴德在《人、经济与国家》中讨论的，所有的生产和交换行为都要建立在对"人"的理解上，而数字经济时代对制度的理解也要建立在对"人的行为"的理解上，技术至上主义在数字经济时代也并不是真理。只有掌握了安全和经济之间的平衡，以及在对制度结构内在逻辑的深刻把握的基础上，才能在数字经济的发展浪潮中找到对企业和社会发展最为合适的制度安排。

第13章

货币供需与通证经济生态

13

数字经济和现实经济生态之间的关联和差异决定了法币和通证的差异。

在讨论了数字时代制度经济学后，本章再次回到货币理论相关的主题。虽然第 11 章已经初步介绍了数字经济学的货币理论，也梳理了传统经济学的货币理论和奥派经济学的货币理论的基本观点，但是基于以下三个理由我们不得不对货币理论进行更深入研究。

（1）货币是现代经济和社会的基础设施，也是经济学中最具争议性的话题之一，无论是货币中立性的观点还是通货膨胀的基础理论都需要重新审视。

（2）传统经济领域的货币理论到了数字经济时代存在着理论上的不足，尤其是对货币供需、价格结构以及经济周期等主题的探讨，需要在数字经济领域重新进行梳理。

（3）在数字经济领域中，基于区块链技术的通证经济设计思想，需要基于货币制度和银行制度的研究进行分析，并基于经济生态设计的理论来探索一种新的制度安排。

基于以上原因，本章分三部分讨论货币供需与通证经济生态：货币供需与信用媒介、经济生态设计的原理、通证经济的商业逻辑。

13.1 货币供需与信用媒介

> 货币的最基本价值是使用和交换，这也是为什么数字经济生态需要建立起基于交换价值的通证生态。

货币供需与信用媒介的话题，也就是货币本质。正如奥派经济学理论强调的很多特点（如完全的自由经济秩序以及基于演化秩序的货币理论）在主流经济学中是被忽视的，然而在数字经济领域却拥有极大的价值。因为在数字经济发展中，并不存在政府或者其他机构对市场的扰乱，因此，奥派经济学理论中的货币秩序在数字经济的框架下也具备了其现实意义。不过我们也要去粗取精，避免对理论的生搬硬套，而是根据实际情况进行讨论。下面分三部分讨论：货币关系的价值、信用媒介的发行、银行信贷的扩张。

1. 货币关系的价值

货币关系相关的理论，也就是关于货币供需关系的理论。确切地说货币关系指的是货物、劳务之间的交换率，如果货币关系不变，就不会出现膨胀的（扩张状态）或者紧缩的（收缩状态）压力。本节重点分析通货膨胀的原因，因为这是奥派经济学者对货币理论的重要贡献，米塞斯认为通货膨胀通常是政府信用扩张的结果，并给出了三个分析维度。

（1）通货膨胀的政策必然会导致过度消费和错误投资，其本质就是浪费资本而损害将来的欲望满足。

（2）通货膨胀本身不会消除生产调整和资源配置的必要，而只是延缓这个过程并增加配置的困难。

（3）通货膨胀不可持续，其结果就是经济周期性的出现以及导致货币制度的崩溃。换言之，政府发行的货币通常是作为一种信用媒介，而政府采用增发信用媒介来做信用扩张的授予，这是通货膨胀的基本逻辑。

卡尔·波兰尼（Karl Polanyi）在《大转型：我们时代的政治和经济起源》一书中曾经提过19世纪人类文明的四大支柱，其中最重要的支柱就是基于国际金本位制度的货币体系，它象征和维系着世界经济的有效运转。他认为："金本位制的垮台几乎就是大灾难的全部原因和导火索。当金本位轰然崩溃之后，人们宁愿牺牲另外三大支柱，以挽救金本位制，结果是金本位制美元得救，其他三大支柱悉数毁灭！"这里面的逻辑就是不依赖商品的货币必然带来信用的扩张，而信用的扩张带来价格信号的失灵和市场调节机制的紊乱，最后带来的结果就是不断的金融危机以及国与国之间的巨大冲突。

2. 信用媒介的发行

信用媒介的发行，也就是货币效用。这里有必要强调货币与一般生产财货的不同：对于普通的生产财货，它的供给增加会增加消费者财货的供给，而在其他财货供给没有下降时，消费者财货供给的增加会有利于社会总体效用的提高；而对于货币，它并不能作为生产财货在生产流程中直接使用，货币总是出现在某个个体的现金余额之中，它只能用于交换。因此，当货币变少时货币单位的交换价值增加，当货币变多时货币单位的交换价值下降。按照大卫·休谟的理论，如果每个人早起都发觉自己的货币资产变成了原来的两倍，社会的财富并不会因此增加两倍，改变的只是货币单位，它已经被稀释了。简而言之，任一货币供给总是被最大程度地利用，因此增加货币供给不会产生任何社会效用。

基于以上的理论可知，奥派经济学者对银行学派和通货学派等经济学思想的反对，这些理论大致上认为通过限制利率或者主动信用扩张的方式能够对市场进行正向的引导和控制。按照罗斯巴德在《美国大萧条》中提到的奥地利经济学商业周期理论，货币扩张事实上同时推高了价格、压低了利率，而消费物价的上涨只是表现，货币扩张的主要弊端是对资本结构造成损害。人为压低利率会释放错误的信号，让那些原本看起来没有盈利空间的项目被企业家所关注并进行投资，从而导致资本的低效以及价格的普遍上涨。在这个过程中增加的只有信用媒介，而投入新企业的生产资料和劳动力必然以损害其他企业的生产资料和劳动力为代价，进而造成了虚假繁荣的泡沫经济。

简而言之，货币的效用就是：中央银行的宽松货币政策，启动了对资本财货部门的过度投资，将投资从消费财货部门转移出来，导致的结果就是资本品生存的扩张是以消费品生产的减少为代价，从而导致消费品价格上涨与消费受到限制的现象。正如罗斯巴德所说，生产过程总是比货币流通的过程更长，在生产过程完成之前物价就已经上涨了，这必然导致企业的成本提高和利润下降。因此，一旦银行为防止货币体系的崩溃而采取措施终止信用扩张，带来的就是企业生产规模的缩减和大规模的倒闭。

3. 银行信贷的扩张

研究银行信贷扩张与货币数量的关系也就是对中央银行体系的基本思考，这对理解通证经济中如何进行机制设计很有参考价值。目前的货币制度的主体是银行，而现代银行中最重要的两个机制是中央银行和部分储备的银行制度。正是由于这两个机制，违背了货币本质上是黄金的原则，商业银行在中央银行政策的指导下，通过扩张信用来干预市场，从而导致了企业的生产规模缩减和大规模倒闭的现象。当然，并非中央银行的干预动机就是负面的，而是因为中央银行不可能每时每刻都能找到最有利的货币政策。例如日本经济过去 20 年的持续衰退，尽管它采取了长期的货币扩张和低利率的政策，但是对实体经济的帮助毫无效果。因此，很多奥派经济学者认为确定 100% 的准备金制度、废除中央银行机制以及通过信用货币的私有化能够带来自由经济市场的秩序。

这里补充关于奥派经济学家德索托对现代会计原则的批判，尤其是对国际会计准则（International Accounting Standards, IAS）的批判。他认为 IAS 被不同国家纳入法律之后，意味着放弃了传统的审慎原则而带来了普遍的夸大账面价值的利益相关方的现象。因此，在投机泡沫中，就产生了一个基于会计账本的循环：不断增长的股票市值进入了账本，然而从账本中找到有利于股票增长的要素,从而进一步推动了股价。德索托认为,新的国际会计准则相比传统会计准则的区别就在于,根据更加主观的标准来评估企业的估值,从而带来了纵容凭空创造的会计价值的行为,金融市场风险增大。

正因为以上的现象,四大会计事务所都在通过区块链技术来推动会计行业的主动变革,具体变革的措施如下:安永(EY)在2018年4月推出了"区块链分析器",帮助其审计团队对区块链上的交易进行审查,推动区块链资产、负债和智能合约的自动审计的发展;毕马威(KPMG)则在2016年推出了"数字账簿服务"计划来推动金融服务公司调查区块链应用,并与微软公司合作"区块链节点"计划的落实;普华永道(PwC)在2017年12月开始接受比特币,并在2018年4月,宣布了它的第一个广泛发布的区块链审计服务;德勤(DTT)在2014年就推出了区块链一站式软件平台Rubix,并且在2018年8月与新加坡金融管理局(MAS)合作推动新加坡央行和新交所创建"券款对付结算"服务(能够在不同区块链平台上结算代币化资产)。这些都是区块链在会计领域中的应用,也是数字经济逐步改变现有金融规则的表现。

基于以上分析可知,奥派经济学者所推崇的自由经济市场的秩序,对中央银行制度的反对以及对现代会计准则的批判。这些理论在数字经济领域带给我们三点启发。

(1)货币的使用和交换价值是其最基本的价值,因此在数字经济生态里需要建立起基于交换价值的通证生态。

(2)人为的通货膨胀会带来损害,因此需要依赖自由经济市场的秩序竞争货币的发行权,放在数字经济生态中就是不同生态系统的通证各自具备的价值取决于其背后的生态系统的真实产品和服务。

(3)分布式账本的机制提供了一种不同于传统会计准则的商业逻

辑，可以有效避免对网络企业组织过高的估值。

13.2 经济生态设计的原理

> 在一个数字经济生态中，要衡量其包括物质价值、社会价值和精神价值的总体。

在讨论了货币需求和信用价值后，本节讨论经济生态设计的原理。希望通过这部分的研究为读者带来以下三方面的收益。

（1）理解货币带来的资本要素的重新分配的底层逻辑并进行梳理，从而能够理解整个人类经济系统正在经历的全球性的金融资本主义的变化。

（2）通过传统经济生态设计的理解，对数字生态系统设计的原理进行进一步掌握，从而能够理解数字生态系统的基本逻辑，理解在数字化的经济生态中如何构建好的经济系统。

（3）在区块链网络中构建基于通证的经济生态系统奠定理论基础，也就是很多研究者关注的区块链的通证经济设计问题。

本节从三个角度讨论经济生态设计的原理：产业分工体系和产业发展、价格体系和资源配置体系以及收入和财富分配体系。

首先从产业分工体系和产业发展角度来讨论，产业分工体系就是产业价值链结构或价值链体系。关于数字经济学的价值论问题，反映到经济生态上就是对产业价值的总体评估。目前经济学上所采用的国民收入核算体系或国内生产总值的度量体系，仅仅能够衡量经济价值的一部分，很多其他相关的价值是无法衡量的。具体来说，在一个数字经济生态中，要衡量其包括物质价值、社会价值和精神价值的总体。物质价值就是其商业的总体收益等会计指标可以体现出来的价值，这是最容易理解和分析的价值模块。社会价值就是数字经济生态所在的领域,对用户来说能否提供给他们更好的服务和体验,构建一个完整和健康的生态,解决用户的真实需求,这部分就与生态所处的行业以及用户特质直接相关。精神价值就是数字经济生态所赋予的社群共识和文化,对于用户来说赋予其生活的价值和意义,如很多社群产品就具备很高的精神价值的属性。

其次从价格体系和资源配置体系角度来讨论,在商业生态中很重要的概念就是价值链的概念,价值链中的角色实际上就决定了整个产业生态的价格体系和资源配置体系。现代企业理论对价值链的研究分为两部分。一部分是对产业或者企业内部价值链的整合,也就是对产业内部分工的深化和细化。技术进步和技术创新最重要的作用就是改变产业的价值链,从而改变企业或者组织的层级结构,从而推动企业组织纵向和横向的改变。另一部分是对价值链生态的研究,可提升产业链生态效率。也就是通过技术推动某些环节的效能提升,从而带动产业的价值论整体效率的提升。简而言之,通过价值链的重塑来推动价格体系和资源配置体系的重构,这是区块链网络组织最重要的目标和工作之一。

最后从收入和财富分配体系角度来讨论,很显然处于价值链高端的生态里的企业组织或者参与方将拥有整个网络的话语权和决定权,同时也拥有数字经济生态里的定价权、资源配置权和收入分配权。在传统企业组织生态中,价值论高端的企业主导整个产业链的价格结构和分配体系,通过合约分包来推动竞争力的提高,能够最大限度地压低价值论中其他竞争者的产品和服务的价格,从而获得超额利润,这是从生态角度来看待的。把这个逻辑放在数字经济生态的竞争中,数字经济中的生态竞争是垄断竞争式的,在某个单一领域必然只有唯一的胜出者,且会出现生态扩散的现象。

另外,区块链网络组织改变了整个商业生态的分配逻辑,也就改变了工业时代的企业组织以股东价值最大化（市值最大化）为核心的企业理念。工业革命和现代产业资本主义带来的是现代企业内部治理结构的革命，其中主要包括四个层面：资本市场的金融革命、企业所有权和经营权的分离、职业经理人制度的兴起以及企业内部组织结构的层级化和官僚化。正是由于工业经济时代的高度集中的企业管理和控制的模式，带来了管理者目标最大化的商业生态，管理者的目标主要是基于自身的金钱利益、员工利益、股东利益、顾客诉求等。相对应的在数字经济生态中的设计则出现了新的变化，如在区块链网络中的共识机制就抛弃了传统股权激励的方式，由于股权需要金融机构中介的参与且利益相关方是投资者而非消费者，因此其对企业自身生态的建设是间接的而非直接的。而区块链网络中通过通证机制重新安排收益的分配是一个有突破价值的逻辑，是对整个工业经济中的收入和财富分配的逻辑进行变革，如何推动其在数字经济生态中合法合规地生长是目前面临的风险和挑战。

以上就是对经济生态设计相关主题的研究，本章从三个角度讨论了该话题：产业分工体系和产业发展、价格体系和资源配置体系以及收入和财富分配体系。同时，通过宏观和微观两个角度对这些内容进行分析，更加透彻地理解了数字经济生态的设计理念与传统工业经济生态的设计理念的差异。

13.3　通证经济的商业逻辑

> 区块链技术极大地拓展了数字资产的边界，以数字资产的流通性推动现有商业生态的演化。

关于通证经济相关的主题在 7.1 节已经讨论过一部分内容，主要是基于通证作为数字经济学中的广义货币理论的应用。下面结合本节的内容以及区块链技术的应用实践来讨论通证经济的设计思想,即从如何通过通证经济对现实世界和经济运行活动提供支持的维度来理解。基于这个维度讨论三方面内容:通证经济的跨界思想、通证经济与货币理论以及通证经济的设计思想。

1. 通证经济的跨界思想

通证经济的跨界思想,即如何通过通证经济实际推进实体经济或者传统互联网经济的优化。就好像奥派的理论很难在实践中完全实现,其中重要原因是完全彻底地颠覆现有的经济秩序的想法不切实际。任何一个国家或者政府都不会放弃现有的对经济的掌控,而且完全自由秩序的经济也并不符合大多数国家的现实情况。因此,关于区块链的通证经济的应用,也不能完全脱离实际的考虑。一个纯粹的数字化生存的世界,是一种来源于极客思维的开源运动的思想,但是并不完全适合现实中的经济发展规律。我们应该通过一种跨界的混合制改良的思维研究通证经济。一方面以去中心化的技术机制去中介,提升整体经济运行的效率,降低企业的交易费用。通过区块链技术的价值网络的能力,帮助实体经济活动实现变革。另一方面,通过完全去中心的应用,改变现有数字经济生态里的应用范式和竞争生态(主要指的是互联网应用),也就是去中心化应用(DApp)的模式,这样可以打破现有的垄断竞争生态,推动整个数字经济生态的发展。

简而言之,区块链技术最大限度地扩大了数字资产的边界,通过数字资产的流通性来推动现有商业生态的演化。一方面通过区块链技术提供数字证明,最大限度地保证了数字资产的真实性和客观存在性,也就是提供算法信用。另一方面,通过数字通证的价值流通,以使用权为核心来提供相应的产品和服务的数字权益的流通。这个流通的本质依赖现有的产品和服务,以及相关区块链网络所提供的不同生态的应用场景,也就是商业信用。我们不能把这两部分价值混淆,更不能以"数字货币"的概念简单理解。

2. 通证经济与货币理论

通证经济与货币理论主要关注的是货币性质与通证之间的关系问题。货币作为交换媒介的性质,实际上是由两部分的需求构成的:一部分是想用它消费和生产的需求;另一部分是用它作为交换媒介的需求。因此,一个交换媒介的交换价值,也就是货币的购买力应该是这两部分需求相加的结果。米塞斯用回归定律说明了,作为工业目的而需求的那种财货的货币需求的出现,是受到其交换价值影响的。因此,货币购买力也跟其他一切财货和劳务一样,是由需求和供给所决定的。传统的货币理论则认为货币的增长能在不影响相对价格的情况下自动将物价水平提高相应的百分比,而事实上货币量的增长会降低单位货币的购买力,也会不可避免地改变相对收入和价格结构。

在这个逻辑下,通证与货币理论有关的三个性质如下。

(1)货币价值取决于供需关系,无论是作为消费和生产的通证,还是作为交换作用的通证,是价值都取决于数字生态中的供需关系。正因为如此,简单地将通证等同于数字货币甚至法币是不现实的,因为在现实经济体中大多数通证并没有产生实际的需求,更不具备与法币同样的价值。我们要考虑的是如何让通证逐步成为区块链网络内部的具备使用价值和交换价值的信用媒介,并通过这个方式改变传统企业组织生态的基本逻辑和边界,而不是通过其股权属性进行快速的数字资产证券化,这就违背了整个生态设计的初衷。

(2)货币本身的功用来自个体对获取货币价值得到的利益以及预期,而货币最重要的属性之一就在于其流通性,因此并不存在中立的货币或者购买力稳定的货币，也就是静态的货币理论应该被动态的货币理论所替代，货币既不是中立的也不是购买力稳定的，因此米塞斯提倡用自由银行制度实现完全 100% 的准备金制度。而放在通证经济理论中思考，一方面通过货币政策去推动自由经济秩序的弊端，如何让通证获得其使用价值和交换价值才是关键，也就是创造通证使用的场景；另一方面将通证价值与商品和服务联系起来，才是使得通证在网络内具备流通性的关键。

（3）货币的功用取决于其购买力，由于市场运作趋向于把货币购买力的最后情况决定在货币供需达到一致时的高度，所以货币绝不会过多或者不够，每个人和所有人都充分享受间接交换和使用货币的利益，与货币总量的大小没有关系。换言之，货币的购买力变动引起了社会财富的重新分配，在经济系统中可使用的货币量总是足够使得每个人获取所需要的商品以达成供需的动态平衡。对于通证经济中的通证流通机制来说，理解货币原理的基本逻辑的意义：第一，追求稳定货币机制的方法论意义并不大，尤其是通过主动的货币政策干预市场反倒会带来通货膨胀的现象；第二，货币政策的关键在于是谁来推动货币价值的波动，是制定货币政策的网络组织的管理者，还是网络中每个个体的自由选择。原则上应该尽量建立一种自由波动的货币秩序，管理者应该为生态的价值流通提供基础设施而不是实施过度干预的政策。

需要补充的是关于区块链领域的证券型通证发行（Security Token Offering, STO），这是数字金融领域近期讨论的一个重要话题，也是基于通证的逻辑理解数字资产的一个重要视角。这个话题不仅引发了区块链行业人士的关注，也引发了传统金融行业的关注。不同于比特币在数字黄金方向上的尝试，STO 提供了一种传统金融进行变革的路径，即将证券变为数字通证，即证券型通证（securities tokens）的存在。证券型通证就是代表相关资产或者证券所有权的数字通证,这些通证背后是现实中的证券,例如公共股权、私募股权、房地产、交易基金等。按照很多行业人士的看法,预计到2025年,大多数加密经济中的数字资产,都将成为证券型通证。很多国家也在尝试这个领域的创新,如澳大利亚证券交易所(ASX)通过建立自己的私有链来为澳大利亚的公共股票市场提供通证化的证券。

我们之前讨论的通证更多的是功能性通证,即基于使用权的通证经济,而STO则是证券型通证,即代表区块链组织的所有权、分红权、投票权等。按照目前美国和欧洲的标准,大多数通证都有被认定是证券的可能,即通证逐渐成为一种置于金融系统的数字资产机制。在被认定为证券的前提下,区块链组织就能通过证券注册的方案来实现募资从而接受金融机构的监管。按照数字金融领域专家的看法,STO之所以会被区块链组织所广泛接受,重要的原因是不采取STO的方式就会面临巨大的监管成本以及竞争劣势。

事实上,证券型通证最大的价值就在于其可编程性,这是数字资产最本质的属性。通过数字资产的可编程性,算法和软件可以逐步代替人工的作用,完成从支付股息的简单操作到复杂证券的交易行为(如可转换债券等金融衍生品的设计和交易)。由于证券型通证是基于智能合约的,因此这类交易是完全自动执行的,一方面提升了整个交易的效率,另一方面也使得证券金融的监管变得积极主动,从而消除了复杂的法律制度安排带来的交易成本。当然,证券型通证还能带来一个显而易见的收益,就是真正实现"金钱永不眠",由于用数字证券代替了传统证券,使得基于区块链网络的交易可以实现7×24小时的交易和结算,也就是说实时交易将成为真正的现实,而不是现在主导金融市场的 $T+1$ 或者 $T+2$ 等结算机制。

尽管存在着这么多好处，但是对于金融体系发展时间长且金融监管较为成熟的市场来说，证券型通证是一个更具备现实意义的选择，反之则并不是。由于其本质还是证券，所有关于 STO 的监管核心还是在企业融资效率和投资人利益保护之间寻找平衡。根据美国证券交易委员会（SEC）的政策，它不会为了证券众筹或者私募等形式改变现有的证券定义，因此需要 STO 通过豪威测试（Howey test）验证其证券属性，如果通过测试，其才能成为证券的标准。对于我国更加严格的金融监管体系，STO 可能很难在短时间内被认可成为一种正式的证券形式，因为任何一种金融创新，无论是否有技术的变革，都取决于相配套的制度性安排，这是 STO 未来趋势的基本逻辑。

3. 通证经济的设计思想

基于以上内容，可以得到关于通证经济设计最重要的一些思想。

（1）通证价值的思想与货币理论之间有着密切的联系，在不考虑与法币之间的直接关系的前提下，需要基于交换价值的理论来考虑通证的生态。基于使用权的通证不仅会改变生态的产权基础，也会改变整个生态的收入分配的机制，这是区块链网络中最重要的创新之一。从数字经济发展历史上的案例看，基于互联网的社区形态和技术的发展，已经使得开放式组织成为了共识，其基础不仅在于互联网信息传递的空间的无边界性，也在于随着信息传递即时性的增强，群体之间的实时沟通和协调效率的提升。但是迄今为止，开放式组织的激励问题仍然没有得到解决，而通证经济则是对于这一部分问题的重要解决方案，即如何通过激励相容的设计来对区块链网络组织中的各方利益进行安排。

（2）通过货币政策本身刺激增长无疑是缘木求鱼的做法，真正有价值的是通过对生态系统内部价值的构建从而使得通证获得价值。与货币一样，通证不会直接用来消费和生产，而是用于其中的交换过程。因此如何创造更多的场景促进人们去交换是核心,而不是试图通过通证的股权属性吸引用户使用。根据机制设计理论,由于在市场经济中每个理性人都有自利的一面,因此好的制度安排需要将追求个人利益的行为与企业需要实现的集体价值契合,通过个人利益与企业利益的最大化契合,才能推动生产关系的变化。显然,过度的刺激经济需求而忽视了其背后的企业长期发展的价值诉求,并不满足这样的条件,也不是理性的制度设计安排。

(3)通证经济中无论是分配、治理还是主动管理通证的价值,都是一系列干预政策的体现,相对应的奥派经济学者会认为自由经济直选下的生态中管理者只负责对商品、劳务和基本的契约进行管理,而不是对通证价值本身进行管理。数字经济生态毫无疑问具备更大的自由度,需要在治理制度的效率和公平之间找到合适的平衡点。数字经济领域的创新往往始于某个开源项目,这些项目大多数是无明确生产目标和不讲求效率的创新,而区块链技术则试图通过激励相容的算法规则和制度安排,明确规定了参与各方的收益从而调动社区参与者的积极性,使得分布式组织能够在无管理的状态下进行高效率的协同。

以上就是基于货币供需以及经济生态设计的理论,对通证经济设计的一些思考。一方面,数字经济和现实经济生态之间的关联和差异决定了法币和通证的差异,不能只关注技术创新带来的收益而无视其带来的风险,任何制度安排都需要考虑安全和风险两个因素。

另一方面,货币政策相关的理论对通证经济的参考价值是理解整个数字经济生态的关键所在,也是未来趋势中关于数字技术带来的制度性红利的一个重要研究领域。由于通证本身的内涵和价值正在不断演变过程中,通过不断迭代这部分的内容来适应数字经济生态快速的变化,创新需要时间周期来实践,以及不断地进行改良来适应时代的要求。

总结一下，本章分三部分讨论了货币供需与通证经济生态：货币供需与信用媒介、经济生态设计的原理、通证经济的商业逻辑。理解货币供需与信用媒介可以帮助我们理解数字经济生态的货币思想的来源和信用媒介的本质；理解经济生态设计的原理能够帮助我们从宏观和微观两个角度理解数字经济生态对传统生态的改变，以及如何进行经济生态设计的基本逻辑；理解通证经济的商业生态则需要对通证的本质进行分析，并对塑造通证经济的原则和理念有更深的思考。

第14章

数字经济学视角的资本论

金融资本对数字经济领域的技术创新的影响十分复杂，这是因为资本市场通过优化资源配置促进企业创新和经济增长，同时也会引起企业短期压力过高，并带来诸如短视和投机行为等负外部性。

在讨论了数字经济学的货币理论以及制度经济学之后，我们需要对数字经济中的资本问题进行探讨。讨论资本的逻辑有三个主要原因。

（1）货币信用与资本之间存在着非常重要的联系，尤其是目前所面临的全球金融资本主义的经济环境，这是区块链技术产生的背景，也是整个数字经济商业启蒙运动的背景。我们需要从历史渊源和学术逻辑上分析目前的全球资本主义发展的现状，以及数字经济时代的资本主义的新思想。

（2）租值的概念，实际上也涉及复杂性经济范式中的社会资本的概念，如何理解社会资本的理论以及异质资本，这是非常重要的维度。正是由于同质化资本的理念以及传统金融资本的扩张导致了金融危机的出现，也导致了全球收入分配不平等以及货币信用盲目扩张等一系列问题。奥派的理论对这个领域的问题进行了较为深入的探讨，尤其是对资本和货币的认知更具备解释力。

（3）讨论网络组织中的创新就不可避免地涉及资本的结构问题，理解结构洞的概念有助于我们理解整个网络创新的基本原理，以及创新理论的基础。我们要在这个概念上建立起基于数字经济的资本理论的基本框架，也建立起理解数字经济领域的创新和经济发展的基本逻辑。

基于以上判断，本章从三方面讨论数字经济学视角的资本论问题：两个剑桥之争与复杂性范式、奥派资本论、数字经济资本论与创新。

14.1 两个剑桥之争与复杂性范式

> 他们赢得了辩论却输掉了经济学界的话语权。

经济学发展历史上著名的一段公案——两个剑桥之争（又称剑桥资本争论），是后凯恩斯学派中两个主要学派（新古典综合派和新剑桥学派）之间关于凯恩斯主义的主要问题的论争。这个事件既涉及经济学历史上的重大争论和转型，也涉及统治资本和异质资本的关系，尤其是如何从异质资本角度理解资本结构，以及如何通过复杂性经济范式而非新古典经济范式理解真实世界的经济学。我们一直强调的一个观点是，不要割裂新的经济学研究与经济学思想历史发展之间的联系，要从这种联系中找到解决新的问题的方法。而两个剑桥之争的历史就是对资本论以及收入分配理论的经济学思想史上的重大争论，虽然现在很多人都不了解，但是对于经济学研究者来说，需要理解这段历史背后的演进逻辑。

两个剑桥之争的历史，是以美国麻省理工学院教授保罗·萨缪尔森、詹姆士·托宾（James Tobin）、赫苏斯·韦尔塔·德索托为代表的新古典综合派和以英国剑桥大学教授琼·罗宾逊（Joan Robinson）、尼古拉斯·卡尔多、皮耶罗·斯拉法（Piero Sraffa）及意大利学者卢伊季·帕西内蒂（Luigi Pasinetti）为代表的新剑桥学派之间的争论，虽然前面几位在中国更有名（尤其是萨缪尔森），实际上后面几位的成就丝毫不低于前面几位，比如琼·罗宾逊是世界级经济学家中唯一的女性，她创立了垄断竞争理论，发展和补充了凯恩斯理论以及创立新资本积累理论，是凯恩斯学派的代表人物，也被认为是当代最伟大的经济学家之一。

在两个剑桥之争中，前者将凯恩斯经济学与新古典经济理论相结合，强调技术关系在经济变量中的决定性作用，其核心观点是物品的定价和生产要素的定价体系由最大化目标的经济行为者的供给和需求所决定，这也是新古典经济学的核心。后者则秉承了古典剩余经济的社会关系分析传统，强调社会经济关系（所有权与经济制度）在经济变量中的最终作用，试图建立一个以客观价值理论为基础，以分配理论为中心的理论体系，并基于此讨论和制定新的社会制度，以改变资本主义现存分配制度调节失业与通货膨胀的矛盾，这就是新剑桥学派。

在两个学派之争中，二者都认为自己是凯恩斯学派的代表，只不过两派有着根本的分歧，主要体现在以下两方面。

（1）以萨缪尔森为代表的新古典综合派继承了马歇尔和瓦尔拉斯的一般均衡观念，强调经济系统的均衡以及稳定性，认为资本主义经济是一种一般均衡的制度，均衡理论可以理解为新古典综合派的基本分析方法。而新剑桥学派则认为凯恩斯的《就业、利息和货币通论》主要论点就是打破均衡的束缚考虑现实生活的特性，即"过去是不能召回的，未来是不能确知的"，也就是现实生活中的行为是存在信息缺乏的不确定性的，经济生活很大部分都是根据公认管理来处理的。简而言之，从方法论上新剑桥学派强调了资本主义在经济分析中的不确定性、现实复杂性和历史制度等因素，比新古典综合派更接近现实，而不是像一般均衡体系那样只注重美感。

（2）新古典综合派用微观的生产要素供给和市场分析来填补凯恩斯经济学中的缺失，也就凑成了一种奇怪的宏观-微观理论，这就是为什么新古典综合派被新剑桥学派认为是混合杂糅的经济理论的原因，因为这个方式已经回到了凯恩斯之前的传统中，完全破坏了凯恩斯理论体系的完整性。而新剑桥学派则认为凯恩斯缺乏的是价值理论和分配理论，因此需要回到李嘉图等古典经济学家的理论去构建一种基于客观价值理论的经济学。简而言之，新剑桥学派指出资本主义社会的收入分配不均，关注到了经济增长过程中的收入分配问题，这也是现在世界经济保守化和全球化退潮的重要原因。新古典综合派在理论体系中的方法论的错误：试图将均衡模型或均衡观与历史模型或历史观混为一谈。新剑桥学派又指出，实际上这两种对立的方法论观念是互不相容的。

（3）从资本概念理解的角度来说，新古典综合派指的是实物资本，但是却没有考虑生产函数中所使用的资本计量问题，而新剑桥学派认为存在着多种资本计量方式，在理论上唯一行得通的方式就是与新剑桥学派的劳动工资成本加上利润加价决定价格的这种价值论相一致的方法，即在把资本看作过去积累的劳动的同时，以斯拉法提出的"还原为有时期的劳动量"为单位计算资本量。但是这样一来，就必须承认资本的生产性实际上是劳动的生产性的反映，只有劳动在创造产量和财富，而资本只是过去劳动积累的生产辅助手段，同时，就不存在资本的生产力和资本的边际生产力了。所以，在唯一可行的资本计量标准下，新古典综合派的生产函数及分配和增长理论便会破产。

以上就是对两个剑桥之争这一经济学历史上重要的论战的回顾，遗憾的是，虽然新剑桥学派事实上取得了论战的胜利，但是在几位学者去世之后，他们的理论再无人提及，他们赢得了辩论却输掉了经济学界的话语权。然而，值得注意的是，真实经济运行的状态却没有像赢家那样预期，新古典经济学对真实世界的解释力也受到了极大挑战，这也是对数字经济领域进行研究和讨论的基本原因，即试图建立一种更接近真实经济世界的经济学解决框架，而且是针对数字经济这一独特的创新的经济领域。

14.2 奥派资本论

> 经济学是沿着数学阻力最小的方向前进的，这种惯性化思维导致了主流经济学的崩溃和不合时宜，但奥派却恰恰相反，他们看重"人"。

在讨论了两个剑桥之争之后，我们了解了新古典经济学虽然在经济学领域占领了主导的地位，但是长久以来的理论危机一直存在，而且也从来未曾彻底解决过。然而我们要注意到的是，上述争论是后凯恩斯两个主要学派之间的一次争论，最后的结果是新古典综合派在事实上获得了成功（新剑桥学派在理论上虽然赢下来了但事实上却消失了）。凯恩斯理论已经成为主流宏观经济学的一部分，也是政府干预经济的重要依据。本节主要讨论奥派经济学的资本论，尤其是基于人的行动所推导出来的关于资本与利息以及资本结构的异质化思想。

首先，讨论基于人类行动学的资本论的思想，这是米塞斯的研究成果。对于行动人来说，时间与人的行动密不可分，不可能设想出不发生在时间里的行动。一个行动可以通过两种方式获得更大的主观价值。一是使得行动人能够实现在他在主观上认为更有价值的结果，而且这些结果不可能通过更短时间的人的行动来实现；二是使得行动人更方便地实现更多的结果，超过了通过更短时间的人的行动可能实现的结果。换言之，人的行动过程持续的时间越长，它们所实现的价值越大，恰好是一定长度的时间将行动人与目标进行了隔离。而在这个过程中，行动人就产生了时间偏好的现象，也就是每个个体都更愿意尽可能满足自身的需要，当前物品总比未来物品更具备主观价值。而在每个行动过程的中间阶段，每个行动过程都可以定义为资本品，也就是对特定行动过程的每个中间阶段从主观上予以无纸化的生产要素。资本品来源于三个要素的结合，即自然资源、劳动和时间；而资本则是资本品的市场价值的体现，即行动人对资本品的市场价格的主观评估。

其次，讨论奥派经济学者庞巴维克的贡献，他是门格尔理论的追随者，也是另一位奥派经济学者维克塞尔的至交。他的最重要著作是《利息与价格》，在书中他详细地回顾了有关利息问题的争论，从亚里士多德时代的借贷行为到中世纪教会的高利贷业务，直到19世纪晚期由马克思的剩余价值理论和其他社会主义者的论断所引起的一系列争论。他在书中提到的关于利息增长的理论有三个因素，都与时间有关，两个源于人类心理，一个源于生产率。庞巴维克把前者总结为拥有现在才能考虑其他替代选择和未来（熊彼特），把后者总结为迂回生产更具备效率。而后继者费雪则在《利息理论》中继承和发展了他的理论，将三个因素总结为一个心理因素，他认为人们宁愿现在获得财富也不愿将来获得财富的不耐心情或时间偏好是利息理论的基础，即利息是"人性不耐"的结果。人性不耐是指人性具有偏好现在就可提供收入的资本财富，而不耐心等待将来才能提供收入的资本财富的心理。在研究过程中，庞巴维克把资本理解为作为物品的手段的产品组以及中间产品的集合，这个理念后来被拉赫曼继承发扬用于处理异质资本相关理论。

最后，讨论拉赫曼的贡献，他继承了庞巴维克的部分理论思想，不过他认为庞巴维克的模型本质上是宏观经济模型，不能为真正的奥派资本论提供一个充分的基础。在拉赫曼《资本及其结构》一书中，值得注意的是三个基本的观点，这三个观点构成了奥派资本论的重要要素。

（1）庞巴维克理论存在着重要缺陷，尤其是对平均生产周期长度的讨论，这对经济世界的多样性是有曲解的，因此需要从基本层面把资本结构作为主要研究对象，即从生产计划的制订和执行的微观层面着手研究奥地利经济学派资本论。值得注意的是，庞巴维克坚持使用生活资金（subsistence fund）的概念讨论资本品，也就是通过在长短不等的生产过程中做出选择时，人们用减少的直接消费来评价这些生产过程的预期牺牲。生活资金的概念不仅是庞巴维克资本论的核心，而且也是他的思想中最基本的奥派成分，同时他对前瞻性和跨时期决策的关注被压缩到这一概念中了。

（2）奥派的基本理论是承认商品和服务的多样性，也就是承认了资本不同质（异质资本的存在），而异质资本的存在就是资本结构理论的基础。拉赫曼认为庞巴维克只是为了提出利息理论而应用了资本结构理论，但是实际上这个理论的核心是使资本结构的形态、秩序和一致性能够用人的行动进行解释。承认异质资本的存在也就承认了企业家的作用，因为企业家决定了异质资本的配置，而利润的大小是在稳定均衡状态下出现的（实际上是不存在这样的均衡），因此利润本身是通过资本的动态配置获得的非均衡状态下的收益。

（3）基于资本不同质的模型，即异质资本的模型，市场是这样运转的：在商品市场中，有着自己资本组合的每个企业都处于非均衡状态，并通过这种情况下的行动对资本结构进行不断调整、做出贡献。每个企业的特殊之处在于不停地对知识流的不同解释，在于不同企业家为自己的具体资本组合找到合适的表现方式，资本组合结构不断改变，从而带来了新的投资对市场的推动。而社会资本结构就是所有资本的综合，基于市场过程理论带来的竞争性和秩序的动态性，不适合现有组合的资本品就会被淘汰，适合发展的资本品就会继续演化，是企业家的决策而不是边际效用推动了异质资本的重组，从而适应了现在和未来预期的变化、成本和收益的变化以及市场的变化，这就是异质资本和市场过程理论推导下的奥派资本论的实质。

总结一下，奥派资本论通过将社会资本结构与资本组合之间的关系当作宏观经济量和微观经济量的关系。也就是企业家通过不同资本组合推动社会资本结构的演变，而凯恩斯的资本理论基础是边际资本效率的提高，即把所有资本都当作同质性资本看待。凯恩斯主义认为 GDP 是目的，人的行为（投资、消费以及出口）是手段，这就是同质化资本理论的自然推导。按照这个理论每个人都是经济增长的奴隶和手段，经济学也成为了数学应用的奴隶。主流经济学家都在研究如何通过更加精妙的模型推动经济数据的增长，而忘记了人的行为和需求，尤其是差异化的需求才是经济增长的目标。

正如保罗·克鲁格曼所说："经济学是沿着数学阻力最小的方向前进的。"这种惯性化思维导致了主流经济学的崩溃和不合时宜，而奥派的理论从人的行为出发，是目前对市场经济理解最透彻的理论体系。而数字经济学中关于资本理论的构建，则是建构在奥派经济学的理论思想中的，尤其是关于异质资本以及时间偏好主观价值论方面，构成了理解网络经济资本的重要基础。

14.3　数字经济资本论与创新

> 社会资本是资本的三种基本形态之一（另外两种是经济资本和文化资本），它是一种通过对体制化关系网络的占有而获取的、实际的或潜在的资源的集合体。

在讨论完奥派中以人的行动为核心的资本论后，我们理解了数字经济资本论的思想基础之一，就是异质化资本的概念以及结构洞网络的内在逻辑。本节重点介绍社会资本理论的发展，一方面，因为社会资本理论的概念是定义数字经济学与其他领域的资本论最大的基础差异之一，强调了人与人相互关系的作用。另一方面，社会资本理论发展出来的关于结构洞的理论也是解释网络经济的资本结构的重要理论基础。因此，本节会特别介绍社会资本相关的基本概念与发展情况，并会对其在网络经济相关的领域应用进行简单介绍。

除此之外，本节会介绍金融资本与企业技术创新之间的关系，这里涉及对虚拟经济（金融）与数字经济（创新）两个课题的交叉研究。限于篇幅，本节主要讨论金融资本与技术创新分析的基本框架，回答三个基本问题：第一，金融资本如何激励数字经济领域的企业进行创新；第二，数字经济领域的创新如何在金融领域发挥作用；第三，如何理解企业创新的金融逻辑。理解了这部分内容，就能够建立起金融和技术创新之间的内在联系，也就对数字经济视角的资本论有了更为深刻的认知。

首先，讨论资本主义经济制度的特质。大概可以总结为三个：①经济活动所依赖的生产资料为个人私有，私有产权制度是资本主义经济制度的基石；②企业组织的生产活动的主要动机是追求利润最大化或者股东价值的最大化；③经济生产经营活动的协调主要依赖市场竞争的价格信号，尤其是金融市场的价格信号以及货币信用的融通。也就是说，货币和信用创造是资本主义经济制度的核心特征，而目前我们正处于全球金融资本主义的时代。按照经济学家向松祚在其著作《新资本论》中的理解，全球金融资本主义包含了以下三个特质：①当代人类经济体系是以私有产权和市场竞争为基本运行规则的体系；②当代人类经济体系是一个全球化的经济体系，也就是全球化的配置资源、产业分工以及全球化的资本市场；③当代人类经济体系是一个金融市场和金融资产价格主导和支配的体系，因此全球化的金融资本是最重要的经济要素，也是造成全球化经济危机的根源。

全球金融资本主义是建立在商业资本主义和工业资本主义的基础上的，传统经济形态和市场交换模式是整个经济学的起点。商业资本主义是由商业资本家来主导各国的资源配置、收入分配和价格体系；而工业资本主义则是由工业资本主导资源配置、收入分配和价格体系。到了金融资本时代，则由金融资本主导商业资本和产业资本，金融资本家开始成为上述几个要素的支配者。到了全球金融资本时代，跨国企业和金融机构则成为了主导全球产业分工体系、资源配置、价格体系以及各国宏观经济政策的主导者。这个过程的起点是1971年的布雷顿森林体系解体导致的无锚定货币体系的产生，内在逻辑则是全球的自由化市场政策导致的竞争以及分工现象，主要动力则在于现代金融产生的复杂金融产品以及信息技术的发展，这就是导致2008年迄今为止的全球金融危机背后的全球金融资本主义的根源，也是理解整个数字经济的浪潮中区块链技术研究的起点。

其次，讨论社会资本概念的缘起和发展。1980年法国社会学家皮埃尔·布迪厄（Pierre Bourdieu）在《社会科学研究》杂志上发表了《社会资本随笔》一文，正式提出了这个概念，具体定义为：实际或潜在的资源的集合，这些资源与相互默认或承认的关系所组成的持久网络有关，而且这些关系或多或少是制度化的。1988年，詹姆斯·S.科尔曼（James S. Coleman）在《美国社会学杂志》中发表了《社会资本在人力资本创造中的作用》一文，从社会结构的意义上论述了社会资本的概念，并在这个基础上形成了经济社会学的理论。对于这个概念引起广泛关注的是哈佛大学社会学教授罗伯特·D.帕特南（Robert D. Putnam）的研究，他撰写的关于意大利行政区政府的研究书籍《使民主运作起来》中提到社会资本的概念，引发了学术界的广泛关注和讨论，而后来者也基于政治学对社会资本进行了深入而系统的研究。简而言之，社会资本的概念被不同的领域（如历史学、社会学、政治学和经济学）进行了应用，而我们可以从以下三个角度理解社会资本。

（1）从场域和关系的角度理解。这是皮埃尔·布迪厄提出的观点，他认为域是由不同的社会要素连接而成的，社会不同要素通过占有不同位置而在场域中存在和发挥作用。场域就像一张社会之网，位置可以被看成网上的纽结，在会成员和社会团体因占有不同的位置而获得不同的社会资源和权利。布迪厄认为场域作为各种要素形成的关系网，是个动态变化的过程，变化的动力是社会资本。布迪厄把资本划分为三种类型，即经济资本、文化资本和社会资本，集中研究了资本之间的区分及相互作用，认为资本之间可以相互转换。布迪厄提出，社会资本就是，"实际的或潜在的资源的集合体，那些资源是同对某些持久的网络的占有密不可分的。这一网络是大家共同熟悉的，得到公认的，而且是一种体制化的网络，这一网络是同某团体的会员制相联系的，它从集体性拥有资本的角度为每个会员提供支持，提供为他们赢得声望的凭证"。社会资本以关系网络的形式存在。

（2）从社会结构的角度理解。这个维度是由科尔曼做的研究成果，他认为社会资本研究的目的就在于通过对社会资本的研究来研究社会结构。科尔曼指出："蕴含某些行动者利益的事件，部分或全部处于其他行动者的控制之下。行动者为了实现自身利益，相互进行各种交换……其结果，形成了持续存在的社会关系。"他把社会结构资源作为个人拥有的资本财产叫作社会资本。科尔曼将格拉诺沃特（Granovetter）和林南以及布迪厄等人的研究成果纳入自己的理论框架，提出了他的社会资本理论。

（3）从社会资源的角度理解。这是社会学家林南的研究成果，林南首先提出了社会资源理论。资源在林南看来，就是在一个社会或群体中，经过某些程序而被群体认为是有价值的东西，这些东西的占有会增加占有者的生存机遇。他把资源分为个人资源和社会资源。个人资源指个人拥有的财富、器具、自然禀赋、体魄、知识、地位等可以为个人支配的资源；社会资源指那些嵌入个人社会关系网络中的资源，如权力、财富、声望等，这种资源存在于人与人之间的关系之中，必须与他人发生交往才能获得。社会资源的利用是个人实现其目标的有效途径，个人资源又在很大程度上影响着他所能获得的社会资源。在社会资源理论的基础上林南又提出了社会资本理论。

社会资源仅仅与社会网络相联系，而社会资本是从社会网络中动员了的社会资源。林南认为，社会资本是投资在社会关系中并希望在市场上得到回报的一种资源，是一种镶嵌在社会结构之中并且可以通过有目的的行动来获得或流动的资源。林南定义社会资本时强调了社会资本的先在性。它存在于一定的社会结构之中，人们必须遵循其中的规则才能获得行动所需的社会资本，同时该定义也说明了人的行动的能动性，人通过有目的的行动可以获得社会资本。

简而言之，社会资本就是资本的三种基本形态之一（另外两种是经济资本和文化资本），它是一种通过对体制化关系网络的占有而获取的、实际的或潜在的资源的集合体。这种体制化的关系网络是与某个团体的会员制相联系的，获得这种会员身份就为个体赢得声望，并进而为获得物质的或象征的利益提供了保证。对于具体的个人来说，他所占有的社会资本的多少取决于两个因素：一是行动者可以有效地加以运用的联系网络的规模；二是网络中每个成员所占有的各种形式的资本的数量。社会资本如果运用得当，将是高度能产性的，因为它具有高度的自我增值能力。

为了积累和维护社会资本，个体必须不间断地花费相当的时间和精力，只有这样才能使那些简单的、偶然的社会关系成为一种义务。这种时间上的特性和社会交换本身具有的根本意义含混结合在一起，使得社会资本的运用成为了一种微妙的时间经济，理解了社会资本就能够理解数字经济学中以社群为核心的网络组织构建的逻辑，以及网络经济体中以结构洞和垄断经济为核心的结构是如何形成的。以社会资本为核心建立一种在区块链网络中的小众经济生态可能是研究数字经济生态的重点领域，也是理解数字经济视角的资本论的主要方法。

最后，讨论数字经济领域的企业创新与金融资本之间的关系。由于数字经济领域的创新通常是开放网络中的创新，因此金融资本能够通过更加复杂的系统对其创新产生作用，具体说来可以分为三个层面：微观层面、中观层面和宏观层面。限于篇幅，本节对其中的内在逻辑进行大致介绍，并对未来研究的方向进行展望。

（1）微观层面的创新激励通常指的是企业层面的因素对创新机制的影响，包括外部因素和内部因素。外部因素通常指的是金融分析师、外部投资者（通常包括机构投资者、对冲基金、银行等）这类以投资和分析企业为主要目标的组织或者个体。内部因素通常指的是创新企业内部的金融要素，包括企业股票流通性、报酬和激励机制、企业管理团队、供应链金融等。

我们发现对于科技企业来说，大多数时候外部因素的激励作用往往是在企业组织创新创业初期起到正面作用（如早中期风险投资对创新企业的作用），而在企业上市或者成为规模化企业后起到负面作用（如上市科技公司的创新能力下降）。不仅是因为外部因素在后期往往会带给企业股价或者市值的压力，而且由于上市后的创新团队的核心往往会脱离技术创新的具体研究工作，企业也往往陷入创新者的窘境，无法摆脱资本带来的外部压力。相比之下，在企业内部因素的研究过程中，发现人的作用比组织的作用更大，也就是说如何激励人更多地承担风险和创新，比企业的组织结构变化更有效。当然，其中也涉及制度安排问题。

（2）中观层面的创新主要研究的是市场要素对科技企业创新的影响，如产业市场的竞争、金融行业的竞争以及企业税收安排等。产业竞争在数字经济领域中尤为激烈，因为赢家通吃的垄断性竞争在数字经济领域随处可见，单个产业往往只能留下一到两家企业，其他企业都会在短时间的竞争中消亡。其中，金融资本往往充当了非常重要的作用，企业背后的机构投资者往往成为市场竞争中重要的力量，他们的意志在激烈的市场竞争中得到了很大程度的贯彻。例如在中国互联网市场上出现的两个非常重要的案例：一个是在共享出行领域，几个主要的竞争者最后的结局几乎是由引入资本的力量是否及时以及资本是否全力以赴地支持企业决定的；另一个是美国上市的中概股曾经出现过的大规模被做空现象，这导致了很多家中概股企业损失惨重且被迫回到国内上市。在中观层面分析中，金融资本对数字经济领域的技术创新的影响力是非常复杂的，一方面资本市场起到了优化资源配置的作用，从而促进了企业创新和经济增长；但是另一方面资本市场引起的企业短期压力过高，也会带来诸如短视和投机行为等负外部性。

（3）宏观层面的金融资本对企业创新的影响主要是在国家层面的金融机制设计和变革，尤其是政策要素、法律要素、文化要素以及其他制度性要素对企业创新的影响。这个层面的研究工作主要集中在两个领域：一个是对新兴市场国家的金融资本和企业技术创新之间关系的研究，如对于发展中国家的金融市场和技术创新能力之间的关系；另一个是制度创新和企业创新之间关系的研究，如对中国的产业创新机制和国有企业改革和创新之间关系的研究。对于这两个领域的研究实际上涉及的就是数字经济学的资本论在具体的产业创新和发展经济研究领域的分析，这也是未来在创新和金融两个领域的交叉研究中所关注的重点。

以上就是对数字经济资本论与创新的交叉研究所涉及的范围，基于微观、中观和宏观的框架涉及了多个研究的课题和项目。由于数字经济学理论尚在初期，因此对这些课题的研究都在逐步的落实之中，我们希望通过这部分内容的介绍，引发大家对这个领域的研究兴趣，并建立起对数字经济资本论和创新之间的内在逻辑框架，未来我们会逐步推出更多相关领域的成果。

总结一下，本章从三方面讨论数字经济学视角的资本论：两个剑桥之争与复杂性范式、奥派资本论，数字经济资本论与创新。两个剑桥之争主要讨论新古典综合派与新剑桥学派的理论之争，分析了新古典经济学长久以来的内在理论危机。我们讨论了全球金融资本主义的背景和金融危机产生的基本逻辑，并基于社会资本理论讨论了社群网络组织。最后，基于技术创新和金融资本之间的关系建立了一个多维度的框架，理解这个框架后，对数字经济学视角的资本论也就有了一个基本而全面的认识，也将我们研究区块链经济中的资本论的范畴准确定义为：在数字经济与金融资本的交叉领域建立起跨学科的思考，以推动中小企业进行技术和制度的创新机制的研究。

第15章

开放网络下的经济秩序

15

第15章 开放网络下的经济秩序

在一个开放的数字生态网络中的经济秩序尤其是货币秩序如何建立,以及如何理解封闭生态下的开放经济秩序是必要的。

在讨论了数字经济学视角的资本论后,我们需要深入分析这个理论框架下的一些要素,尤其是有关资本结构、货币数量以及交易价格机制的课题。由于数字经济学针对的是网络的经济结构,因此会基于开放网络的逻辑讨论。主要涉及三方面的主题。

(1)交易网络与资本结构的主题。主要讨论在数字经济系统中随机交易行为所构成的网络,这是理解数字经济的市场的微观结构的基本逻辑。我们不仅要探讨资本结构对整个交易网络效率的影响,如结构洞网络和交易效率之间的关系,而且更重要的是讨论基于金融结构的逻辑,探讨技术创新的产业结构和金融结构之间的关系。

(2)开放经济与货币生态的主题。主要讨论在一个数字化的网络中,如何从理论上分析货币的生态与模型,尤其是如何避免虚拟化货币生态中的由于价值不确定性带来的风险,需要对整个货币生态与开放网络之间的内联系进行分析。

(3)通证经济与价格理论的主题。主要讨论复杂网络中市场价格相关的理论模型,基于信息论与复杂经济学对区块链网络的通证的市场价格的形成机制进行分析,尤其是对基于社会选择的市场价格机制进行分析。

基于以上三部分的内容,本章系统讨论在一个开放的数字生态网络之中的经济秩序尤其是货币秩序如何建立,并从资本结构和金融结构的逻辑来理解交易网络和技术创新,以及如何理解小众经济体的开放经济秩序和通证经济的实质。

15.1 交易网络与资本结构

> 资本网络化通过网络组织生态得以实现,交易中的资本结构是社会资本的网络结构机制的体现;企业家通过对结构角色的确认而获得了价值从而实现创新,这是理解整个资本结构理论的基本逻辑。

第 11 章讨论了基于交换价值的货币理论,而交换的过程放在市场的逻辑下去理解,就是人们的交易行为以及在交易中所做出的不同决策。按照英国经济学家杰文斯所说,"市场开始时是一个城镇出售粮食或其他待售物品的公共场所。但是它的含义后来扩大了,被用来指代拥有紧密商业联系和大量交易某类商品的人群所在的场所。"事实上,随着数字经济的发展,市场交易已经不需要固定的场所,而是由不同地域的人们在网络中随机交易的有序结构。本节就来讨论交易网络以及资本结构的话题,我们基于复杂系统和自发秩序的市场过程理论来讨论,同时也会分析基于结构洞的市场交易机制。

首先,讨论关于交易网络的机制。在我们学习了数字经济学的价值网络理论与资本论后,可以得到三点启发:第一,我们要摒弃货币中性论的观点,而从货币供需理论角度理解经济变量之间的关系与货币的价值;第二,货币在整个现代经济系统中起到了关键性的作用,是理解整个市场的交易机制以及生态系统的关键要素,而货币的价格与其他商品一样,是主观价值的体现;第三,由于市场不确定性的存在,要基于复杂网络考虑市场的机制,因此异质化的资本是理解交易网络机制的关键。在以上结论的基础上,我们从市场交换所体现的交易者的偏好来理解交易网络的机制,正如罗斯巴德所说:"每次由此基础开展的财货自愿交易也都使帕累托最优,因为它只有在交易双方预期中获利的条件下发生,而他人在行动中拥有的财货不变。"

数字经济中的网络组织也体现出了交易的这些特质，也就是在区块链或者互联网所形成的交易网络中，所有人的随机选择决定了交易网络的边界和效率。在交易过程中发生的并不是等价交换，而是每个个体认为自己获得了更大的价值而主动发生的交易行为，这是一个主观价值的过程，而不是客观上的边际效用最大化的过程，这样就可以从货币理论直接推导出这种随机选择所决定的价格体系。限于篇幅，简单地讨论下这个过程：不再假定理性经济人的前提，而是考虑每个人的主观价值在网络中随机选择形成了价格体系；价格的形成不再是一个均衡的价格生态，而是一个用概率统计描述形成的动态系统。这个系统在数字经济生态的信息网络中，就形成了一个不断交换信息、能量和物质的耗散结构。我们可以把区块链的网络组织生态理解为一个动态复杂的存在着自组织行为的系统，而市场正是这个系统的有序形式，价格信号（通证价格）则决定了这个网络组织生态的状态和演化路径，这就是我们对数字经济中的交易网络的理解。

其次，分析交易中的资本结构。第 14 章讨论了社会资本的概念，下面在这个理论的基础上讨论结构洞的概念：社会网络中的某个或某些个体和有些个体发生直接联系，但与有些个体不发生直接联系、无直接联系或联系间断的现象，从网络整体看好像是网络结构中出现了洞穴。而基于社会资本的角度分析，可以将结构洞理解为网络组织中的租值耗散现象会被最大限度地避免的情况，也就是通过复杂网络的相互协同以及企业家的创新能力，推动网络代替普通市场的一般机制，使得数字生态的网络组织同时具备企业和市场的功能，通过货币和信息实现系统性创新的资本结构。换言之，通过网络组织生态可以使得资本网络化，也就是说交易中的资本结构是社会资本的网络结构机制的体现，企业家创新则是通过对结构洞角色的确认而获得了价值，这是我们理解整个资本结构理论的基本逻辑。

为了理解资本结构，我们需要基于新结构经济学的思想对数字经济金融结构的研究给出一些新的思路。新结构主义的观点，不同于传统金融学认为决定经济发展的是金融深度，新结构经济学认为决定经济发展的是金融结构。基本逻辑是金融服务内生于产业结构，而产业结构又是相对要素禀赋所决定的，因此可以得到的结论如下：①随着经济发展，最优金融结构将向市场主导型的方向演进；②经济发展的不同阶段，推动经济增长的最优金融结构是不一样的；③对于国家来说，最优金融结构和国家的政策、法律以及文化价值有深度的内在联系。

换言之，在数字经济学领域，也可以得到类似的结论：①数字经济的产业结构决定了其金融结构的内在逻辑，如何通过金融结构创新推动技术创新是大多数数字经济领域的企业需要解决的问题；②对于数字经济领域的企业来说，如何在不同的阶段安排不同的金融结构，尤其是资本结构，来推动企业正向发展是非常重要的问题；③对于数字经济领域的企业来说，如何建立一种企业文化和企业制度推动金融结构的合理安排，是在创新的整个周期内都需要深度思考的问题。这是理解数字经济学的资本理论的重要基础，也是基于新结构主义经济视角的重要应用。

最后，从复杂网络和信息论的角度对以上理论进行分析，将信息技术理论、复杂网络理论和经济学的方法论进行整合分析。

对于商品交易过程，市场由相互作用的个体组成，形成了耗散的复杂系统，人们在这个系统中利用价格机制自发地形成有序的结构，这是一个自组织和演化的过程。而这个过程中的关键就在于货币的出现使得价格信号有了统一的衡量尺度，同时货币作为普遍接受的交换媒介提升了人的交换了效率，从而使得企业家能够更加合理地配置资源并促进社会分工。因此，市场体系就是一种自组织的交换行为，而分析这个行为要基于认知科学、信息科学、心理学、行为科学以及复杂理论等多个学科的研究,而不是仅仅依赖数学进行分析。

对于结构洞理论,我们需要理解的就是由于信息不对称才出现了结构洞,即存在垄断竞争的机会。在数字经济的网络中,仅仅存在两种竞争机制:一种是垄断竞争也就是不完全竞争,在这个生态中企业家通过创新推动异质资本的配置,从而推动经济的发展;另一种是完全竞争,也就是在某个领域的异质化竞争转化为同质化竞争后的生态,信息完全对称的情况。在垄断竞争中,企业家的个性和创新能力是关键,这都是垄断形成的要素;而在完全竞争中,支配和管理生态的能力是关键,这是构成稳定的平台的要素。简而言之,结构洞理论的基础就是以自由竞争的方式替代传统经济中用市场资源所代表的权力竞争的方式,在数字经济生态中的关键是组合合适的生态,为生态中的玩家制造创新机会,从而形成了完全竞争的态势。

以上就是对交易网络与资本结构的分析,我们要理解交易是市场的核心以及货币在其中所起到的作用,与此同时,通过理解结构洞的概念拓展异质化资本在数字经济生态中的内涵。理解了这两点之后,就能比较清晰地理解市场的微观结构以及企业家创新在数字经济生态中的重要性。

15.2 开放经济与货币生态

> 由于挑战现有货币机制,因此挑战就是使宏观环境越来越复杂和不确定。而原有的货币数量理论几乎已经完全失效,对汇率以及货币数量的分析也很难确定。

在讨论了关于市场微观结构的理论后,结合第 11 章中提到的货币理论相关的内容，本节探讨关于开放经济和货币生态的话题。主要内容分为三部分：①货币虚拟化的过程，也就是对货币金属论与货币符号论的分析，这是对货币内在价值的讨论；②货币数量理论的分析，也就是对不确定的开放市场下货币数量论的分析，主要介绍新古典经济中货币政策相关理论的探索；③价格信号的基本构成，也就是哪些关键的价格信号决定着货币生态系统的内在秩序。

首先，讨论货币虚拟化的过程，整个经济史上都存在着货币金属论与货币符号论的争辩。货币金属论就是认为货币是商品且必须具备内在价值，因此贵金属或者由贵金属铸成的足值货币才具备货币价值，从亚里士多德、亚当·斯密和李嘉图，一直到后来的奥派的米塞斯都继承了这个观点。货币符号论则认为货币作为交换媒介只是一个符号，只需要法定的偿付能力并不需要内在的商品价值。从柏拉图（Plato）、托马斯·阿奎那（Thomas Aquinas）到后来的新古典经济学派的大师们都继承了这个观点。从事实上来说，在人类上千年的经济历史中，就是货币逐步从实体"脱媒"的过程，随着国家的形成和银行的信用机制的建立，货币与商品在买卖过程中逐渐分离，从而让货币成为了一种特殊的一般等价物。在这个过程中，正面的效果是货币充分发挥了流通媒介、支付手段、价值储藏等功能，而负面的效果就是信用的扩张和通货膨胀带来的经济周期问题。

毋庸置疑，货币形式不断虚拟化的过程是在文明发展过程中不断演化出来的。因此，不管经济学家们是否愿意，现实情况就是货币作为价值储藏以及流动资产所衍生出来的信用媒介的作用被金融行业所利用，通过银行信贷的扩张机制让货币以货币乘数的形式急剧扩张。尤其是资产证券化和一系列金融创新行为，则推动了货币以实际数量的数十倍在经济体中进行流通，带来的结果就是一个矛盾：脆弱的经济增长需要更多的货币来维持,而信用过度扩张下的货币则让经济陷于非理性繁荣中无法脱离,而这一切的基础就是货币符号化。简而言之,货币符号化带来的结构就是由于资本账户的自由化带来的全球性的金融杠杆和信用的非线性扩张,因此各国的货币政策就逐渐失去了效果。

其次,讨论货币数量理论的分析,实际上也就是对银行的货币政策的分析。在目前主流的经济学者看来,人们只要对国家信用有信心,就能使得货币汇率稳定,从而实现货币单位的价值稳定。也就是说,货币政策首先考虑的是稳定与其他货币的固定交换价值,其中主要的目标是对外而不是对内的可兑换性,而随着布雷顿森林体系的解体即美国放弃了美元兑换黄金的承诺,货币与固定金属之间的联系就彻底切断了。正如弗里德曼所说:"现行世界货币体系是史无前例的,任何一种货币与商品都不再具有联系。"因此,我们现在所处的世界是一个不需要货币实体的由虚拟化货币的信用所支撑的世界,而银行的货币政策就是前文所提到的部分储备金制度。

传统经济学理论尤其是凯恩斯主义者,一直通过超额的货币供给来推动市场的需求增加,而实际情况就是由于货币市场的不确定性越来越高,因此带来了货币数量理论根基的动摇,而货币主义者所认为的中央银行通过货币乘数对金融市场进行调节的预期则受到了越来越多的质疑。在新古典经济的货币理论看来,通过瓦尔拉斯的均衡体系的相对价格机制作用可以实现资源的合理配置,在货币为中性的前提下,通过计算货币价格与货币总量之间的关系可以推导出复杂的方程,得到相应的总量。简而言之,货币数量理论的根基在于以下三点。

(1)认为货币是中性的,因此可以通过货币数量与价格水平之间的函数关系计算货币的数量,这是所有稳定货币理论的基础。

(2)货币作为一种持久的资本资产,可以看作一种客观的价值存在,也就是货币的客观性决定了货币的内在价值。

（3）货币流通速度可以用一个稳定的函数表示。而随着不断上涨的通货膨胀率以及金融创新带来的巨大变革，货币供给的不确定性和不稳定性才是市场的本质，货币流通性在杠杆化的推动下毫无约束地扩张，而以稳定的货币需求和确定的货币数量为前提的货币数量论则越来越难以立足了。

最后，讨论价格信号的基本构成。在由金融资本主义主导的当下，有三个关键的价格信号决定着每个国家的资源配置、经济结构、产业发展和收入分配等经济要素。这三大价格信号就是利率、汇率和资产价格，正是由于这三大信号的存在才使得整个经济生态实现了虚拟化的价值，也带来了金融危机的风险。将这三大信号引入开放经济的网络中，可以得到以下结论。

（1）由于在金融资本主义时代，金融市场是整个经济中最重要的市场，以货币市场、债券市场和股票市场为代表的金融市场支配了全球经济生态体系。因此，我们的研究重心也放在数字金融市场的内在逻辑之中，尤其是数字金融的创新理论之中。第三次工业革命带来的核心金融创新是风险投资和创业板市场（以纳斯达克为代表）、私募股权投资（Private Equity, PE）和股权激励机制、垃圾债券市场和资产证券化，而数字经济的金融革命就是以区块链技术为基础衍生的数字货币、分布式账本以及通证经济生态。

（2）正如主观价值论的思想，三大价格信号也都是主观变量，与价值、效用、财富、成本和收益等概念一样，都反映了经济生态参与者的主观判断与心理预期，所有这些变量都是相对变量和相对价格。因此，寻找均衡的利率、均衡的汇率以及均衡的资产价格都是徒劳，要理解金融体系的内部生态是一个不确定价格信号下运转的复杂系统。

（3）从数字经济学角度来看，考虑金融生态系统的价格信号实际上考虑的就是参与者的股东价值或者企业价值。在现实经济生态中的股东价值体现在股票市场，而数字经济生态中的股东价值则通过通证的价格来体现。换言之，就如传统的股权市场以市值文化或者股东价值文化建构起一整套金融的逻辑，那么数字金融很大概率上就是以企业网络组织的通证价值建构起一整套生态。

以上就是对越来越开放的国际货币秩序中的货币理论的一些思考，无论是国际金融还是数字金融对现有货币机制的挑战都是使宏观环境越来越复杂和不确定，而原有的那套货币数量理论几乎已经完全失效，对汇率以及货币数量的分析也很难确定。因此，如何建立一种在开放经济机制下的货币生态是我们需要考虑的问题。由于是数字经济学领域中的货币数量机制，因此更加需要一套成熟的理论来指导。

15.3 通证经济与价格理论

> 在自组织的市场秩序中如何建立正确的价格信号的市场机制是通证经济的关键，而关注价格信号和货币生态的构建逻辑是其中最重要的一部分，也就是建立起一套完全符合有效价格市场理论的数字金融学的框架。

在讨论了交易网络与开放经济下的货币问题后，本书再回到关于通证经济的课题中。我们一直强调的是如何通过通证经济在区块链的交易网络中建立一种正向的市场经济秩序，而通证在这个封闭网络中所承担的作用就是货币的作用，尤其是价格信号的作用。因此，我们需要通过对市场价格的理论进行研究，来推导出通证经济的基本价格逻辑。限于篇幅，本节重点对其中的经济学原理和思想进行介绍，而不对具体的数学表达进行分析。与本书中的其他部分的学理基础一样，本书不仅要讨论其中的经济学原理，也会通过其他跨学科的理论对这部分内容进行完善。

这里需要强调的基本观点是，只有中央银行发行的数字货币才具备数字货币的属性。区块链技术的本质就是通过数学算法来实现交易各方的可靠技术信任机制，特点就是通过算法建立所有人可以共享和更新的账本。无论是稳定货币还是其他私人机构发行的数字货币，都不具备真正的法币信用，只有中央银行发行的数字货币才是真正意义上的货币，并具备一切本位币应该具备的特质。私人发行的货币由于缺失法偿性和强制性，难以发挥真正意义上的流通支付的作用，难以充当固定的一般等价物。因此，本节讨论的数字货币指的是中央银行发行的数字货币，而通证则是具备一定货币属性的一般等价物。

首先，讨论货币理论与价格水平之间的关系，这是建立通证经济的货币理论与市场价格机制的基本逻辑。下面讨论经济学中货币数量理论相关的研究工作，从英国经济学家休谟提出这个思想观念，到后来的费雪提出了现金交易论，英国剑桥学派创始人马歇尔提出的现金余额说，以及后来者凯恩斯和弗里德曼都围绕着货币数量进行了分析。限于篇幅，本节简单地讨论其中的思想逻辑，不涉及量化计算。

早期的货币数量理论以重商主义者和古典经济学家为主，包括博丹（Bodin）、洛克、休谟、李嘉图和密尔（Mill）都对货币数量发表过简介。总体上早期货币数量论认为货币数量与商品价格和货币价值存在明显关联性，如洛克从货币的供求关系方面分析，发展了货币数量论，认为货币价值高是因为对货币的需求量大于供给量。孟德斯鸠（Montesquieu）认为银币是商品的符号，商品也是银币的符号，它们之间保持着一种相对的价值关系，因而其中任何一方发生变动，其价值必然发生变动。休谟认为，一国流通中的货币，不过是用来计算或代表商品的价值符号，商品的价格并不决定于一国所有的商品与货币的绝对数量，而是决定于上市的或将上市的商品数量与流通中的货币量，在商品数量不变的情况下，货币数量增多，商品价格就会同比例提高。而集大成者是密尔，他从机械论的角度认为货币的价值既取决于货币的供求，也决定于市场的商品数量，而其中货币流通速度对货币价值有明显影响。

到了近代西方的货币数量论除了对商品价格与货币价值关系性质进行研究外，把重点放在了量化关系的研究，其中的代表包括经济学家费雪、马歇尔、庇古、凯恩斯以及弗里德曼。以弗里德曼提出的货币需求函数为例，他用了复杂的函数方程表明了三个基本的逻辑：①货币需求与其决定因素可以用稳定的连续性方程进行分析，也就是静态的方程可以对货币数量进行研究；②货币需求独立于货币供给，即影响货币需求的因素与货币供给完全无关，物价的变动取决于货币供给；③货币量的增长对名义收入的增长有着明显的时间间隔，其中的重要影响因素包括价格和产量。

简而言之，无论是早期还是近代的经济学家，货币数量论的核心都是货币数量和价格水平的关系，但是迄今为止并没有建立起二者之间明确的公认的函数关系，尤其是随着布雷顿森林体系的解体以及数字经济的发展，需要在其中找到新的函数关系，尤其是对货币供给的复杂函数进行研究，这是我们之后要通过信息理论和复杂系统进行分析的目标。

然后，通过复杂经济系统的研究推导通证经济的价格理论，通过对价格理论发展的梳理以及对复杂经济系统的研究，我们来梳理通证经济中的价格理论的基本思想。从复杂经济系统的理论出发，如果将经济生态视为一个系统，那么从信息论的角度分析可以得到完全不同的研究视角。一方面,我们早已知晓了传统经济学的重大缺陷,即将市场简化为单一商品或者理性人的同质化的数量之和,而这个逻辑则完全忽视了人的主观性以及资本的异质性;另一方面,我们已经讨论了将交换价值和交易市场作为分析的前提,因此可以通过信息论的逻辑进行研究,将市场看作大量随机交易网络信息所形成的复杂系统,而价格信号就在这个复杂系统中形成,这个逻辑也符合亚当·斯密的"看不见的手"的比喻,也就是将价格制度看作市场的指挥棒。而在通证经济生态中,采取这样的逻辑也更加符合区块链网络中的自组织的经济秩序。

讨论将通证价格作为整个数字经济生态研究的核心之一的原因,需要介绍金融资本主义的核心理论:有效市场假说。2013年10月14日,芝加哥大学教授尤金·法马(Eugene Fama)、拉尔斯·皮特·汉森(Lars Peter Hansen)和耶鲁大学教授罗伯特·J.席勒(Robert J. Shillen)因为对资产价格波动的实证分析获得了诺贝尔经济学奖,其中法马教授就是有效市场假说的开创者。有效市场假说认为资产价格(股票和债券的价格)完美反映了与资产的价格、价值和未来收入流相关的一切信息,也就是说未来买卖所形成的资产价格完美覆盖了与资产的价格、价值和未来收入流有关的一切信息,对金融资产的价格研究本质上就是对市场机制的研究。因此,对通证经济的市场价格研究,也就是对整个通证经济生态进行分析的着力点。

最后,分析在区块链交易网络中,信息经济学理论的应用问题,先讨论主要的理论溯源以及基本应用。这里主要以1982年诺贝尔经济学奖得主美国经济学家斯蒂格勒在信息经济学的研究,以及2001年的诺贝尔经济学奖的获得者乔治·阿克洛夫(George A. Akerlof)、约瑟夫·斯蒂格利茨对信息市场研究的理论为基础。

斯蒂格勒是芝加哥学派在微观学方面的代表人物,是信息经济学的创始人之一,他认为消费者在获得商品质量、价格和购买时机的信息成本过大,使得购买者既不能,也不想得到充分的信息,从而造成了同一种商品存在着不同价格。斯蒂格勒认为这是不可避免的、正常的市场和市场现象,并不需要人为干预。他的观点更新了微观经济学的市场理论中关于一种商品只存在一种价格的假定。在研究过程中,斯蒂格勒还把这种分析延伸到劳动市场,而这些研究建立了一个被称为信息经济学的新的研究领域。另外两位则同时获得了2001年诺贝尔经济学奖,其中阿克洛夫所做出的贡献在于阐述了这样一个市场现实,即卖方能向买方推销低质量商品等现象的存在是因为市场双方各自所掌握的信息不对称所造成的,而迈克尔·斯彭斯(Michael Spence)则通过研究揭示了人们如何通过更多的信息来谋取更大收益的理论,斯蒂格利茨则阐述了掌握信息较少的市场一方如何进行市场调整的有关理论。简而言之,他们在对充满不对称性信息市场进行分析的研究领域的成果值得我们关注。

具体放在通证经济的研究中,可得以下三个关于通证经济的基本秩序的研究结论。

(1)可以通过市场中的价格扩散机制理解,通证的价格信号建立的机制要基于自由市场的秩序,允许同质化的商品有不同的价格信号,也要允许多个网络中不同类型的价格信号的存在。通证机制与货币机制的共通之处主要是在价格机制上有一定的相似性,事实上,通证经济体系是一个与增强和激励有关的复杂系统。通证作为增强和激励的价值交换媒介可以在小众经济体中使用,通过价值流通的正向激励使得小众经济体得到更大的扩张性。如何通过通证强化参与各方的正向激励行为是分析通证的基础,而价格机制则是理解和量化其效果的重要手段。

(2)可以通过信息不对称的机制理解,如何消解网络中的信息不对称是区块链网络可以建立的机制,而通证则是对信息对称下的经济生态的价格表达。因此，这个部分更符合有效价格理论的基本假设，即信息获取成本为零以及市场调节瞬间完成。由于通证流通于区块链的网络之中，因此它具备安全、高效和流通速度快等特质，只需要非常短暂的时间和极少的资源就可以在网络中进行流通。相比于以往的数字经济领域中的数字资产（如积分、卡券、票据等），通证能够提供更高的价值安全性和可信度，这是基于信息理论分析通证的价值流通的基础。而且，由于通证可以与多种增强物建立价值匹配关系，因此通证的波动可以容纳多种动态的价格机制，每个通证的价格在不同的场景下将获得即时的确定性，相对于市场的价格信号更为即时和有效。

（3）信息对称情况下的竞争就在于商品在体验和服务方面的差异性，因此我们可以预期在区块链网络中的市场是一个以服务和体验为核心的经济模型，如何通过经济秩序的重塑构建一个高效的体验经济的复杂商业生态系统是每个区块链网络在设计通证时需要关注的重点。由于通证经济体系是围绕着智能合约展开和扩张的，因此智能合约的属性能够在通证的使用过程中充分体现。智能合约的最大价值在于任何个体、组织和机构都可以基于自身的资源和共识发起权益，而这些权益对应的就是可验证、可追溯和可交换的通证，因此基于技术契约的通证就可以在区块链网络上建立起更加高效和可信的复合型网络组织。

以上就是对通证经济和价格理论的研究，通过对货币和价格理论研究的范式转换，即从单一的新古典经济学的价格理论转换为以信息论为核心的复杂经济系统进行研究，引入了有效市场假说和信息经济学的思考。通证经济的关键问题就是在自组织的市场秩序中如何建立正确的价格信号的市场机制，其中最重要的就是关注价格信号和货币生态的构建逻辑，即建立一套完全符合有效价格市场理论的数字金融学的框架。

总结一下，本章讨论了开放网络下的经济秩序，主要讨论了以下三个主题：交易网络与资本结构、开放经济与货币生态以及通证经济与价格理论。传统经济学的货币与价格理论具有局限性，因此采用信息论和复杂网络的理论来讨论这个领域的研究，并引入了信息经济学的一些基本思想。数字经济学中对通证经济理论进行讨论的基本前提就成为了信息充分对称下的货币机制的建立问题，而其中要考虑的关键就是价格信号和有效市场的建立，理解了这个分析思路就能理解数字经济与其他传统经济生态的差异，以及在这个生态中如何建立经济秩序的基本框架。

第四部分

 共识政治经济理论

第16章

启蒙思想与共识精神

16

唯一名副其实的自由，乃是用我们自己的方式去追求我们自己的好处的自由，只要我们不试图剥夺他人的这种自由，不试图阻碍他们取得这种自由的努力。与强迫每个人都按照其他人所认为好的方式去生活相比，彼此容忍各自按照自己认为好的生活方式去生活让人类受益更多。

我们正处于由全球金融资本主义带来的复杂又不确定的经济世界中。2008年9月以来的全球性的金融危机的影响迄今为止还未消退，这场金融危机是全球经济的结构性危机，其影响早已超越了经济范畴，正在改变这个世界的政治、社会、道德以及其他价值观。其中，一个根本性的观察角度是从人类文明和历史的角度进行反思，对整个现代文明构建的世界体系和底层的思想根源进行分析，尤其是对现代文明的理性思想和进步思想的分析，也就是从18世纪欧洲启蒙运动的思想家们的成果进行研究。因为现代文明的基础就在于启蒙运动带来的思想变革，即理性主义和进步主义。

本章通过共识的概念分析启蒙运动带来的影响，主要原因有以下三个。

（1）人类文明和历史中的大多数进步，都取决于当时人们思想的共识，共识是整个社会思想底层的基因。在数字经济时代，我们面临的是更为复杂的世界以及更加多元化的价值观，如何达成共识推动社会进步是我们需要面临的问题，仅仅在技术领域讨论数字经济很难取得真正的进展。

（2）在新古典经济学构建的确定性的经济世界的逻辑里，陌生人的互相协作要付出高昂的代价，包括交易成本、履约成本以及信任成本。而在数字经济学构建的不确定的经济里，区块链为我们打开了一扇新的大门，让财富的生产和分配放在了一个分布式的账本中，将所有人的共识用公开透明的、加密的账本记录下来,从而形成了新的经济生态。换言之,共识的技术机制提供了一种技术契约的方式来协同具备共识的价值网络中的陌生人,这是采用共识政治经济学作为本章主题的原因。

(3)现代性与启蒙运动带来了西方现代化的共识,即现代性。现代性的基本原则就是作为社会的个人和集体负责他们的历史并塑造自己的未来,而它来源于300年前兴起于西欧的哲学和思想传统。当时的哲学家们通过批判和反思当时的宗教信仰,怀着对自然物理法则的信心探索外部世界的本质,最终得到人类可以通过开发自然世界的科学知识以及通过技术来操纵物质世界,从而获得更加理性和美好未来的结论。与此同时,启蒙运动也带来了工具理性和物理主义等无视价值观多元和约束人性自由的价值主张,因此在数字经济时代需要新的启蒙运动,来构建一种更加具备多元性、尊重每个个体价值的共识。

基于以上理由,本节我们关注在数字经济时代人们达成的基本共识,以及共识背后的思想本质。这些共识并非无中生有而是现代文明的产物,在数字经济时代这些共识被赋予新的意义和价值。本章分三个主题讨论启蒙思想与共识精神:启蒙运动的精神、数字时代新启蒙以及基于偏见的共识。

16.1 启蒙运动的精神

> 启蒙运动的四个基本思想,即理性、科学、人文主义以及进步,它们推动并塑造了现代文明,也塑造了数字文明的基础设施。

谈到启蒙运动,大多数人先想到的是启蒙运动的一些关键词,如民主、自由、平等的概念,然后就会联想到一些关键人物,如孟德斯鸠、让－雅克·卢梭(Jean-Jacques Rousseall)、休谟等,以及一些受启蒙运动影响的重要文件，如美国《权利法案》等。事实上启蒙运动的思想演化和内涵非常复杂，现代西方的政治、经济、科学和知识文化的基础都是启蒙运动，可以说整个"现代"都是启蒙运动的产物。本节首先对启蒙运动中的关键思想进行分析，然后对这些思想哪些适合数字经济时代，哪些内涵需要进行新的变化进行讨论。

通过分析历史上的启蒙运动精神对现代文明的推动作用，才能对现在正在发生和需要的启蒙运动有所认知，有助于得到在启蒙时代的新共识思想。下面主要对启蒙运动的四个关键词进行分析，即理性、科学、人文主义和进步，通过对这四种现代社会的基本启蒙精神进行梳理和介绍来建立对历史上的启蒙运动的基本框架，这是理解现代文明和人类共识的钥匙，也是探索未来数字文明和共识的前提。

首先讨论关键词理性，启蒙运动中的理性指的是基于人性升华得到的哲学意义上的理性，在这个问题上伊曼努尔·康德（Immanuel Kant）的《纯粹理性批判》一书中探索得比较彻底。理性可以理解为启蒙运动时期的思想家认为人们充满了偏见和无知，因此要用理性思想探索真理，这也是西方近现代哲学的思想起源，理性的光辉代替了上帝的光辉来指引人们前进的道路。

值得注意的是，理性思想实际上是西方文明的源头。理性是古希腊人文特质最重要的体现，而古希腊最大的贡献也就是创造了一个人站在中心的世界。古希腊人认为人之所以为万物之灵，就是因为人有理性，按照古希腊哲学家普罗泰戈拉（Protagoras）所说："人是万物的尺度。理性主义不仅是整个西方历史中最重要的内在精神特质，也是现代哲学和科学的思想起源。"

不过，启蒙运动的理性精神带来的并不完全是正面的后果，启蒙理性尤其是其中的工具理性思维带来了现代性的灾难。这个现象使得近代的思想家们在启蒙运动后一直在思索关于启蒙理性的批判,同时也使得人类文明从哲学转向了现代科学。正如德国哲学家马克斯·霍克海默(Max Horkheimer)和狄奥多·阿多诺(Theodor Adorno)所著的《启蒙辩证法》一书中所提"启蒙带有极权主义性质",启蒙精神造就的理性深化,本质上是一种极权主义的统治,也就是说启蒙理性最终的指向是权力。启蒙理性在发端之初首先处理的就是人和世界的紧张关系,确定以人为中心的世界观,从而控制了自然并获得了对外在世界的掌控权和支配权。因此,人类通过启蒙理性获得了掌控、控制和支配的权力,同时也带来了两次人类陷入世界大战深渊的历史悲剧。

关于启蒙运动中的工具理性带来的批判中,最具备影响力的学派就是法兰克福学派的学者。马克斯·霍克海默和狄奥多·阿多诺在其开创性的《启蒙辩证法》中严厉批评了启蒙运动中的黑暗面。与此同时,启蒙运动带来的商业和工业资本主义的蔓延,也是现代性中人性异化现象的根本原因之一。正如两位思想家所说:启蒙运动的科学方法可能原本打算为人类解放的立项服务,从而对宗教教义进行攻击,然而科学的理性力量最终且反对所有形而上的想法,包括良心和自由。

在理性思想的基础上,启蒙运动推动了科学思想的发展,也就是探索出一整套可行的方法来获取关于这个世界可靠的知识。在科学之前是宗教来帮助人们认知世界,而科学工具则给了人类新的工具来理解世界甚至改变世界,也就是说,人类用科学改变了人与自然的秩序关系,让人类成为了自然秩序的立法者甚至超越者,在带来了人类文明的大繁荣的同时也带来了现代性的异化。这里重点强调的是理性主义下的科学思想的特质,大概可以分为三个基本特点。

(1)科学的精神前提是古希腊思想中以人为中心的理性思想,以及对宗教思想的重塑和批判,构建了一个外在于宗教、与宗教无关的知识领域。

（2）科学的精神让现代文明达成了新的共识，即宇宙的秩序不是建立在难以捉摸的神的意志之上，而是建立在可以探索的规律和法则之上。

（3）科学的精神与数学紧密相连，人们认识到通过数学工具可以发现其中的基本规律和逻辑。科学精神是推动数字经济发展的根本动力，也是整个信息技术得以存在的基本前提。

启蒙运动的第三个关键词是人文主义，就是以人为本，这也是文艺复兴运动的实质。人们开始重视人的思想和情感，并关注每个个体的生活，因此衍生出了伏尔泰（Voltaire）的"天赋人权"，狄德罗（Diderot）和卢梭的"社会契约"等概念。人文主义思想是迄今为止人类思想史最大的一次转变，也是我们在经济学研究过程中强调了奥派的一些思想的原因，因为奥派经济学者强调人的主观价值的重要性。在这里我们讨论一个重要人物的贡献，他奠定了人文主义的现代基础，也奠定了现代哲学从思考自然到思考人类自身，这就是笛卡儿在形而上学领域的研究成果。

限于篇幅，这里简单地讨论笛卡儿在《谈谈方法》中的基本思想和观点，了解这部分内容对理解现代启蒙运动思想有所助益。笛卡儿是欧陆理性主义的代表人物，强调通过理性、推理和判断获得知识，因此他撰写了《谈谈方法》一书来探讨如何通过科学的方法寻找真理。在书中，他构建了一整套通过严格的分辨和判断，用理性检讨所有的认识，替代之前被动的知识和观点，也就是通过理性认知未知世界的方法。这是思想史上的一次革命，因为在他之前的人们都是通过外部的世界来假设神的存在，而笛卡儿则通过人对神的意志和人关于神的完满理念来证明神的存在。虽然看上去都和宗教有关，但是笛卡儿将人置于最重要的位置，因为只有人关于人的观念才推导出来了关于神的存在的证明。而反过来因为神的观念确定，人又获得了思考和决策的自主，这样的推导结果就是给人文主义创造了新的起点，让人们认识到意识是思考的本质，而人可以认识到物质的运动和事物的因果关系，这就赋予了每个个体自由，也就打开了人文主义和自由意志的大门。

启蒙运动的最后一个关键词是进步，人文主义将个体的感受与想法放在高于一切的位置，而启蒙运动的进步指的是人类的共同体的进步。正因为进步主义思想带来了人们对理性和科学的信仰，替代了宗教的信仰，从而带来了近三百多年经济的繁荣和发展，当然也就带来了对自然秩序的破坏和掠夺，以及诸多的现代性的负面效果。进步主义的两面性：一方面，它带来了观念的革命和人的主观能动性，在近代之前所有的人类都是以崇尚古代为核心价值观。而进步思想则在达尔文的《物种起源》的基础上，构建起了一整套基于生物学理念的世界观，强调了人类的独一无二的思想以及超越自然的地位，也使得人们通过科学脱离了自然选择的基本逻辑，选择了一条通过科学自我进化的道路，也带来了现代文明这个更进步的世界。另一方面，进步论也带来了人们的自以为是和狂妄自大，不仅对自然进行过度的破坏和改造，甚至产生了社会达尔文主义以及进步主义的思潮。前者带来的就是两次世界大战的灾难性的后果；而后者带来的就是政府对自由市场的强烈控制，导致了美国的进步主义运动以及行政国家的产生。

以上就是对启蒙运动的四个基本思想，即理性、科学、人文主义以及进步的讨论，正是由于这四种基本共识的推动才塑造了现代文明，也塑造了数字文明的基础设施。我们要在其中看到文明的进步，也要承认其中带来的很多问题。正如史蒂芬·平克（Steven Pinker）在《当下的启蒙》一书中所说的，启蒙运动通过理性改变了人性中非常多恶劣的部分，而这也推动了基于演化的资本主义的诞生，这是我们现代文明和经济的基础，只要这两个逻辑继续有效，启蒙运动就会继续发展。

16.2 数字时代新启蒙

> 数字经济时代的启蒙运动的四个要素：幸福、正义、公平和自由。

在讨论了启蒙运动的精神后，本节讨论数字时代新启蒙。在这里我们强调的是一方面要继承之前启蒙运动的精神思想，另一方面要发展出属于数字时代的启蒙概念。基于对这两方面的考虑，我们得到了关于新的数字经济时代的启蒙运动的四个要素，即幸福、正义、公平和自由，接下来我们分别对这四个概念进行简单探讨。

第一个关键词是幸福，这是数字经济时代的主要内在精神。幸福不仅指的是每个人有追求个体价值实现的权利，也指的是每个人的主观价值决定了他的个人选择，而社会应该尊重这个选择，经济学也应该基于主观价值理论去研究。不同的人对同一个事物的评价不同，而且同一个在不同时间内对某个事物的评价也不同，因此基于主观价值的经济学理论相比客观价值的理论更有现实意义，也更尊重每个个体。进入 21 世纪以来，幸福已经成为了全球的共识，而每年也有很多专业机构来研究不同国家的幸福指数。

这里要介绍美国作家丹·巴特纳（Dan Buettner）所撰写的《幸福的蓝色地带》中的研究成果，他介绍了来自美洲、欧洲和亚洲的幸福指数最高的国家进行研究，得到了关于国家幸福的基本观点，简单总结为三点：第一，不同国家里的个体的共识与当地的价值观一致，这是幸福的前提。文化、价值观和人生态度很大程度上决定了个体的幸福，而这也是我们要强调不同共识的人通过区块链的网络组织需要建立共识的原因。第二，不同国家的人们因为生活有保障和彼此信任而获得幸福。也就是说，在保持人类生活尊严的生活水平基础之上，互相信任和帮助是幸福的重要来源。第三，丰富而多元的社会生活是幸福的体现，也就是一个包容性的多元价值观下的丰富社交是幸福的前提，这也是随着数字技术的发展，人们形成了跨地域的共同体之后所产生的巨大的协同能力的前提。因为数字时代带来了新的消费、娱乐和社交活动，也推动了社会往前向更加幸福的生活进步。因此，数字经济时代的启蒙，要从幸福角度关注技术对以上三点的促进以及如何塑造共识基础上的组织生态。

第二个关键词是正义，指的是社会分配的正义以及基于道德伦理的正义。这里只强调一个观点：正义和道德紧密相关，人的本性既是自私的又是无私的，而只有当个体属于更伟大的团体的时候才会激发这种无私性，而人类社会应该塑造的就是这么一个基于道德和正义的共同体。经济的发展并不是为了追求单纯的财富积累和国家富强，相反，财富积累和国家富强是正义的副产品，我们更加关注的应该是这些大词背后每个个体的正义是否得到保障，以及共同体内的共识是否符合社会正义和基本伦理。

第三个关键词是公平，指的是分配正义下的公平原则，以及人类生而拥有平等权利的公平。我们没有讨论平等而讨论公平的原因在于，早期的自由主义所强调的人人生而平等的概念在事实上并不可靠，人与人之间是有明显差异的，因此我们关注的是规则的公平程度以及在法治和契约下的平等，而不是强制每个人都获得一样的生活路径和待遇。在法国教育体系中的强制平等措施，实际上是另一种不公平。事实上我们每个人都知道，人与人之间是不同的，不是人人生而平等的，即使同样的家庭里也会产生完全不同个性和外表的个体，大自然的创造不是简单地复制而是产生带有明显差异的个性化的个体。

在这里我们要强调的是在社会契约层面也就是法律层面的公平，是我们需要关注的重点。基本理由有三个。

（1）从社会契约角度来说。正是因为每个个体让渡了个人的权利给到了国家，才使得国家拥有了权威和正当性。因此保障法律层面的一视同仁是社会契约得以成立的前提，也是卢梭《社会契约论》的精髓所在。

（2）从社会秩序的角度来说。法律面前的公平是为了保障社会的稳定与和平，如果各个社会阶层的权利义务各不相同，就会带来长期的不稳定性，从而危害这个共同体的和谐环境。

（3）从社会发展角度来说。建立公平的社会制度有利于人们自由地选择想要的生活方式，也就能够形成自由的经济秩序。如果要人们的生产活动达到最高效率，前提就是自由的经济秩序来满足每个个体的价值需求。只有这样，每个人才会竭尽全力地为个人的目标而努力奋斗，从而达到社会效用的最大化。

最后一个关键词是自由，指的是每个人有选择自由生活的权利，包括消极自由和积极自由。在这里我们推荐大家看下罗斯巴德在《自由的伦理》一书中关于自由的关键论述，建立了一整套关于自由的系统性理论。他不仅基于鲁滨逊孤岛的简单模型推导出个体在排除外部世界因素之后行为的自由选择的逻辑，在这个基础上推导出建立自由理论的关键是确定私有产权。在书中他还论述了哈耶克、以赛亚·柏林（Isaiah Berlin）以及罗伯特·诺齐克（Robert Nozick）的三种自由的观念的起源和思想，了解不同的学者关于自由思想的讨论的基本逻辑。前文讨论数字经济学研究时，也多次强调了基于自由主义精神的经济秩序，是促进整个数字经济的长期发展的前提。

需要补充的是，我们关注的是继承自古典自由主义，即始于18世纪和19世纪的自由主义精神，而不是现在一些人所鼓吹的绝对自由或者带有进步主义思潮的自由主义。古典自由主义的精神来源于自然权利，也就是哲学家洛克所说的"每人对他自己的人身享有的一种所有权"。

正因为所有人都有保护自己生命与财产的自由权利，才使得个体之间结成了政治组织来保护自身的权利。

以上就是在数字经济时代的启蒙运动最重要的精神，以及这些精神在数字经济学中的关键影响，同时也是做数字经济学研究过程中最需要关注的人们的共识。这些共识并不是数字经济时代才创造的共识，而是基于现代文明的起源和人类内心的追求所达成的共识，是在上一次启蒙运动的成果之后建立的关于未来的新共识，也是我们理解数字经济时代人类社会和文明的内在追求的思想启蒙运动的共识。

16.3　基于偏见的共识

> 与基于每个人的偏见所形成的互联网带来的共识相比，区块链技术共识的最大区别在于其基于大众庸俗的认同。

区块链的共识机制不仅是区块链技术范式中最重要的概念之一，也是其能够超越技术影响社会和经济发展的基本机制的原因。众所周知，区块链技术的核心价值之一是解决了在不可信信道上传输可信信息、价值转移的问题，而共识机制解决了区块链如何在分布式场景下达成一致性的问题。

简而言之，区块链技术的核心之一就是它的共识机制在去中心化的思想上解决了节点间互相信任的问题，这就是其被称为信任的机器的原因。而区块链能在众多节点达到一种较为平衡的状态也是因为共识机制，因此尽管密码学占据了区块链的半壁江山，但共识机制是区块链社区机制能够实现的关键。无论是从经济学角度还是从社群角度讨论区块链，都是基于共识机制讨论的。

本节不讨论技术概念,而是讨论共识机制如何回应了人类在技术发展过程中的人性和文明底层的需求,尤其是探讨基于共识机制的社群所应该蕴含的基于偏见的共识精神的概念。这是我从文化心理学以及社会心理学角度理解区块链思想的一个维度,也是我认为这场基于区块链技术的社群文化运动所应该讨论的主要问题之一。本节为读者梳理作为价值互联网核心技术范式的区块链,应该拥有哪些与传统互联网不同的精神内涵。

首先,研究与共识相关的语义文本的概念,与共识相对应的语义文本词汇是偏见。我们这个时代的文化很大程度上是被互联网所塑造的。美国的互联网文化的起源,可以用嬉皮士文化来形容,这是从第二次世界大战结束到20世纪70年代都影响着美国的一种文化。20世纪50年代的美国沉醉于资本主义的极度繁华,趋于保守主义、拜金主义的群体意识随着中产阶级队伍的不断壮大开始掌控美国社会,随即越战爆发。生活富足又不甘循规蹈矩的年轻人决定解放自我,用激烈的方式冲击社会主流价值。典型代表则是"垮掉派"诗人——艾伦·金斯伯格(Allen Ginsberg),金斯伯格在高等学府哥伦比亚大学求学阶段,利用自己出众的诗歌才华,创作出强烈抨击美国当时社会丑陋和阴暗、赤裸裸宣泄内心情感的作品,以"叛逆者"的姿态,成功获得当时越来越多社会反叛青年的关注和推崇。1955年,作为献给怪才卡尔·所罗门(Carl Solomon)的大作,金斯伯格的经典之作《嚎叫》一反传统的诗歌技巧和价值导向,成功俘获当时被主流价值观所抛弃的美国"边缘人"的认同。金斯伯格其后几年周游各国,宣扬个人思想,持续其激烈直白的自由告白。20世纪60年代随着嬉皮士运动的逐渐开展,艾伦·金斯伯格当初推崇的"垮掉派"精神价值和生活作风得到广泛传播,也成为其后嬉皮士运动的重要思想内核。

事实上，嬉皮士文化也是美国硅谷文化的一个重要精神内核。一方面，嬉皮士文化运动在很大程度上扭转了从 20 世纪 50 年代兴起的西方享乐主义的社会思想，成为了硅谷的极客们提倡的简约和环保主义生活的重要精神起源。另一方面，嬉皮士文化中所包含的平等和自由的价值观，以及提倡忠于自我和内心的文化是硅谷创新文化的基础。也就是说，正是因为这种反主流的、反物质享乐的、个人主义的文化，成为了硅谷独立自由精神文化的精神内核，从而形成了新的共识，这是美国互联网文化所塑造的创新精神。

区块链技术的共识与互联网带来的共识最大的区别在于，前者基于每个人的偏见，而后者基于大众庸俗的认同。互联网时代所孕育的文化，正是给了每个人以表达和发泄的出口，因此形成的社群都是去寻求认同的社区，每个人都试图伪装自己，赋予自己一个新的身份，在喧嚣的舆论中小心翼翼。而区块链技术带来的是社群身份的唯一性，所塑造的社群文化也应该与互联网社群不同，是基于价值观的、独立思考的、带有偏见的社群文化，"君子和而不同"，这是我对区块链思想价值的最大期许。

事实上，回到互联网发端之初，我们推崇的自由、开放、平等的精神，而区块链时代的共识精神，我认为应该是一种基于偏见的忠于自我的共识精神。在区块链所组成的社群中，每个人都可以发现自我，真正地理解他人，而不用虚与委蛇或者发泄情绪。每个人都因为某种偏见而加入了区块链所组成的某个社群之中，而这种偏见正是达成某种共识的基础和前提，每个特立独行的个人都可以在区块链的共识精神之下找到可以沟通和认可的群体，在这样的独立的精神之上塑造一种完全不同的网络文化和思想浪潮，这是从互联网共识到区块链共识精神的最大差异，这也是区块链作为价值互联网中"价值"二字应该具备的内涵。

价值互联网不仅仅是将现实中的物质价值通过比特化传递到虚拟世界，而且也应该具备一种以尊重每个人的个体自由选择为前提的社群文化的价值属性。如果我们仅仅看到区块链发展过程中的经济和金融属性，而无视这个过程当中文化精神内涵的建设。那么，区块链带来的技术范式演变的红利，无非又是一轮精英对大众的统治，以及科技和商业领域的狂欢，而蕴含在这场新技术革命中的文化价值和社会价值将大打折扣，不得不说这将是区块链革命中最大的损失。

最后，引用穆勒在《论自由》中的一段关于自由的宣言，作为全文的结尾，也是区块链共识精神的内涵之所在："唯一名副其实的自由，乃是用我们自己的方式去追求我们自己的好处的自由，只要我们不试图剥夺他人的这种自由，不试图阻碍它们取得这种自由的努力。与强迫每个人都按照其他人所认为好的方式去生活相比，彼此容忍各自按照自己认为好的生活方式去生活让人类受益更多。"

第17章

共享社会正义理论

数字经济时代强调的共享社会正义理念是基于社会应得的概念推导而成的，其中的共享社会正义与每个人的自我所有权相关，也与每个人可以分享的社会公共资源相关。

本章讨论社会正义理论与道德观的问题，看上去这个问题与经济学的关系不大，事实上这是决定着人类经济学发展历史和未来的重要因素，也是在主流经济学的讨论中经常忽略的因素。我们关注社会正义与道德的原因有三个。

（1）每个个体在与社会相处过程中，会有相互的情感认同以及基本原则，而在这些原则中道德观是非常重要的，无论是亚当·斯密在《道德情操论》中提到的道德，还是中国的大儒王阳明提出的"良知"，都是人与人相处的一个基本伦理观念，而正义就是社会道德的主要体现形式，我们需要弄清楚经济与道德之间的关系。

（2）通过讨论社会正义观念的演变，来看待整个人类社会的基本共识的演变，这影响了人们的伦理规范和行为偏好，从而影响了当下的经济状态。在研究经济的过程中，我们一直强调要从更高的维度去看待经济，尤其是从文明的尺度把握经济现象的变化以及与个体社会变迁之间的关系。

（3）社会正义的观念与全体社会成员的基本需求以及分配正义密不可分，而当下经济最大的问题之一就是发展带来的收入分配不均，从而引起了不同阶层之间的矛盾以及国家之间的贸易争端。因此，理解社会正义对我们理解当下的宏观经济形势也有着重要的意义。

基于以上的思考，本章从三个角度探讨共享社会正义理论：社会正义观念的演化、正义理论与道德伦理、共享社会正义的原则。

17.1 社会正义观念的演化

> 只有在物质秩序、精神秩序和社会秩序三个维度的框架下发展经济，才有可能是一种对于每个个体来说都能够利益最大化的发展方式。

我们讨论政治经济学有两个基本的出发点：第一个出发点是效率，即什么样的政治协作方式能够推动经济的发展，带来更好的效率。从政治经济学发展的角度来看，具备更加包容的政治制度和经济制度能够促进经济的长期增长。第二个出发点就是正义原则，也就是本书要讨论的，正义本身在政治经济学中就具备着非常核心的作用，因为它是经济理论中关于收入分配的根本原则。经济学的基本假设之一就是稀缺，而基于稀缺的分配逻辑就是正义原则。本章从三个角度讨论社会正义的观念。

（1）从幸福学说的角度，也就是考虑整体人类群体的幸福感受，与此同时也要从每个个体在主观价值的基础上的幸福感受的差异化方面考虑经济学的研究基础。讨论异质化资本的重点就在于理解了每个个体的主观价值差异导致的个体收益的差异。

（2）从社会正义的内涵和原则的角度，也就是讨论约翰·罗尔斯（John Rawls）和哈耶克等学者关于社会正义的辩论，这也涉及了政治经济学的思想家们对福利国家、自由主义价值观以及社会公平等问题的讨论。

（3）从分配正义的角度，正如哈耶克所说社会正义的实质就是分配正义，而全球金融资本的扩散带来的分配不正义，不仅仅使得全球经济陷入困难，也使得反全球化浪潮逐渐兴起，保守主义的经济政策重新占据了主流。

下面通过对这三个角度的分析，介绍社会正义的观念与经济学的内在联系，尤其是对经济学研究的目的和本质。

首先，从个体幸福理论来讨论，实际上对个体生活来说，幸福感是最为重要的目标，新古典经济学中的"自利"，否则就无法解释人类之间的互助行为的逻辑，每个人都是为了个体幸福感的提升而做了最有利于自己的选择，而这个幸福感之后就是个体的价值观差异。这种幸福感通常来自三个基本维度，即物质生活、精神生活以及社会生活，对应着经济学中的三种基本秩序，即物质秩序、精神秩序以及社会秩序。物质秩序的核心是效率，这是经济学中最通常讨论的问题。精神秩序的核心就是自由，这是黑格尔所做的判断，因此自由精神也是整个人类现代性的基本起源。而社会秩序的核心就是正义，关于正义理论的讨论是西方政治哲学家和思想家的重要话题。按照传统经济学的观点，似乎幸福只和财富增长有关系，而事实上幸福与正义以及自由有很大的关系，而且其意义要超越财富带来的收益。

其次，从社会正义的内涵和原则来讨论，事实上古代关于正义的观念主要强调的是个人品质，也就是将正义与道德伦理联系起来，而从19世纪末开始流行的社会正义观念，则主要关注的是社会每个成员的具体需求以及分配正义的话题。社会正义的内涵在于如何配置自然和社会资源，在促进国民财富不断增长的同时，也能够保障社会成员分享公平的收入，并获得自由选择学习、工作和生活的均等机会。换言之，社会正义的原则就是如何在社会发展过程中兼顾效率和公平，既能够调动财富创造者的积极性也能够缩小社会成员之间的差距。社会正义的内涵在于这个话题不仅仅关于社会成员的利益分配，还涉及了每个社会成员对未来的预期，这是社会正义成为重要主题的原因之一。

牛津大学著名政治哲学家戴维·米勒（David Miller）教授是当代

英国西方马克思主义学派代表人之一,他从政治经济学的角度,开创了一种崭新的市场社会主义模型,即合作制的市场社会主义。他既是市场社会主义的倡导者,亦是社会多元正义论的推崇者。米勒的正义理论被称为多元正义理论,在《社会正义原则》一书中他从人类关系模式入手,在工具性联合体、团结性社群和公民身份三个人类关系模式中提出了应得、需要和平等三个原则,以及一种新的社会正义理论,并做了全面、系统的阐述,进一步拓展了社会正义问题的理论空间。

限于篇幅,本书只介绍他关于社会正义原则的三个要素:第一个是正义原则的适用范围,也就是哪些个体在正义原则下被视为社会成员。第二个是正义原则的制度基础,也就是具体的保护社会正义的措施。第三个是对于正义原则的实施主体的界定,也就是由谁来保障社会正义。这三个原则实际上就是古典社会正义原则和现代原则的两个最大差异:第一个是社会正义关注的是社会组织群体而不只是个体;第二个是社会正义的重点在于政治性而不是其道德与仁爱方面。

最后,从分配正义角度来讨论,实际上古典经济学研究的一个重要驱动力就是在英国历史上发生的关于"羊吃人"的圈地运动,圈地运动引发了英国社会阶层的变革,也引来了经济学家对地租问题的关注。这个事件给后来经济学家的一个重要提醒是,英国国会的圈地法案和引发的圈地运动虽然总体上提高了经济效率,但是侵害了大多数小农利益,从而引发了社会动荡。对于个体来说,社会正义感的经济学含义不仅仅在于分配收入的差异,而在于对社会风险以及公共选择福利政策的预期,正如诺贝尔经济学奖获得者,匈牙利的经济学家约翰·海萨尼(John C. Harsanyi)所说,"个体的公共选择策略最好的方式就是最大化社会成员全体平均的福利水平,这样就能够避免自己在某个概率下处于任意的另外一个人的生存状况中,因此每个人对他者的同情和帮助也就转换为现代社会正义观念的核心了。"

具体落实在分配原则上,主要介绍詹姆斯·科诺(James Konow)在《经济行为与组织》杂志上发表的文章,他将一个国家的收入分配置放在分配正义和程序正义这两个维度上进行思辨,成为收入分配领域最值得借鉴的文献之一。具体原则包括三方面:第一个原则是可计算性原则,看上去是一个数学原则,但事实上可计算性的缺乏才是导致计划经济形态不可行的重要原因;第二个原则是收入分配的效率原则,也就是帕累托原则,即收入分配应该具备一种市场经济的改进效应,而不是静态的简单公平的分配模式;第三个原则就是自由主义原则,这是我们在讨论奥派的学说时一直强调的。正因为每个人的需求有差异,只有每个个体知道自己的需求,所以才导致分配正义问题的难度。因此,正义的判断并不是一个简单的计算和逻辑,而是基于程序正义的艺术性的结果。

以上就是对社会正义观念的演化的讨论,基于以上讨论我们知道了传统经济学研究范畴之外的一些重要维度,关注个体的幸福、关注社会正义的实施以及关注分配正义的效率,在数字经济时代也不能轻视这些问题。只有在物质秩序、精神秩序和社会秩序三个维度的框架下发展经济,才有可能是一种对于每个个体来说都能够利益最大化的发展方式。

17.2　正义理论与道德伦理

> 在经济学之外找到与人直接相关的要素,这样才能理解人类行动的本质,也才能对未来人类社会和经济学研究做出更准确的判断。

在讨论完社会正义之后,本节具体讨论正义与道德伦理之间的关系,尤其是道德哲学中关于正义的本质的思考。

首先，讨论正义与道德之间的关系。道德的本质问题，主要介绍三位思想家的看法：第一位是柏拉图在《蒂迈欧篇》中的解释，他认为理性是主人、情感是仆人，根据书中人物蒂迈欧的说法，"我们的头脑中有一种理性的、永恒不灭的灵魂（理性），躯壳中有着另外一种非理性、并非不朽的灵魂（情感），而理性则占据了主导的作用。"这个思想后来被康德继承，认为道德必须依据最高的理性。第二位托马斯·杰斐逊（Thomas Jefferson），他认为人的大脑中既有理性又有情感，理性和情感分别统治各自的领域。而英国哲学家休谟则认为情感是主人，理性是仆人。他认为我们在做出道德判断的时候，首先是由我们的情感做出判断，然后理性才会去找这个道德判断的理由。正如心理学家弗里茨·海特（Fritz Heider）在《正义之心》中所说，休谟的理论更加符合心理学的事实，而基于休谟的道德论推导出不同的人具备了三种不同的伦理观，即自主伦理、集体伦理和神性伦理，从而带来了个体在社会行为中的不同选择倾向。

在个体竞争的时候，人是自私的，倾向于自主伦理的表现；在群体竞争的时候，人是无私的，人渴望归属一种比个体更大的团体，去寻求一种对群体的归属感。因此，道德这时成了一种具备社会属性的品质，正义也在其中得到了体现。社会正义关注的就是道德在社会关系和行为中的价值偏好，这种价值偏好事实上是情感性的，而这种情感性引导了社会群体的行为选择和价值理念，人与人之间道德观念的不同造成了对正义的共情能力不一样，但是总体某个群体的正义观念是一致的。理解了道德的本质和来源之后，才能理解正义的作用和功能。

其次，深入讨论人性的道德论，尤其是休谟在《人性论》一书中的论述。作为苏格兰启蒙运动最重要的旗手，休谟本人既是哲学家，又是政治经济学家、法学家以及道德学家。启蒙运动开启了整个西方对理性主义的重视，但是跟法国不同的是，苏格兰启蒙运动强调的是理性的优先性，重视社会习俗和管理，强调法律、市场和道德才是未来社会构建的要素，休谟在《人性论》中关于道德的讨论，则为这个理论提供了伟大的论述。

《人性论》一书的副标题是"作为在道德主题中引入推理的实验方法的一项尝试"，全书的核心议题就是道德问题，采用的是推理的方法，也就是基于牛顿研究的方式研究道德问题。在书中，休谟提出了著名的休谟难题，即如何判断道德问题的方法？他给出的解决方式是区别了理性和情感的作用，并判断伦理道德的好坏是基于情感而不是理性。休谟认为人性是复杂的，一方面，人性是具体的、因人而异的，随着时代和环境的变化而变化；另一方面，人性又具备一定的稳固性和规律性，在历史和现实中遵循着一定的规则，具有人格的同一性特质。

在这个人性判断前提下，休谟推导出人性的自私并不是狭隘的完全以自我中心为核心，还有对他人处境感同身受的同理心或者同情感，这是人与人之间共通的情感，而这种共通情感就是仁爱之心或者道德本性。因此，人与人之间就会构成一个基于共同利益感的社会，这个社会的基本认同感就建立了基本的正义规则。基于这个理论休谟提出了一整套社会理论，这里只从社会正义的角度去解读。休谟在其中提出了三个基本原则：①私有财产权的确立与稳定；②统一的转让；③许诺的履行。简而言之，休谟通过他的道德学推导出了他的基本政治经济学理论，因为休谟将道德作为政治哲学的理论。

最后，讨论休谟道德哲学的核心，即正义问题。休谟在整本书中讨论的核心问题是正义如何体现在道德和规则中，也就是道德中的正义和制度上的正义。休谟认为正义是最重要的人为道德，也是人类文明社会的底层基因。因此，休谟赋予正义的道德意义并不只是一般心理学上的道德意义，而是具备公共政治的意义，该理论就是一种基于道德的公共政治理论。休谟以及亚当·斯密在《道德情操论》中提到的道德哲学，是一种将英国社会的主流观念与古希腊道德思想以及西方宗教伦理进行整合的尝试。基于这个政治哲学的改造和尝试，他将正义和道德的理论与财产权的保护、经济自由的保障等经济学命题推导出来，从而将古代的道德传统与近代社会的利益原则和法治精神、正义标准结合起来，从而形成了近代经济学的土壤。休谟基于自然资源的匮乏、人性的自私和有限的慷慨，探讨了人类社会在共同生活中形成的基本正义规则、道德原则以及政治制度之间的关系。他认为这些要素不但能够促进每个人的个人私利，也能促进他人的利益并且对整个社会的共同利益是非常重要的，而人类社会应该追求的就是一个正义的政治社会，一个个人利益与公共利益，自利与仁爱共同协调一致的社会。

简而言之，从休谟的理论中通过对人性的研究，推导到对整个社会的政治哲学和基本道德的探索，最后得到对整个人类社会的基本框架构建的逻辑。这就是我们要强调的，经济学是对人类行为的研究，而人类行为的基本研究框架是个体的人性以及群体相处的道德规则和协作方式，单纯的从经济增长的角度讨论经济的框架，是非常脆弱以及单薄的。

总结一下，本节首先讨论了道德理论的三种基本态度，并判断了休谟关于道德理论在心理学和现实层面更符合尝试，即道德先是一种情感诉求，然后是一种理性诉求，在《人性论》中休谟建立了一种经验主义的人性哲学体系，这个体系是整个苏格兰启蒙运动的基础，也是经济学起源的基础。其次讨论了休谟基于这样的观念如何建立起一种政治道德理念，这种政治道德理念既融合了古代的道德传统、西方宗教的思想，但是也对新的文明秩序进行了非常重要的理论建构，通过对休谟难题的讨论，休谟提出了关于人性本质和道德问题的探索，这个问题一直影响至今（如人工智能的道德和伦理问题依然困扰着我们）。最后讨论了休谟对正义的重视，正因为人性中的自私是一种包含了共情能力的自私，因此社会道德具备了公共政治的含义，休谟构建了整个社会政治和经济学的大厦。这是我们强调的一种研究经济学的态度，即在经济学之外找到与人直接相关的要素，这样才能理解人类行动的本质，也才能对未来人类社会和经济学研究做出更准确的判断。

17.3 共享社会正义的原则

> 社会应得的理论将社会基本制度安排对人的生活质量（以幸福为衡量标准）的影响，尤其是人们对社会资源的分享作为主要内容的政治哲学论题，该理论强调数字经济时代的启蒙思想中关于幸福和公平的思想。

在理解了社会正义的内涵以及正义与伦理秩序之间的关系后，本节讨论数字经济时代的社会正义实现的一个新思想：共享社会正义。这个概念的提出有以下三个基本的逻辑。

（1）从共享的概念和内涵来理解，共享经济的概念随着共享出行和共享住宿等产品和服务的流行早已被公众所接受，而共享经济背后所反映的公平分享、分配正义以及平等分担风险等概念已经被大众所接受。我们可以将共享理解为一种可分享的公共权力和不可分析的个人权力的平衡，西方主流政治经济学者主要强调的是自由，尤其是经济上的自由权利。而中国的文化和基因中则强调的是平等，尤其是政治权利和社会权利的平等。共享社会正义就反映了一种在个人自由的经济权利基础上，社会和国家所提供的在政治权利和社会权利上的平等和共享的概念。

（2）从马克思主义公平正义观来看，公平正义是马克思主义思想的基本价值理念，也是贯穿马克思主义始终的价值诉求，在社会主义建设中必须以马克思主义公平正义观为指导推进经济正义和社会正义。而共享正义的发展是以"人人参与，人人享有"为价值内核的社会主义新发展理念，换言之，共享正义的发展理念体现了马克思主义公平正义观的内涵和社会主义的本质要求，对于缩小贫富差距、促进经济社会可持续发展等具有重要意义。

（3）从数字经济时代的趋势来理解，全球金融资本主义带来的巨大风险最根本性的问题就是分配正义无法保障。社会正义正是由政治正义和分配正义组成的，前者以制度方式确定人们的权利，后者则通过市场和社会来分配资源和利益。我们强调的是共享正义与社会应得之间的内在联系，即数字经济时代在物质极大发展的情况下，应该优先考虑，每个个体社会应得的强调平等的正义。

基于以上的讨论，下面介绍目前主流的社会正义理论，以及对共享正义理论的思考，在理解社会正义的内涵的同时，建构一种数字经济时代的正义理论思想。这对我们理解数字经济发展背后的政治经济逻辑，以及建构基于我国现实发展所需要的数字经济时代的政治经济理论，有着比较重要的意义和价值。

首先，讨论两种基本的社会正义理论，这两种理论分别是功利主义和平等主义。前者的代表是提出最大多数人的最大幸福的杰里米·边沁（Jeremy Benthan），而当代代表则是匈牙利经济学家豪尔绍尼。后者的代表是提出基于社会契约规则来设计正义社会的美国政治哲学家约翰·罗尔斯，他的著作是众所周知的《正义论》，而当代代表则是美国伦理学家和政治哲学家托马斯·斯坎伦（Thomas Scanlon），他任教于普林斯顿大学哲学系，提出了道德契约论的理论。我们分别来看这两种理论之间的联系和差异。

豪尔绍尼的正义理论根植于他的伦理学研究成果，而他认为自己的伦理学建构于三种基本的思想传统：斯密的无偏观察者学说、康德的普遍主义理性原则和贝叶斯风险决策理论。豪尔绍尼通过自己多方面的工作将自己的思想构成一个完整的体系，体系的核心是贝叶斯理性原则，即人们充分利用经验与所获知的信息寻求满足的最大化。而这个思想理论就和边沁的功利主义的正义原则联系起来了，也就是边沁认为自私的个体通过对效用的比较来选择自己的行为或者判断，也就是说人们的伦理行为是基于效用最大以及自利选择的。因此，豪尔绍尼的逻辑就是人们在无知之幕之后的自然选择是期望收益最大化。

由于每个人都不知道未来，他会同等地对待社会中的每个位置，认为他得到的每个位置的概率相等。因此，他的目标是对所有可能的位置所产生的期望效用最大化，也即社会中所有位置（即所有人）的平均效用：在人数固定的情况下，这也相当于所有社会成员的效用之和最大化，功利主义是人们在无知之幕之后的一种个人理性选择。

其次，介绍罗尔斯的正义理论以及斯坎伦对豪尔绍尼的批判。在《正义论》一书中，罗尔斯试图建立一套新的基于社会契约之上的伦理体系。几乎与豪尔绍尼同时，他将自己的伦理体系建立在原初状态、无知之幕和理性选择这样的分析概念之上。

与豪尔绍尼不同的是，罗尔斯强调自己的理论是对过去的社会契约理论（如康德和卢梭的理论）的规范化。在确定无知之幕之后的个人选择机制时，他采用了与豪尔绍尼不同的原则，这就是最大化最小值原则。罗尔斯把自己的争议的观点确定为作为公平的正义。在罗尔斯看来，自由平等的权利、公平竞争的机会和财产都是人类具有不可侵犯和不可剥夺性质的基本权利:正义否认为了一些人分享更大的利益而剥夺另一些人的自由是正当的,不承认许多人享受的较大利益能绰绰有余地补偿强加于少数人的牺牲,是通过合理的制度安排,使所有的社会基本善——自由和机会、收入和财富及自尊的基础——都应被平等地分配。这是罗尔斯正义论的基石。

然而,由于人的生活状况受到政治体制和一般的经济、社会条件的限制和影响,受到先天所处的不平等的社会状态以及自然禀赋差异的局限,会遭致最初的不平等,而原有的差异和不平等又会带来深刻而持久的、更进一步的差异和不平等。为此,罗尔斯根据抽象的社会契约论的方法,设定"无知之幕 + 相互冷淡"的原始状态。在无知之幕之后,人人都无法确定自己在社会中将要占据的位置,相互之间没有权力关系的自由人有可能彼此认可对方提出的原则,对社会基本结构达成协议和进行选择。

斯坎伦则通过道德契约论的立场支持了这一理论并对豪尔绍尼进行了批判,他认为豪尔绍尼的理论最大的缺陷之一在于在无知之幕下是无法进行任何判断的,因此进行选择的逻辑无法根据个体的利益最大化,因而契约主义理论假设每个人都知道自己的位置,并且每个人都具备与他人合理协商的能力,从而根据个人福利是否改善来赞成或者否决某一项提案。简而言之,斯坎伦基于社会契约论的深厚传统,继承康德伦理学的根本理念,以罗尔斯的道德契约论为起点,把功利主义道德理论作为主要论辩对手,提出了一个以非个人之间的道德正当和不正当为主要关注点、以理由为中心、以契约论为基本推理方式的道德契约主义理论。根据他的契约主义,在一个文化多元、价值多元的社会中,人们行为正当与否是由原则来决定的,而原则是人们以具体的理由为根据,在信息充分、不被强迫的条件下普遍一致的结果。实际上,这就告诉我们,道德约束力应该来源于个体与个体之间的自愿协约,道德是当事人建构的结果,当事人本身拥有作为道德的创造者的地位。人们在行为的选择和决定过程中,应该充分意识到道德理由的重要性和优先性。

简而言之,功利主义的正义论选择了一种更加个人化强调自由的正义理论;而平等主义则选择了一个强调公平,更加注重于照顾弱小群体,更加关注群体公平的正义理论。这两个理论互为补充和博弈,构建了多情境的政治哲学。

最后,讨论一个基于共享正义框架的社会正义的解决方案,即通过社会制度的安排,使得每个社会成员在最大程度上平等地分享公共资源(包括公共资源带来的利益和代价)的权利和自由。中国的发展过程和目标中强调的是在经济自由发展的前提下,如何通过社会制度的构建落实分配正义和社会正义的逻辑。共享正义并不是致力于人人生而平等的正义观,而是致力于提供每个个体拥有发展公平的正义观。我们不得不承认的是人人生而平等是一种理想,而现实是每个个体在出身、禀赋、运气方面都有着很大的差异,因此如何通过制度安排使得国家和社会掌握的公共财富和社会资源能够通过共享实现,这是共享正义的内涵所在。

这里要补充的是社会应得理论的讨论,正像应得是正义的核心概念一样,社会应得是共享正义的核心概念。共享正义既涉及每个人的自我所有权,又涉及每个人可分享的社会公共资源,涉及他从国家和社会中获取的社会权利和经济利益。社会应得理论是以社会基本制度安排对人的生活质量(以幸福为衡量标准)的影响,尤其是人们对社会资源的分享为主要内容的政治哲学论题,强调的是数字经济时代的启蒙思想中关于幸福和公平的思想。英国牛津大学社会与哲学理论教授戴维·米勒在他的著作《社会正义原则》中提到"当对资源分配的正义性进行评估时,大众的思想看上去赋予应得以很大的重要性。相反,政治哲学家们则多半对应得的观念心存疑虑,许多人认为它要么是存在混乱的,要么至少在其运用中是不确定的。"社会应得理论是一种强调社会意义上实现每个成员平等,享有基于平等社会地位和政治身份所获得的社会权利和经济利益的政治哲学思想。它关注的是普通民众享有的基本价值而无关于个人的出身、禀赋、背景和运气。

从学理上来说,社会应得理论介于罗尔斯社会基本益品理论和诺齐克自我所有权理论之间,既汲取两者的优点,又避免了两者的弱点。罗尔斯主张的实质就是为了缓和人际收入差别和居民贫富差距,国家或政府在制定公共政策时可以限制或调节社会基本益品的再分配,以实现社会资源再分配的公平正义。而诺齐克则认为,国家和政府不得借国家利益或公共利益之名侵犯个人利益。维护个人的自我所有权,是分配正义的首要宗旨。换言之,诺齐克的自我所有权理论是一种自然所得或天赋所得理论。而共享正义理论的思想正是建立于社会应得理论之中,强调的是只要拥有社会共同体成员资格的公民都应该享有的权利,强调的是社会每个成员平等享有的社会权利和经济利益,也是每个社会成员期望从社会中获得的共享资源和基本价值。

总结一下,本章从三个角度来探讨共享社会正义的原则:社会正义观念的演化、正义理论与道德伦理、共享社会正义的原则。在社会正义观念的演化中我们找到了社会正义概念的内涵的变化,从古典时期关注道德转化到现代关注分配正义,从而才产生了不同的分配逻辑与社会福利的方式。而基于正义理论与道德伦理的探讨,我们理解了正义是先基于情感再基于理性的,人类文明也是建构于一种对他人共情的逻辑。最后我讨论了共享社会正义的原则,分析了功利主义和平等主义两条社会正义的道路,前者更加关注社会的总体效能而后者更加关注公平性,在不同的社会场景下两条正义道路的选择也不一致。数字经济时代强调的共享正义的理念是基于社会应得的概念推导出来的，共享正义既涉及每个人的自我所有权，又涉及每个人可以分享的社会公共资源。社会应得标识任何人都能够从社会中获得的共享资源和共有价值，其基础是人在共同体中享有的成员资格。随着区块链、互联网和人工智能等技术的发展，正在为社会应得的理论实践提供一系列基础设施，未来的数字经济时代不仅仅需要解决发展和效率的问题，而且需要建构一种基于共享正义的社会分配制度的方案。

第18章

基于共识的政治秩序

18

无论是政治生活还是经济生活都是人类行为的表现，因此都具备其经济学价值。

在讨论了关于人类文明的基本共识后，本章讨论基于共识的政治秩序。了解政治秩序与经济之间的关系，并对数字经济时代的秩序安排的基本逻辑进行思考。探讨这部分内容的主要原因有以下三个。

（1）最早的经济学被称为政治经济学，后来才改称经济学，虽然很多企业家认为商业离政治越远越好，而事实上经济学与政治有着密切的关系。抛开意识形态不谈，任何经济制度中的行为准则和分配要素都会受到政治的影响，尤其是与制度经济学相关的内容更加与政治制度密不可分，因此我们需要理解政治学的基本原理和框架，以及政治与经济之间的内在关联。

（2）政治学中的集体行为以及民主决策等基本制度安排，在经济学中影响很大，尤其是公共选择理论以及阿罗不可能定律的提出。我们要看到民主政策的投票制度的有效性范畴，以及对经济分配制度中的利益群体进行正确认识，并不是利益集团都是负面的，而政治经济学要探讨的就是从理性角度看待这样的集体组织的行为模式和基本逻辑。正如经济学家布坎南指出的，"既然政治和政治过程最终是在交易范式中加以构造，那么简单和直接的观察就可以使人们联想到，政治家和官僚是内在组成部分。这些人的行为同经济学家研究的其他人的行为没有任何不同。"

（3）目前民族国家已经成为最主要的政治实体，也就是利益共同体，因此研究经济的增长不可避免地要研究公共部门治理的有效性，也就是不同的社会制度安排对经济增长的影响。本章要从政治经济学角度讨论公共部门治理的有效性问题，基于对这个问题的研究探索区块链网络中的经济体的激励结构与经济增长之间的关系。

基于以上原因，本章分三部分讨论基于共识的政治秩序：政治经济学基本框架、政治社会与行为经济、制度经济与公共选择。

18.1 政治经济学基本框架

> 不同质量的政治和经济制度会影响一个国家的兴衰,其中制度质量是高还是低则体现在制度能否包容或者兼顾社会中更多人的经济和政治利益。

本节探讨如何建立一个基本的政治经济学的框架,因为传统经济学研究主要以个体决策为核心来研究人们的选择行为,无论是宏观经济还是微观经济,研究的内容都是这个范畴。而真实世界中的经济,除了可以用价格准则研究的领域,就是公共领域的问题了,如公共空间的使用、福利政策的分配以及国际贸易的问题等,这些问题都属于政治经济学相关问题,而这些事务的研究和管理就与政治学、民主政策以及宪法理论等其他学科的内容联系起来,也就是政治经济学所要研究的范畴。

简而言之,对于如何决定公共事务的选择,有着不同类型的制度选择(民主的、独裁的、市场的),而不同制度选择带来的经济成本不一致,尤其是任何选择一定带来赢家和输家,也就带来了政治与政策相关问题,那么基于这个理解,我们来建立一个简单的政治经济学框架。

首先,从制度选择的框架探讨政治经济学的框架,尤其是国家对不同制度机制的选择。一个国家只有具备适当的经济制度时才能摆脱贫困发展,政治制度和经济制度之间的密切关系是研究经济学时不可忽视的,这里主要介绍美国两位著名的学者达伦·阿西莫格鲁以及詹姆斯·罗宾逊(James Robinson)的著作《国家为什么会失败》中对制度重要性研究的框架。书中二位学者先介绍了不同国家富有或者贫穷的几种基本理论,包括地理决定论、文化决定论以及政策决定论等。最后他们得到的结论是国家失败的根本原因在于制度,如果一个国家经济与政治制度不具备足够的包容性,无法在社会中创造良好的经济激励,从而不仅难以推动经济持续增长,更无法实现经济发展成果的全社会共享。

一个国家会贫穷或者富裕的原因是建立了不同质量的政治和经济制度,制度质量是高还是低,取决于制度能否包容或者兼顾社会中更多人的经济和政治利益。包容性制度,从政治上说就是强调人民或者广大群众具有政治权利,能够参与政治活动,任何人都有成为政治精英的可能性;从经济上来说就是强调自由进入和竞争,任何人没有通过垄断、专卖或者市场控制获得超额利润的机会,从而能够基于自由市场产生生产性激励。反之,则是汲取性制度。建立适合本国国情的包容性的经济制度和政治制度可以使得国家得到更好的发展,经济得到长期的增长。

诺贝尔经济学奖得主道格拉斯·诺斯(Douglass North)和学者约翰·约瑟夫·瓦利斯、巴里·温加斯特(Barry Weingast)在《暴力与社会秩序:诠释有文字记载的人类历史的一个概念性框架》中提出了一个经济史中的根本问题:为何大多数国家在过去三百年内未能实现持续经济增长?只有少数国家能够持续发展。它们也发现了类似的结论,认为不同国家的制度安排才能解释这个问题。诺斯认为,制度化的规则、信念、规范和组织,会影响不同利益主体的动机和能力以及形成制度发展时的功能,制度变迁的机制是机会,约束和制度从过去传统继承是过程的函数,这就决定了不同区域政治历史彼此的差异。简而言之,这些差异并不是因为功能和利益产生的,而是因为这些国家或者地区不同的制度传统。当我们把视野放宽,将经济体系和社会体系一起考虑时,就会得到社会秩序的概念。社会秩序是由经济、政治、军事、宗教等多个体系构成的,不同的社会秩序构建了不同的组织形态,从而影响了经济的生产率,而制度的复杂度和包容性是否能够持续对经济增长十分重要,一个社会的制度结构决定了社会的组织形式。

正如诺斯所说:"社会科学研究的是人类如何相互影响进而产生我们都生活在其中的复杂的社会结构,因此我们必须将研究的重点放在组织上,我们要了解不同人群如何在长期最终是永续的互动中来组织他们的关系。组织是理解社会如何运作的关键,而制度是理解组织如何形成、如何行动的关键。如果没有组织的开放准入,竞争性的经济社会与政治社会都不可能存在,理解一个社会如何设法实现组织的开放准入,是理解现代社会发展的关键所在。"

其次,从政治学的框架探讨政治经济学的框架,这里要引入一些基本的政治学与政治哲学的概念。最经典的政治学著作之一——亚里士多德的《政治学》,它也是政治科学最早的成体系的作品,对公平、正义、自由和秩序有了深入的探讨,对后世西方的政治学和思想界有着非常重要的影响,"人天生是政治动物"就来源于这本书。西方政治学两个基本信念:第一个是政体决定了城邦或者国家的发展方向;第二个是混合政体比单一政体要更具备优势。正是基于这两个基本思想,美国国父们建国时考虑的是以"新罗马"的方式复活共和政体的逻辑,也是现代民主政体的典范。当然我们指的是刚成立时候的美国,而不是现在被民族主义和保守主义所绑架的美国。

我们在这里简单地介绍下政治学的当代观念与传统政治观念的区别,尤其是现实主义政治观与理想主义政治观的差异,理解这部分内容对理解经济学上的思想差异有重要的意义。需要区别政治应该是什么和政治实际上是什么的差异。前者就是西方传统对政治的解读,即古希腊政治传统中关于政治的讨论,认为政治是一种理想秩序的提供者,因而提供了"哲人王"的政治哲学理念,也造成了以雅典为首的提洛同盟与以斯巴达为首的伯罗奔尼撒联盟之间的战争,最终造成了雅典的毁灭并结束了古希腊的民主时代。

现代西方政治的观念则起源于意大利思想家马基亚维利（Machiavellian）的《君主论》，它提供了一整套现实主义的政治学说，这套理论认为政治的核心问题是权力，并通过去道德化加强这种权力。后来者如马克思·韦伯的《新教伦理与资本主义精神》、托马斯·霍布斯的《利维坦》以及卡尔·施米特（Carl Schmitt）的《政治的概念》，都体现了这种基于现实主义的政治立场。从当今世界的政治格局也能看到，大国领袖们的政治逻辑都体现了现实主义的政治立场，而并非继承古希腊的理想化的政治哲学。

按照当代著名的英国政治学家安德鲁·海伍德（Andrew Heywood）的概念，我们可以将政治理解为人们制定、维系和修正其生活的一般规则的活动，具体说来包括四部分：作为政府艺术的政治，就是将政治理解为对国家事务的管理；作为公共事务的政治，就是将政治理解为人们对公共事务的参与；作为妥协与共识的政治，就是将政治理解为非物理来解决冲突和协调的机制；作为权力和资源分配的政治，就是将政治理解为多方博弈带来的资源的重新配置。这是理解政治的一种比较全面和客观的看法，而这些基本逻辑就与我们研究经济学的逻辑联系起来了，经济学研究的是基于人类行为的协调机制，而政治的考量过程当中基本都是符合经济学原理的，尤其是行为经济学的逻辑。一方面，通过正确的政治制度能够引导经济的发展；另一方面，可以通过行为经济相关的理论理解政治制度的安排。这是在数字经济学中讨论经济激励政策与制度安排的基本逻辑。

最后，从国际贸易的框架探讨政治经济学的框架，尤其是理解国际贸易在经济学体系中的定位和价值。事实上国际经济学包括国际贸易和国际金融两个板块，国际贸易研究的是货物（商品）在国与国之间的流动，而国际金融研究的是资本（货币）在国与国之间的流动。因此，海外只有国际经济学而没有独立国际贸易这个领域,我国将其引入时分成了两部分进行讨论。国际贸易理论从古典经济学发展开始就已经产生了,包括斯密的绝对优势理论、李嘉图的比较优势理论以及穆勒的相互需求理论等。

英国当时是由国际贸易所支撑的全球性的帝国,因此国际贸易毫无疑问就是当时经济学的研究核心,其中比较优势理论成为当时的正统核心理论。而新古典经济时期的国际贸易理论则发展出来了以 H-O 模型为核心的国际贸易理论,也就是国内教材中讨论的要素禀赋理论的贸易模型。这个模型在比较优势理论的基础上回答了收入分配的问题,也就回答了全球化浪潮的基本逻辑和反全球化出现的问题。而现代国际贸易理论我们在本节不多介绍,因为无论是规模经济及不完全竞争条件下的贸易理论还是产业贸易理论等,基本上都有着严重的缺陷,因此对现实的指导意义也不大。

这里我们基于 H-O 模型简单地介绍国家贸易中的经济学原理和全球化之间的关系,这也是理解全球化的政治和经济格局的基本框架。国际贸易带来了全球化,但是全球化也一定带来赢家和输家。赢家和输家的概念是政治角度的,不仅指代某个国家,也指代某个国家的某个特定群体。对于个体来说,在富国当穷人或者在穷国当富人都不一定是很好的选择。

对国家来说,一方面通过自由贸易会带来比较优势理论上的分工合作以及共同收益的增长,这是追求自由贸易和全球化国家的基本理论基础。另一方面要觉察到的是贸易扩张的时候,对国家相对丰富的生产要素来说就会从中获益,但是对相对稀缺的要素就会受损。对于国家拥有的基本资源包括资本、劳动和土地,不同的国家因为资源禀赋不同生产的产品不一样,而贸易扩张代理的就是优势产品的获益,以及劣势产品的受损,从而在政治上引发相应利益集团的不同反应。例如,在美国支持自由贸易的就是科技和金融行业的从业者,因为他们的优势在于资本,而反对自由贸易的是大部分美国蓝领阶层、中产阶级以及农场主,因为这些生产者由于处于劣势而在国际贸易中利益受损了。

值得注意的是,虽然我们在本节主要讨论的是西方政治学相关的研究框架,但是并不表示我们完全赞同这套分析逻辑。随着中国的发展和兴起以及全球秩序的重组,非西方世界的崛起已经成为了现实。在全球治理机制中,西方国家虽然还占有强势的话语权,但是很显然全球共同发展的多元化的政治秩序正在改变这一现实情况。以美国的政治学研究为例,其存在的问题很多,包括完全效法新古典经济学的发展逻辑,使得政治学研究成为应用数学和统计学的应用领域、无法理解社会结构存在的时间和空间的局限性,片面在强调局部的历史经验等。即使欧美的学者也认为目前的西方政治学尤其是国际关系理论存在着当下主义、非历史主义、国家中心主义等谬误。简而言之,西方提供的政治学主要是以最近三百多年的现代人类文明历史为研究对象,而忽视了超过千年的全球秩序的发展,如东亚政治秩序的形成等重要的研究领域。因此,我们要把研究政治学和经济学的格局放在整个人类文明发展历史上去看待,而不是只研究近代以来的西方主导的国际政治关系的研究范畴。现代政治区别于传统政治的本质特征,就是社会政治生活从官员的权力本位转向公民的权利本位。这一实质性的转变,从根本上改变了权力和权威的合法性来源和整个制度环境,从而也改变了权力成为权威的机制,因此需要建立一种更加宏大的视野和更为包容性的研究理念。

总结一下,本节从三个角度讨论了政治经济学的基本框架,或者称为与经济学相关的政治学的研究框架。主要包括三部分:制度选择的框架、政治学的框架以及国际贸易的框架。这三个框架对理解经济有着非常重要的意义和价值,也是理解人类行为研究中政治和经济之间的相互作用和基本原理的基础。理解制度的差异,能够让我们理解不同国家之间经济发展差异的内在逻辑;理解政治学的相关概念,能够帮助我们理解群体之间政治行为的基本要素;理解国际贸易可以帮助我们理解全球化的浪潮为什么会周期性地受到挑战,以及经济要素的分配在全球化过程中对每个个体来说真实影响的底层逻辑。

基于政治的经济学的三个基本逻辑。

(1)多数人通过政治参与和投票控制公共部门的权力和资源,因此需要理解不同的制度与经济有效性之间的关系。

(2)任何一个利益群体中都需要建立政治竞争的规则和机制,不同的机制带来的收益是不一致的。因此,要通过国际贸易的机制理解不同的国家之间在同一个经济秩序下的收益和损失,从而理解当代国际秩序的制度安排。

(3)现代国家的重要目标就是通过宪政原则确定政治权力与民主决策的范围与边界,这是作为公共决策行为的基本逻辑,也是18.3节介绍的公共选择理论的基本视角。

18.2 政治社会与行为经济

> 数字经济学下的商业生态的治理框架离不开政治社会学的复杂框架及行为经济学的框架。

在建立了政治经济学的基本框架之后,本节直接讨论政治经济学中的关键问题和基本逻辑,尤其是政治社会理论与公共理性的原理。我们一直强调的是,无论是传统经济还是数字经济领域,研究人类行为和基本动机是最重要的出发点,外部的技术要素的变化不会影响人性本身(自然的基因演化过程确实很慢)。因此我们需要理解的是,在人类本性和行为模式变化不大的情况下,如何理解人类行为在具体的社会行为中建立的基本逻辑。基于以上逻辑,引入政治社会学的框架以及行为经济的逻辑对研究数字经济学领域有着非常重要的意义。本节从三个角度讨论这部分内容:政治社会学的框架、行为经济的逻辑、商业生态的治理框架。

首先,讨论政治社会学的框架。事实这个框架,就是将人类的日常生活理解为三方面:物质的、社会的以及精神的。放在韦伯的政治社会学的理解框架中,就可以分别讨论群体行动的各种决定因素:物质生活的核心就是经济问题,社会生活的核心就是政治问题,而精神生活的核心就是价值问题。基于这三个维度可以建构一种更加全面的关于人类行为研究的框架,也可以更加深刻地理解在数字经济领域的人们行为方式的逻辑。数字经济学有别于传统经济学研究领域的基本逻辑是基于使用权的、以主观价值论为核心的经济学,因此考虑每个个体的物质之外的主观感受是非常重要的,基于不同个体化的差异主观价值发展异质资本,这是数字经济领域的基本逻辑之一。

在韦伯的政治社会学的研究框架下,主要关注的是思考现代性条件下人类秩序的种种问题,尤其是现代社会结构和政治制度之间的关系。在他看来现代性的突出特点是理性化和官僚化,而政治社会学的核心任务就是通过民主的图景来抑制官僚化的危害。在韦伯的理论中,现代性存在一个内在的悖论:宏观上现代性是理性化的结果,是政治现代化和国家现代化的基础;微观上现代性不可忽视人性的异化,是对自由的威胁。换言之,在现代性的条件下建立一种理性化的民主和个人主义实际上是非常困难的,存在着精英治理与大众表达之间的内生矛盾,而韦伯提出的方案就是经济上保持自由资本主义，政治上则需要实现议会制和民主化。而这部分的思考对我们理解在数字经济领域中对区块链治理制度的安排有着重要的启发。

其次，讨论行为经济的逻辑。1.2节曾经讨论过关于演化理论的经济学逻辑，这部分内容与行为经济学直接相关。1.3节行为经济学的三个基本概念：价值、认知和选择。

关于价值理论部分1.3节已经讨论过了，本节主要补充的信息就是每个个体通过行为进行主观价值的偏好从而形成了人类行为学中的关于经济研究的基础，而价值则是所有行为的基本动机。也就是说，由于价值不同导致的对于重要性的感受不同，从而导致了表达出来的行为差异。

关于认知实际上讨论的就是不同个体由于生而不平等，具备不同的能力边界，因此就会有不同的认知能力。换言之，个体认知能力的差异决定了个体对信息进行搜集和处理的能力边界，从而导致了决策行为的变化，这是丹尼尔·卡尼曼（Daniel Kahneman）创建的幸福经济学的一个基本思路。传统经济学认为认识是自私而完全理性的，市场是完美而最终均衡的，追求个人效用最大化的理性经济人在参与市场过程中会自觉基于个人效用最大化实现社会效用总体的最大化。而卡尼曼认为，人既是自私又是无私的，人的理性也是有限的，市场也是不完美和非均衡的，因此幸福经济学的基本逻辑就是自私与无私相统一的人性假设、最大化原则与满意化原则统一的有限理性假设以及信息不对称与不完全竞争的市场假设。其中重要的部分就在于海纳模型的应用，海纳模型通过对不确定性的研究，推导出决策环境不确定时，有限理性的行为是可预期的，理性程度越低而行为越可预期。因此，可以基于复杂网络和演化逻辑对有限理性下的行为逻辑进行判断，这是我们用数理模型研究不确定性环境下的人类经济行为的基础。

第三个概念就是选择，不同的偏好带来不同的选择，而选择的前提就是假设的完备理性和不完备理性。事实上经济学家做完备理性假设的唯一原因就是容易数学表达和实证检验，而这一逻辑也导致了经济学的算法化和数学化。而不完备理性下的假设是否可以用计算的方式推导呢？答案是肯定的，这一套逻辑由著名的计算机学家、诺贝尔经济学奖获得者赫伯特·西蒙研究出来。他倡导的决策理论，是以社会系统理论为基础，结合行为科学、管理科学以及计算机科学发展出来的一门跨学科的研究，而我们的量化理论也会建立于他的成果之上。

最后，基于以上两点的讨论，来简单梳理下数字经济学下的商业生态的治理框架。第一，政治社会学的复杂框架，要在精英治理和民主表达之间找到准确的平衡。这一点即使在数字经济的治理领域也非常复杂，通过韦伯的政治学理论对其中的逻辑进行了梳理。第二，行为经济学的框架，对人类决策行为的关键要素价值、认知和选择进行分析，基于跨学科研究的理论，将行为经济学中关于心理学、社会学、计算机科学以及组织管理理论的思想引入。一方面，更适合真实世界的人类的行为逻辑；另一方面，也通过引入西蒙的理论解决量化模型的研究思路的问题，这是关于商业生态的治理框架研究的前提。

18.3 制度经济与公共选择

> 共识机制的本质实际上是对网络组织的决策规则的制定过程——大多数时候决策规则比决策本身更有意义和价值。

本节讨论制度经济与公共选择，主要讨论新制度经济学相关的理论。新制度经济学起源于经济学家科斯所创建的理论，其核心在于产权与交易费用，主要的逻辑就是制度结构和制度变迁是影响经济效率以及经济发展的重要因素。新制度经济学引入中国受到了极大的重视，它的理论价值在中国的发挥毫不逊色于其他国家，因此理解其中的理论和逻辑在数字经济领域的应用非常重要。限于篇幅，本节主要讨论的就是关于公共选择的理论，正如美国马里兰大学经济学教授曼柯·奥尔森（Maneur Olson）提到的，如果不存在一个和平秩序和其他必要的公共产品，则没有哪一个社会能够令人满意地运转。因此，讨论这部分对理解如何建立其数字经济中的制度治理有非常大的帮助。

首先，讨论经济学意义上的民主制度。这里要从奥尔森教授在《集体行动的逻辑》一书中的思考来讨论，本书也是公共选择理论的三本奠基书籍之一（另外两本是布坎南与塔洛克（Tullock）的《同意的计算》和安东尼·唐斯（Anthony Downs）的《民主的经济理论》）。书中的基本逻辑是如果无征服状态导致的危害越大，建立秩序或提供公共产品的预期收益就会随之增大。更为关键的内容在于奥尔森运用他的集体行动的逻辑理论进行分析后得到的结论：当群体很小时，秩序自发地产生秩序是可能的；而当群体相当大时，秩序则不会自行出现。因为群体很小时，个人为公共产品所做出的贡献的回报容易识别和计算，也就是提供公共产品的成本与收益关系更加容易被感知；反之，群体很大时，个人对公共产品的影响微不足道，同时"搭便车"的可能性在增长，因此秩序的产生要比小群体困难得多。

基于以上逻辑，奥尔森探讨了专制和民主两个不同的制度之间的经济学关系，并推导出来了两种制度进行演化的内在关系。可以简单总结为三点。

（1）他提出专制者为了使得其收入水平最大化的私利，往往高于提供该水平公共产品的最优税率，也就是说民主比专制制度更倾向于低水平税收。

（2）民主比专制制度有更强的稳定感和随之而来的可预期性，通过保障个人的权利尤其是财产的私有权利促进经济的发展。

（3）期待那种自下而上的自组织的产生是值得怀疑的，事实上专制是更符合人性的，民主的出现具备很大的偶然性，而民主与经济增长之间并没有直接的正相关关系，这一点从全球不同类型的国家制度之间的经济发展可以得到结论。

简而言之，民主经济学考虑是奥尔森教授的重要研究成果，关键在于制度选择带来的经济收益并不是一定的，而从经济学角度讨论民主更符合我们一直倡导的理性思维。数字经济学关于制度设计的理论前提就在于好的制度设计能够带来好的经济增长，而制度结构的变迁则跟经济增长密切相关，这是我们需要理解的逻辑。

其次，讨论公共选择的经济学思考，尤其是关于投票机制的有效性的探讨，这部分的研究成果主要由经济学家布坎南和阿罗的理论来推导。公共选择理论就是运用经济学的分析方法研究政治决策机制如何运作的理论。正如布坎南所说："公共选择是政治上的观点，它以经济学家的工具和方法大量应用于集体或非市场决策而产生。"公共选择认为人类社会由经济市场和政治市场产生，在经济市场上人们通过货币投票来选择能够给其带来最大满足的私人物品，而在政治市场上人们通过政治投票来选择能给其带来最大利益的政治制度和公共政策。与市场过程不同的是，政治过程是人们为获得外部性的公共产品和服务而进行的集体决策，因此要考虑的是集体决策的成本。

限于篇幅，本节只对少数服从多数的集体决策原则进行分析，因为这是公共选择理论的研究重点，同时也是大众对决策机制的关键误解。大多数人都知道少数服从多数是兼顾决策成本和外部性成本而形成的重要的决策规则,但是公共选择理论告诉我们这一规则被提高到与一致同意规则并驾齐驱的位置是不合理的。正如布坎南和戈登·图罗克(Gordon Tullock)所说,没有一种既定的多数规则是普遍适用的,因此不能对这种规则进行简单崇拜。事实上这样的规则并非总是有效的。一方面通过经济学上的阿罗不可能定律,想借助投票过程达到协调一致的集体选择结果,事实上是不可能的,也就是少数服从多数的原则会失灵。由于获得关于集体成本的信息是需要费用的,与此同时达成集体一致也存在着障碍等,多数人在关键的博弈中未必能获得最终的胜利。另一方面,布坎南通过立宪经济学推导出选择什么样的决策规则决定了不同的制度,从而决定了经济效率。在这个过程中,布坎南强调的是有意识的行动,这与哈耶克强调的自发的演进不一致。事实上,布坎南的态度是经济学家既要对自发产生的制度变革过程保持敬意,又要在其中扮演关键的角色。换言之,在经济制度和公共选择过程中经济学家要保持一种微妙的平衡,与此同时也要推动组织全体成员同意的一致性,也就是共识的达成。

最后,讨论数字经济学中的制度经济思考。基于以上两部分的讨论可得关于组织的制度选择的一些经济学的基本逻辑,对区块链网络下的制度经济安排以及相关通证经济系统的设计有如下深入思考。

(1)对于区块链的治理制度,要兼顾多数人原则以及考虑到民主投票机制的局限性,对于不同规模和性质的网络组织所采用的机制应该有差异。

(2)对于区块链的治理制度,要考虑其结构的演变过程,如何实现从专制到民主的过程,是以整个经济生态的正向发展为核心的,早期的制度选择和后期发展的制度选择是不一样的。

(3)所有治理制度的目标和前提都在于尽可能达成一致性的同意,

也就是共识机制的本质实际上是对网络组织的决策规则的制定过程,大多数时决策规则比决策本身更有意义和价值。

以上就是对制度经济和公共选择理论的探讨,这部分内容与 12.1 节的区块链的制度经济直接相关,与此同时也与理解经济生活与政治生活的内在关联直接相关。

总结一下,本章分三部分讨论了基于共识的政治秩序:政治经济学基本框架、政治社会与行为经济、制度经济与公共选择。通过这三部分的研究我们将政治经济学的思考纳入数字经济学研究的框架中,从人类生活的本质理解这两种逻辑的差异和相关联之处,无论是政治生活还是经济生活都是人类行为的表现,因此都具备其经济学价值。在数字经济生态系统中找到关于制度经济与资本经济研究的基本逻辑和具体场景,同时逐步构建关于这部分深入思考的框架。

第19章

数字经济的商业启蒙

19

区块链技术的应用是数字经济的商业启蒙运动的开端,但并不限于此。

本章将前面的内容进行总结和梳理,对区块链技术、数字经济学的理论基础以及关于制度经济学的思考放在同一个主题下进行分析,这个主题就是数字经济的商业启蒙运动。一方面,我们整个数字经济学研究的起源之一就是区块链技术的出现,因此全书讨论了很多关于区块链技术和经济的课题,本章进行初步总结;另一方面,我们的研究并不局限于区块链经济相关的思考,而是对整个数字经济进行深入探索,因此在第20章深度讨论的是数字经济学的范式与传统经济学范式和奥派经济学范式的异同。理解了本章的内容就对整部书的基本逻辑有了认知,也方便各位读者对所学的相关内容进行梳理。本章分三部分讨论数字经济的商业启蒙:数字商业认知启蒙、数字经济秩序启蒙以及数字经济学方法论。

19.1 数字商业认知启蒙

> 网络是完整的市场,而市场是残缺的网络。在数字经济生态下以使用权为核心的产权机制才是未来的核心。

互联网在过去20年出现了越来越中心化的发展趋势,而区块链构建的去中心化网络是互联网在越来越中心化之后的一次自我纠偏,尼古拉斯·尼葛洛庞帝大概在20年前所预言的数字化生存世界原本会得以实现。当时,他写了《数字化生存》一书来表达对未来数字化社会的预测,认为互联网能带来一个去中心化、无政府、跨国界的数字化生存的世界。

然而互联网在过去 20 年的发展,使得这个预言被证伪,那么区块链可能在很大程度上带来了新的构建数字化生存社会的契机,或者说是推动现实世界的人们朝着数字化生存的方向逐步演变。

我们先从区块链本身的属性来探讨区块链带来的商业变革是基于什么样的技术特质,它提供了哪些原有的技术范式不能提供的特质,以及解决了以往信息技术不能解决的哪些问题。我们一直说,经济就是技术的一种表达,要讨论区块链的经济,就不得不讨论区块链技术的实质。区块链构建的分布式网络的技术,通过点对点的通信技术,完成了网络化效应的构建。实际上点对点技术在互联网中早有应用,只不过区块链通过彻底的去中心化的技术将其实现了,并且将价格和金融的要素放在了网络中流通。

简单地说,从区块链技术开始,信息技术才真正地推动了人们大规模的数字化迁徙运动,人类社会才真正开启了从物理空间走向信息空间的大门。过去 20 年的互联网,实际上只是超过 10% 的实体经济部分转化为数字经济。无论是电子商务、在线旅游,每个领域都是如此,那么为什么剩下的接近 90% 没有办法转化呢?也就是并没有实现把价值金融等要素放在网络当中进行流通,也没有对生产关系进行变革?这是互联网作为信息互联网的一个缺陷,也是区块链作为价值互联网的一个价值。这是区块链的第一个特质。

第二个特质,区块链在分布式网络的基础上,以非对称加密的方式构建了分布式账本,实现了商业历史上的重大跃迁。资本主义(或传统工业经济)它的基础之一就是复式记账。那么从复式记账到分布式记账的变化,就是以资本为核心的工业经济转向了以价值为核心的比特经济。如果说复式记账相对流水账来说,是工业革命相对于农业革命的一次变革,那么分布式记账则是信息革命的一次重要的基础设施变革。通过对信息的全息记录以及在记账过程中采用去中心化组织的方式来实现产业生态的变革。

我们一直在讨论传统经济和数字经济的差别，这里我要强调的就是一定要把区块链技术放在整个信息技术革命的逻辑里面去看，那么整个信息技术革命的本质是什么呢？是通过以算法为核心的技术，将现实世界通过数学进行表达，然后映射到比特世界，这也是信息技术的实质。以算法为核心的信息技术的商业契约和市场机制，在区块链技术的帮助下实现了，带来的就是真正实现的零交易成本以及完整的网络效应。

在研究数字经济的过程当中，网络是完整的市场，而市场是残缺的网络。简单总结就是，在现实的经济当中交易费用的产生，是因为市场的企业主体要有较高的信任成本。科斯定理讲的是有企业能够降低市场交易成本，但是它忽略了企业本身也是有交易费用的。那么在这个基础上，区块链网络之间是不存在交易费用的，是一个更完善的市场主体的表达。

但是区块链网络是否能完全代替实体经济的所有部分呢？答案是否定的。因为数字经济研究的大部分服务，是以产品体验和服务经济为核心的。除此之外，很多其他的经济，如传统制造业，可能是通过人工智能、工业4.0等其他技术方式进行加速，是在生产力上的变革。而数字经济当中，关于企业网络组织的讨论，它的核心是针对服务业或者以服务和体验为核心的第三产业，所以说去考虑区块链改变所有的行业，我认为并不是一个完整的、可信的表达。最近有很多企业组织关注基于生产关系的区块链技术的商业化应用的模式，也就是将传统公司制度通过区块链改造来建立分布式自治组织（DAO），就是对传统企业的改革。而满足链改的企业就是以互联网初创企业、中小型服务类平台以及拥有数字资产的企业机构为主，而不是所有企业都适合这个模式。

简单总结第二个特质：区块链在分布式网络基础上，实现了一个全新的网络组织,也就是我们常讨论的 DAO,代替传统的企业组织的商业生态的变革,在这个商业生态上,才有可能探讨信息经济、数字经济,如何开拓一个完全不同于传统工业经济的生态。这里要补充的是,DAO 是会和共识并存的,而不是完全的替代,是通过彼此的结合来实现生态经济的发育和成长的。正如诺斯所说,"体制就是降低人类社会关系不确定性的工具,以帮助人们在社会中进行沟通,完成所有类型的价值交换。"人类经济社会发展的路径是"手工作坊—合伙制—近代共识制度—现代公司制度",而现代公司组织的基础是全球金融资本的发展、商品经济的全球化以及社会化大生产。在数字经济生态中,以 DAO 为核心的新型生产组织将成为最重要的组织生态的基础。

第三个特质,区块链基于共识算法和智能合约产生的数字货币机制(或者通证经济机制)。目前,大多数通证经济都失败了,或者说比较受到制约,原因在于现在所有通证经济的重点都放在了数字资产的证券化上,也就是交易所上市的过程。但这个逻辑并不是完整的,因为通证交易所上市的只不过是数字资产证券,与企业本身的产品和服务并没有直接联系。所以区块链经济变革的核心并不只在于将它变现,而在于建立一种以通证为核心的新的商业生态。

这里要强调一个我在做数字经济学研究的过程当中,一个很重要的概念,就是建立一种基于使用权而非拥有权的产权机制,这是区块链带来的真正变革。也就是说,在资本主义的经济体制下,它是一个以拥有权的产权为核心的产权机制;在数字经济生态下以使用权为核心的产权机制才是未来的核心。

在经济学思想历史过程当中,使用权早于拥有权存在;另外,互联网时代的共享机器生态失败的原因是互联网时代并没有完全实现以使用权为核心。

在互联网时代，共享单车、共享出行或者共享住宿成功了，除了这三个模式以外，其他基本上都失败了，因为只有区块链的技术才是完全去中心化的，所以才能带来以使用权为核心的共享经济生态。通证有很多性质，有交易属性、货币属性，但最重要的核心是产权里面的使用属性。所以区块链最大的变革就是通过去中心化的方式去中介，从而实现信息经济的真正变革，建立一种基于使用权的数字经济生态的技术基础，这是我理解的第三个特质带来的变化。简而言之，第一，我们现在大多数通证经济的失败，并不是因为区块链的经济失败，而是因为大多数做通证经济的模式，还是按照以拥有权为核心去构建的。第二，以通证的交易属性为核心的本质就是数字资产证券化，偏离了对生产关系进行变革的目标。第三，目前的通证经济并没有以将传统产业的中心向使用权过渡的逻辑搭建起来，这是理解通证经济一个非常关键的要点。任何改革都不可能一蹴而就，而是需要通过逐步过渡来实现。公司制度是有其生命力的，DAO 需要通过与其结合推动通证经济的实现。

以上就是对数字商业认知启蒙内容的讨论，区块链的最大变革就是通过去中心化的方式去中介，从而实现了信息经济的真正变革，也构建了一种基于使用权的数字经济生态的技术基础，这是区块链商业变革的核心。

19.2 数字经济秩序启蒙

> 数字经济学建立的是一种以自私假设和资源稀缺为前提，以相互协作和个人主观价值为推动力的在市场过程当中探讨动态均衡的经济学理论。

由于数字经济学这门学科是数字经济领域中的一门经济学研究的单独学科,所以在本节讨论更多的是,它跟新古典经济范式之间的差异以及为什么在数字经济时代要有新的经济学来理解新的经济秩序,对数字经济学研究的本质特征以及其基本逻辑。

首先,从行为假定上探讨传统的新古典经济学,它的行为假定是什么?然后我们再来做数字经济学的行为假定的一些探讨。行为假定就是因为经济学是观察人类所有协作行为的科学,而这个过程当中关于人的经济行为的假定就是经济学理论分析的逻辑起点,传统经济学就是新古典经济学的假定,称为理性人假定或叫经济人假定。就是假定人的自私和理性是所有行为的前提,这是亚当·斯密思想下推导出来的经济学最重要的假设之一,包括三层含义:第一,追求自身利益是人们经济行为的根本动机;第二,理性的经纪人能够根据外部市场和自身利益做出判断,最大化个人的私利;第三,经纪人追求个人私利最大化的行动会无意识地增加整体社会的公共利益,这就是"看不见的手"。

正是基于经济人假设,新古典经济学探索出了一整套利用边际分析和一般均衡理论构建整个主流经济学的大厦,对经纪人的核心思想进行了严格的形式证明和抽象,建立了经济人理性选择理论的基础和内涵。简单地说,就是新古典经济学基于一个经济人的假设构建了一个以数理经济学为核心的主流经济范式。这个范式的特点就是,它的假设是为了推导出一个完整的、符合数学演算逻辑的经济学模型,这个经济学模型虽然是主流的,但是它存在着非常多的明显的缺陷。

因为新古典经济学将个体的工具理性作为核心,而否定了价值理性,也就是否定个体的主观价值判断,否定了个人的作用,忽视了个体行为的目的和动机,对行为约束和行为过程也没有解释。所以这个缺陷随着经济的发展就越来越明显了,新古典经济学近年来也受到了非常多的挑战,实际上从它诞生以来很快就受到了另外一个学派(奥派)的挑战。

8.1节已经讨论过奥派经济学理论了,本节简单总结如下:奥派的假设是基于人类行动学和主观价值论的假设,将经济行为的研究重点放在了个体上。奥派经济学从每个人的行为出发来思考经济问题,同时强调每个人的主观价值判断,因为他们看到了新古典经济学家坚持的货币数量论和货币中性论的不足。在这样的理论中,货币变成了数字,剩下的是如何最优地管理数字的问题,因此经济学走向数学化、数量化。奥派经济学是以人类行动学还有市场过程学为核心的经济学,而不是新古典经济学这样以市场均衡学说为核心的学说,奥派经济学的大师米塞斯,他本人所说的奥派经济学是不朽的,它是行动的经济学而非均衡的经济学。

简单地说,奥派采用的是行动人假设,也就是假设人是有主观价值和创造性的,是人与动物的根本区别,因此带来的经济学理论与新古典经济学理论有非常大的差异。新古典经济学关注的是个体或者国家的效用最大化,如宏观经济学当中探讨国家的效用最大化、货币价值的最大化。微观经济学当中关注的是生产者和消费者的效用最大化,但是奥派关注的是行动人之间的协调,认为经济学是一个秩序问题。奥派把人的行为分为有意识和无意识的,在人们有意识和无意识的行为当中进行协调,在这个逻辑下可产生一整套经济学理论。

在研究数字经济学这门学科时,假设是什么呢?一方面偏向于奥派关于个体行为的假设,但是要补充的是,强调的是基于合作的经济人的假设,也就是人与人之间通过协作来完成互利。这是数字经济中关于人的假设。一方面,采用了新古典经济学当中关于自利和经纪人特质。有一本书《自私的基因》,正是因为在自私的基因的协作推动下,人们的行为有了动机。另一方面,这些动机产生的后果又不是完全自私的,而是通过互相协作产生的。

这样一个假设就使我们保留了新古典经济关于人性自私的经济学假设，同时又通过行为之间的协作对其中的不足进行弥补。当社会产生协作时，经济行为才会发生。而这时候自私就演变成为了一种更大意义上的无私奉献，来展现对整个族群的自私行为。所以它的核心是什么呢？数字经济学研究的就是在约束条件下如何通过互相协作、共享以及秩序来构建一个经济秩序，核心就是互利协作，而且在这个过程当中，并不完全排除数学工具的应用。

总结一下，在新古典经济学派和奥地利经济学派的基础上，数字经济学建立的是一种以自私假设和资源稀缺为前提，以相互协作和个人主观价值为推动力的在市场过程当中探讨动态均衡的经济学理论。

数字经济学的理论带来的变化是什么？有别于传统经济学能够解决的问题是哪些方面呢？至少有三个特质是数字经济学带来的重要价值。

（1）关注到了企业家个体的作用。我们经常讨论创新，创新是谁带来的呢？是企业家带来的，所以数字经济学也认为，企业家的创新精神才是经济得以发展的基石。数字经济学将奥派经济学理论对个体的重视放在数字经济的创业创新中，将企业家置于主体地位，强调个人的创新思想带来的商业变革。

（2）关注到了人性自私以及相互协作的逻辑兼容性。正是因为人性的自私才使得个体为了更大的利益，放弃眼前的短视行为，从而促成合作达成。唯有以互利的逻辑才能理解数字经济学中的协作行为以及网络生态，也唯有通过互利才能理解社会资本等一系列关于数字经济学理论的基本概念。

（3）放弃了静态的均衡理论而以动态不连续的均衡理论替代，这样可以用数学工具进行演算和实践。通过复杂理论以及信息理论的相关研究成果，能够将一些经济学的基本逻辑进行演算，而这些演算能够为建构更接近真实世界的数学模型，以及对理解数字经济的基本生态有非常重要的价值。

这就是我们探讨数字经济学带来的理论思考的变化以及基本的逻辑框架。我一直在强调研究数字经济学，不是去深造一些新词，而是通过经典经济学思想的研究将其中的工具、思想、范式拿出来形成一套逻辑自洽的体系，来对新的技术现象进行分析。通过这样的路径，实现传统经济思想和前沿经济思想的结合，也实现了以跨学科的方式来系统研究经济思想的目标。

最后，简单讨论数字经济学当中的价值理论和制度契约之间的关系，进入对市场契约和共识的智能合约机制的探讨。

价值论的变化，经济学关注的就是两种基本关系：一种是人与自然的关系，也就是物质生产活动，另一种是人与人的关系，也就是社会交往行为。这两个基本关系，在经济行为当中并不分开，而是在同一过程当中发生的。新古典经济学侧重于人与物的关系，所以把经济学变成了一个资源配置的学术体系，而制度经济学和政治经济学则关注人和人之间的关系，发展出来的就是以制度分析和产权理论为重点的经济学，数字经济学就要兼顾两个关系。既然两个关系要兼顾，那分别探讨人与自然的关系也就是财富的产生、人与人的关系也就是财富主体属性。迄今为止，经济学当中的两大价值理论就是劳动价值论和效用价值论。前者是古典经济学的价值论，包括马克思主义价值论，即以劳动价值论为核心；后者是新古典经济学和奥派经济学的价值理论，称为效用价值论。劳动价值论是一种主体，一种客观的价值论，是从供给和成本的角度讨论价值，认为价值反映的是人与人之间的关系和财富主体属性，而不涉及人和自然的关系，这就确定了是否使用资源的价值，只剩下占有和不占有。

本节归纳出三个基本价值：①商品具备了物质层面的使用价值；②商品本身的价值被认可；③人的目的的价值在使用过程当中得到体现。

农业经济时代，古典经济学以及重商理论关注的是第一种价值，即物质层面的使用价值；工业经济关注的是第二种价值，就是商品本身的价值。那么数字经济学就叠加了一个人的目的的价值，主观感受的价值在使用过程当中体现，这是我们关注的要点，也是数字经济学价值论有别于前两种经济学理论的差异。

下面介绍产权理论。工业经济时代的产权理论包括企业的合约理论、企业的契约理论、交易费用的经济学理论、代理理论等。但是现有产权理论和合约理论的核心都是以拥有权为中心，以权力为归属为主导的，但是权力归属本质上是一种封闭性的安排。现代股份制企业当中股东拥有财产权，而这种拥有权益以股票为载体、变成股权。这不是对实物资产的拥有，而是变成一种符号权力，也就是说工业经济的产权是以拥有权为主导的企业组织的产权理论。

数字经济学当中的产权理论是一种以智能合约的共享经济为主的，以使用权为核心的生产关系。这里给出三个理由。

（1）数字经济使得所有客观经济对象以数字和比特的方式存在，摆脱了具体实际物体的限制，创造了一种基于体验和服务的经营模式，而这种经营模式的核心就是使用权。

（2）由于数据或者比特的边际成本为零，带来了强大的网络效应，这种网络效应带来的是垄断，因此形成了以平台和生态为主题的网络组织。这种网络组织的核心就是通过使用权的开放来扩展内在的生态，从而以网络化的组织代替了传统的企业组织。

（3）数字经济学的核心主体是去中心化的网络组织，而不是企业，所以相比所有权，使用权更具备价值。而网络中的去中心化组织通过零交易费用和技术契约进行快速交易，使得网络中的每个节点都能获得服务，这是数字经济运行的基本逻辑。

所以我们要补充什么呢？就是实际在市场交易中的主体。按照科斯定理，或者张五常的合约定理，其实主体并不是企业，而是合约本身。企业是存在合约的一个主体，完成交易其实是完成了互相的契约，企业只是存在合约的主体。

那么在这个基础上我们就可以理解"去中心化"的网络化的组织，当然去中心化要打引号，因为不完全是去中心化的。这个网络组织的交易费用相比企业更低，在它的基础上建立的一个基于智能合约的安排，就应该是更低交易费用的，从而符合数字经济的产权生态。

简而言之，如果把使用权作为区块链经济的核心，同时会产生三个正向效果。

（1）从经济增长上，不会再单纯地以数量为指标，而真正强调是满足每个个体的个性化需求，也就是C2B的模式或价值经济的模式。一定是在考虑每个个体个性化的需求之上，在供给侧才能实现变革，才会改变现在同质化资本的增长策略。这是在经济增长逻辑上的一个基本变化。

（2）从个体价值上，异质化的资本效应体现出来。什么是异质化资本？同样的商品对不同的人来说，它的价值是不一样的，每个人都会基于个人的主观价值做选择和决策。如果所有人的预期愿望都是成为有钱人本身，这个前提就在于是同质化资本，因为同样的财富，只要积累越来越多，似乎就可以得到所有的商品。但实际情况是，随着物质的丰富，在信息世界更重要的是理解每个人的个性化需求，提供差异化的服务，这就使得异质化的资本效应体现出来，这就是我们强调的个体价值需求差异化之所以重要的原因。

（3）从收入分配上，由于以使用权而非拥有权为核心，因此会大大降低收入分配带来的冲突和不稳定。现在国际贸易有争端，核心原因就是现有的经济模式，它只解决了整个世界经济的增长问题，但是并没有解决分配问题，实事求是地说连增长都没有解决，因为过去收入分配的问题没有那么明显，全球经济都能保持正常的高速增长，但是当这个增长乏力时，分配就体现出很大的问题。虽然资本主义推动了自由经济的发展，但是它几乎不考虑分配问题。所以我们又从经济增长、个体价值、收入分配这三个角度构建了一个新的经济学理论。

19.3　数字经济学方法论

> 数字经济学有必要作为一门单独的学科进行讨论和研究，而区块链技术以及其背后的底层逻辑可以作为数字经济学中的基本框架得以使用。

本节讨论最近被问得比较多的关于数字经济学的问题，这也是理解通证经济作用的重要基础。主要包括以下三个问题：

（1）为什么要将数字经济学作为独立学科来看待？

（2）研究数字经济学的基本方法是什么？

（3）这个学科要解决的基本问题是什么？

以下是对这几个问题的回答，希望能帮助大家理解我对这门学科目前发展情况的看法，也同时了解我作为学科开拓者与奠基人对整个理论体系搭建的基本逻辑的见解。

首先回答第一个问题，数字经济的概念并不是新鲜的概念，只不过以往研究数字经济的学者和专家往往注重的是数字而非经济,也就是把数字经济当作一种由于信息技术发展而带来的对现有经济效率和创新层面的影响,更多地关注如何用数字技术改造生产、管理和销售流程,而并不把它当作一门独立的经济学科来讨论。事实上,如我在《数字经济思想讲义序章》一文中所讨论的,数字经济学有必要作为一门单独的学科进行讨论和研究,而区块链技术以及其背后的底层逻辑可以作为数字经济学中的基本框架得以使用。

从这个意义来说,我所做的重点工作就是逐步建立起数字经济学这座理论大厦,能够用经典的经济学理论(主要是以亚当·斯密之后的经济学家提出的理论为主)以及前沿的跨学科的思想体系(主要以哲学、政治学、社会学等学科的前沿思想为主)来为数字经济学这门独立的学科奠定其基础。

因此,在仔细考虑和研究之后,我将数字经济学作为一门独立的学科来讨论,并作为我的学术研究的主体,为大家梳理其中的理论体系和基本逻辑。

回答第二个问题,除了以经典理论和前沿思想为基础以外,还有经济学者研究必须具备研究的方法论。具体包括三点。

(1)从重大现象出发。经济学是解释社会现象和人类行为的科学,因此好的理论一定要能解释重大的现象。随着信息经济的发展,包括互联网、大数据、区块链等信息技术的发展,需要新的经济学理论框架进行解释。而中国作为世界数字经济发展的两个超级大国(另外一个是美国)之一,现有的以新古典经济学为主流的经济学理论体系无法解释数字经济发展的基本逻辑,这就是为什么我要以数字经济学作为主要研究对象的原因。

(2)解决真实问题。由于现有的新古典经济学的学者们热衷于对数理模型的使用,但是面对真实的世界如何利用经济学进行研究才是经济学的初衷。无论是亚当·斯密,还是李嘉图,能够解释真实世界发生的现象是经济学应该尽到的本分。

(3)我的研究方法是不断迭代以及尽可能通过非数学的方式进行讨论的。由于数字经济还在不断发展,新的概念不断产生,需要用数字经济学研究的现象就越来越多,也要求数字经济学的解释框架能够容纳的空间越来越大,因此需要对理论进行不断迭代。另外,数学是帮助人们理解经济逻辑的工具,而我更看重如何让经济学能够被企业界、产业界应用和理解,而不是做书斋里的经济学家。因此,我采用这样的方法论进行研究和写作,也希望能够对数字经济学的普及起到一定的作用。

回答第三个问题,在回答以上两个问题的基础上,这个学科的工作就呼之欲出了。我要做的工作就是将数字经济学理论体系逐渐完善起来,用以解释真实世界发生的经济现象,并为这个理论在实践层面的应用提供思想和理论的基础。在具体做学问时,一方面要提出新的见解和理论,用以解释原有经济学不能解释的概念和范畴,这是这门学科最大的价值;另一方面,也不能割断这门学科和过去两百多年经济学思想大厦之间的联系,否则就变成了无根之木和无源之水,甚至沦为民间学术。

简单地说,一方面要引入活水,使得经济学能够对新的经济现象进行解释,而不只是陶醉在复杂的模型之中;另一方面要正本清源,使得经济学数百年的思想根基能够适应新的经济现象的发展,而不是创造新奇博眼球的概念去讨论新的经济现象。

以上就是对数字经济的商业启蒙相关主题的讨论,我们对数字经济的商业启蒙进行了分析,尤其是对数字经济商业启蒙与区块链变革之间的关系进行了探讨。理解本章的内容对理解整本书中的基本逻辑和框架有着非常重要的意义。在数字经济学的框架下去讨论区块链技术变革,能够更加清晰地理解为什么我将区块链技术的应用定义为数字经济的商业启蒙运动的开端,也能够更加理解数字经济学与区块链经济之间的内在联系。

需要强调的一点是,由于数字经济学诞生不久,还存在着很多需要解决的问题,因此需要在不断的理论探讨和商业实践中获得更深入和系统的思想,以及更具备实践价值的研究成果。

第20章

数字经济学的科学原理

20

相对于在确定性的存在世界进行研究的主流经济学，数字经济学更多是对不确定的世界的研究。

作为全书的最后一章，我们来探讨数字经济学的科学原理，以及我对经济学这门学科所处历史节点的看法。西方现代主流经济学的危机，尤其是其基于启蒙运动的理性主义发展出来的一整套工具理性思维下的经济学假说，造成了整个学科在牛顿体系范式的影响下无法对真实的经济世界进行解释。与此同时，复杂科学的相关理论、信息技术的快速发展以及物理学思想的内在深层变革则深深影响了经济学的发展，让我们在理解新的经济形态（如数字经济领域）时，需要采用新的范式去解读，也需要建立一种新的关于经济学底层逻辑的哲学思考。

现在经济学界出现一个新现象，就是整个经济学的范式正在被改变，从确定性的范式研究到不确定性的范式研究，其中最重要的现象之一就是随着互联网、区块链、人工智能等技术发展而来的新经济学思想。本书中从不同角度讨论了这个话题，基于数字经济的范式改革正在发生，新的经济学体系应该被认知。尤其是作为中国的经济学者，应该针对中国的数字经济的发展经验，概括相关的概念、体系、范畴和规律，基于新的研究范式提炼出不同于西方传统经济学思想理念的新成果，这也是本书做得最重要的尝试。

因此，本章就从科学原理以及方法论等底层逻辑来探讨数字经济学，尤其是数字经济学对物理学、生物学以及认知科学等领域的跨学科思想的借用。

基于以上目标，分三部分进行讨论：经济学的范式转换、不确定的经济系统自组织与演化理论。

20.1 经济学的范式转换

> 现实的经济生活是动态的,因此我们需要通过动态的物理学范式来理解经济学。

从经济学的历史发展过程中看,自然科学对经济学的影响,尤其是物理学对经济学科的影响。通过经济学发展过程中的隐喻和范式的变化,理解传统经济学底层逻辑的演变。关于这部分的内容,分三部分讨论:经济学范式的演变、牛顿物理范式的影响以及热力学定律与经济思想。

首先,讨论经济学范式的演变,19世纪物理学的发展建立了一整套工具理性影响下的科学研究方法,通过对比、隐喻和建立模型的方式建构一整套科学体系。这样的方式是整个新古典经济学的思想基础,也是一般均衡理论的方法,实质上是牛顿力学的方法论,这是理解主流经济学基本范式的基础。14.1节讨论过"两个剑桥之争"中对新古典经济学的批判,以及奥派对新古典经济学的批判,事实上对传统经济学的批判的核心通常就是一般均衡理论的方法论基础,尤其是其中对市场的完全竞争的假设带来的一系列理论问题:市场均衡作为经济制度的平衡状态,从而形成了静态的均衡理论;由于对货币逻辑的简单化,导致各国普遍采用信用扩张和通货膨胀的方式解决经济危机;由于方法论的数学化,也导致整个传统经济学理论越来越成为数学家的游戏。正是由于这个并不存在的静态的均衡假设,导致了整个新古典经济学的研究成为越来越多的经济学家怀疑和批判的对象。

1929—1933年的美国经济大萧条之后,凯恩斯在《就业、利息和货币通论》一书中表达了对新古典经济学的批判。他对资本主义再生产的机制进行了重新解读,认为经济总支出的下跌导致了收入下降以及就业规模的大规模降低。由于私营部门不能提供足够的投资，促使生产维持到正常水平，因此凯恩斯提出了政府干预的经济政策，即政府必须通过经济危机时的财政赤字和通货膨胀的方式来实现充分就业下的均衡，而资本主义经济体制的自我调整因素会促使经济危机能够在这样的政策下得以自我修复。事实上，随着19世纪70年代的大量失业和通货膨胀同时发生，凯恩斯主义也遭遇了很大的困难。在这个背景下，以萨缪尔森为代表的新古典综合派的经济学者提出了将国家垄断资本主义作为市场机制与国家调节相结合的学术体系的方法论，这也是现代西方经济学的主流。事实上，新古典综合的本质就是将新古典经济学的一般均衡理论和凯恩斯的有效需求理论结合起来，通过财政手段和货币政策对宏观经济进行调控，从而影响微观经济下的生产者和消费者，能够实现稳定的价格体系和充分就业的宏观环境，这是新古典经济学的范式随着时间推移发生的转变过程。

然后，讨论牛顿物理范式的影响，边际主义的创始人之一经济学家瓦尔拉斯就受到了物理学的强烈影响，他认为"纯粹的经济学理论在每方面都是一门类似于数学物理的科学"。新古典经济学的开创者们正是通过物理学的思想，将牛顿的微积分引入了经济学的研究中，对微观个体的行为偏好进行研究。由于采用了牛顿物理范式，因此个体成为机械属性的个体，是简化和结构化的对象。与此同时，他们通过对理性经济人的假设实现与物理学中一样的静态模型的建构。也就是说，通过将个体假设为具有完全独立的信息去实现个体效用最大化的经济人，来保障研究对象的同质性和独立性，从而实现数学在经济学中的严格应用。主流经济学家的辩解是只要理论能够对未来进行足够好的预测，假设虽然不合理也无可厚非，然而新古典经济学所产生的单一因果论对现在的复杂的经济学现象已经越来越不具备解释力。正如约翰·莫尔丁（John

Mauldin）所说，"1971年以来经济学家从来没有预测对过一次经济衰退。"而2008年金融危机的爆发，更是摧毁了人们对现代金融体系的信任。这样的结果显然不是新古典经济学理想的预测，正如新古典经济学通过边际革命实现了颠覆古典经济学的范式转换，很显然，也需要对新古典经济学进行一次彻底的范式转换。

最后，讨论热力学定律与经济思想，通过这部分理解新古典经济学范式的内在缺陷，以及引入复杂经济学的物理学的原理。经典物理学中的假设存在时间反演对称性，也就是过去和未来没有区别。而正是因为这个假设导致了新古典经济学无法对复杂的、不稳定的以及存在耗散和突变的经济学系统进行解释，也导致了很多现代自然科学的革命成果，如非线性动力学、自组织理论以及基于演化论的复杂系统等无法引入。我们重点看热力学第二定律的影响，正是因为热力学第二定律指出了时间的方向，物理学家鲁道夫·克劳修斯（Rudolf Clausius）通过引入熵的改变提出了不可逆性，从而导致整个物理学界的基本思想范式发生了变化，也产生了物理学中基于时间问题研究的一系列成果。如路德维希·玻尔兹曼（Ludwig Boltzmann）在1872年建立了熵的微观模型，1905年阿尔伯特·爱因斯坦（Albert Einstein）在狭义相对论中引入了与每个观察者相关联的时间，1946年物理学家伊利亚·普里高津（Ilya Prigogine）提出了非平衡热力学的结论。

简而言之，热力学定律的发现指出了牛顿经济学理论的内在问题，与此同时也就影响了传统经济学范式的基本原理，传统经济学中的一般均衡理论是基于静态经济学的时间概念建构的，因此完全没有考虑时间因素的存在。而现实的经济生活是动态的，因此需要通过动态的物理学范式理解经济学。

值得注意的是，这部分需要得到的结论并不是基于热力学定律的物理学范式得到的经验就一定比基于牛顿力学得到的经验更为重要,我们强调的是迄今为止我们对经济学的认知的局限性。以物理学为例,其本身的发展经历了经典力学到热力学、光学、电动力学以及量子力学等多个阶段,但是迄今为止物理学家认为我们对真实世界的认知仅为5%,因为其他95%的物理世界是由暗物质和暗能量组成的。相较之下,经济学从古典经济学发展至今,无论是主流的新古典经济学还是非主流的奥地利经济学都不能对所有经济问题提出完美的答案,就好像物理学迄今为止也没有提出一个完美的统一理论来解释外部世界一样。因此,我们需要以一种哲学意义上的批判眼光看待经济学,需要以一种更为全球化、更具备历史发展眼光以及符合人类文明进程的格局看待经济学。

在研究数字经济学的过程中,我注意到的是国内关于经济学的研究更多的是介绍主流经济学派而对非主流经济学思想介绍得较少。因此在这部分我重点研究了一些非主流经济学思想对数字经济领域的影响,如制度学派、奥地利学派、新结构主义思想、复杂经济学等,这些思想对数字经济学的意义和价值并不亚于主流经济学思想的研究。甚至可以说,正是由于以这些新的经济学研究思想为基础,通过跨界涉及社会学、政治学、生物学以及物理学等领域,才使得数字经济学这门学科拥有了不同于主流经济学的思想根源和大格局。

20.2 不确定的经济系统

> 没有一个经济体系能够达到长期的完全均衡。它是动态的,不确定的。

在理解了一般均衡理论作为静态经济学的基础科学研究方法论是

基于牛顿机械物理的思想后，本节讨论动态经济学的科学方法论，也就是基于动态的观点理解经济学研究的理论框架。我们需要理解动态经济学中对时间要素的考虑，以及这种考虑背后的物理学原理，与此同时也要考虑这种动态经济理论面对不确定的外部经济世界所提供的方法论框架。接下来，我们就来讨论动态经济学理论的思想以及其对数字经济学思想的影响。

首先，讨论动态经济学理论的基本内容，这是由英国经济学家希克斯创建的一套理论体系，正是鉴于希克斯在动态的一般均衡理论和福利经济方面的开创性研究，他在 1972 年获得了诺贝尔经济学奖。他这样定义动态经济学："我把那些我们并不计较日期的经济理论称为静态经济学，把那些对每个数量都注上日期的一部分理论称为动态经济学。"动态经济学的核心不仅在于将经济系统作为一个相互联系、相互依赖的市场网络，更重要的是把它作为一个时间过程来考虑。理解这个地方就能理解我们之前一直强调的两个思想的来源：第一，以网络的方式看待整个经济系统的思想，提出市场是残缺的网络，而网络是完整的市场，事实上只有通过网络的概念才能理解数字经济学研究的对象；第二，以市场过程理论理解市场交易的逻辑，正是因为这种带有时间要素考虑的理论，才更符合真实世界的经济。

那么，希克斯提出的动态经济学中的时间因素带来的经济学思考上的突破具体体现在哪些经济概念上呢？瓦尔拉斯的静态均衡理论由于没有考虑时间的因素，因此在处理资本、货币、利息以及经济周期这些时间因素占据非常重要作用的经济现象时毫无解释力。因为在考虑时间因素的情况下，决定价格的因素在各个时期是不同的，未来时期的物价和当前物价是不一致的。正如希克斯所说，"通过肯定的预期的度，我们就能使用在静态经济学中所用的同样的分析来表述士人和企业的均衡，以及决定计划对当前价格和预期价格依赖到何种程度。把这一点加上我们已经保留的市场均衡的观念，静态分析的重点就仍然可供我们使用。"换言之，通过对时间概念的引入提供了以下三个基本的新的经济学理念。

（1）由于动态均衡理论认为达到均衡是需要时间的，而生产要素市场的当前状况又是企业家对未来预期的反馈，这种反馈通常是不确定的。因此，价格就具备了动态性质，风险也就被引入经济学的观念里。换言之，不确定性就得到了经济学意义上的解释。

（2）由于引入了时间要素，人们可以用现在的收入交换将来的收入，因此就产生了利率的问题，而利率取决于借款周期的长短和对违约引起的风险的估计，那么通过时间函数的逻辑以理解利息的概念，也就理解了资本的概念。换言之，资本的概念就与时间联系起来了，也就理解了现代金融理论中关于风险和时间偏好的基本框架。

（3）由于引入了时间的概念，因此可以将生产过程中的时间的生产力问题进行拓展。由于任何生产过程都是必定需要时间周期的，因此考虑到利息率和投资时间之间的关系。生产周期不仅仅考其增长，还需要考虑生产成果的增长和增加的利息费用之间的关系。正是为了改善生产的收益来抵消利息率增长带来的费用，技术要素才尤为重要。因此，我们可以将技术也理解为一种时间的函数。

在理解了时间概念引入后的重要性后，我们来考察希克斯的期间暂时均衡模型，他提出了四种不均衡的情况，而这些情况存在于任何经济制度之中。他不仅把不均衡归结为供给和需求的不一致，而且认为产生不均衡的原因是：每个人对价格预期不一致；买卖双方的计划不一致；由于技术或心理因素，人们缺乏完全预见；其他偶然原因，如风险的存在等，人们总能发现经济现象中的不均衡。"即使是组织得最完善的经济制度也会因收成的波动、发明或是政治动乱而乱其步伐。"因此他承认没有一个经济体系能够达到长期的完全均衡,断言资本主义经济体系虽然经常处于暂时均衡之中,但是存在不均衡状态,并且不均衡是浪费和生产效率有缺点的标志。

简而言之,动态经济学中引入了时间概念并提供了关于经济学的新的思想给养,虽然希克斯的理论仍然存在着明显的缺陷,如他的期间暂时均衡模型的假定就受到了很多经济学家的批判,因为变动的发生和没有时间性的点之间明显存在矛盾。不过我们也要看到这一思想进步对经济学思想史的影响,尤其是其本质上对静态均衡理论的动摇。

最后,再补充对不确定性和时间分析做出过重大贡献的另外一位经济学家凯恩斯的贡献。虽然之前给了凯恩斯的宏观经济政策诸多的批判,其原因是凯恩斯理论缺乏一个长期的关于收入分配的理论,或者说是关于利息率在一个封闭的经济生态中的应用,而没有考虑开放经济生态中利率受到国际汇率影响的情况。但是,凯恩斯革命带来的真正意义就在于其对时间因素的引入以及通过不确定的分析,把未来和过去区分,也奠定了非均衡状态的经济学研究的基础,主要解读有效需求理论。事实上,1820年英国经济学家马尔萨斯发表的《政治经济学原理》中就提出了由于社会有效需求不足,资本主义有产生经济危机的可能。而1936年,凯恩斯发表的著作《就业、利息和货币通论》则基于有效需求不足的概念,建立起了完整的有效需求不足理论。

凯恩斯通过三个基本心理学定律来解释有效需求不足的逻辑,即边际消费倾向递减、资本边际效率递减和流动性偏好规律。下面简单地介绍下这三个基本概念:边际效用消费倾向递减是指随着人们收入的增加,最末一个货币收入单位中用于消费的比例在减少,凯恩斯认为生产的目的是消费,而正是因为人们对未来预期对边际消费的影响,导致了经济萧条会越发严重。资本边际效率递减的规律则是指人们预期从投资中获得的利润率（即预期利润率）将因增添的资产设备成本提高和生产出来的资本数量的扩大而趋于下降。凯恩斯在用边际消费倾向规律说明消费不足之后，接着用资本边际效率崩溃说明投资不足，正是因为资本边际效率崩溃（投资不足）导致了消费问题，从而引发了商业循环周期的出现。流动性偏好指的是人们愿意持有更多具有较高流动性的货币，而不愿意保持其他的资本形态的心理法规。凯恩斯认为，流动性偏好是对消费不足和投资不足的反映，具体来说是由交易动机、谨慎动机和投机动机三个基本动机决定的。正是由于上述理论思考，凯恩斯提出了解决经济危机的方案。当然，凯恩斯提出这些规律的实质就是对经济系统时间的不可逆性的研究，也就是提出了经济人对未来预期不确定性存在的研究，这是我们关注的重点。

总结一下，我们通过对希克斯动态经济学理论以及凯恩斯的有效需求不足原理的分析，理解了新古典经济学发展过程中时间因素的引入以及对不确定性的经济学的重要原理。理解了这个部分内容后就能理解数字经济学思想中关于不确定性以及市场过程等理论的经济学解释，对全书中讨论的内容提供了基本科学方法的思考基础。

20.3 自组织与演化理论

> 对数字经济生态中 DAO 的建构来说，自组织理论最大的启发是通过宏观手段调整子系统之间的协同作用的过程，其本质上是随着时间不断演变的震荡生态，从无序到有序的负熵流的形成，这样一个由混沌到有序的过程，便是从微观经济到宏观经济研究的基本逻辑。

10.3 节讨论过数字经济学的商业系统内在演化的基本逻辑：第一个逻辑是基于网络的 DAO，是一个自组织的不依赖传统管理的组织；第二个逻辑是这个生态中的秩序，是在复杂系统内不断演化出来的。那么，如何理解其中的科学原理和基本方法论呢？以及如何从这个问题中理解经济学范式变化的底层逻辑？这是本节需要讨论的问题，即将物理学中关于热力学的研究结果、哲学中对存在与演化的研究以及经济学关于自组织理论的探讨结合起来。

首先，讨论自组织理论，讨论自组织理论的前提是理解热力学第二定律，即熵增定律。简单地说，热力学第二定律认为如果一个孤立的系统处于一种不平衡的状态，那么最终随着时间的变化会趋于平缓状态（热寂），也就是任何封闭系统的演变是熵增的不可逆的。热力学第二定律指出了时间的方向，但是生命现象和其他不断产生的新奇事物不符合热力学第二定律，其中的关键就在于对非平衡热力学的研究工作的成果。1977 年诺贝尔化学奖获得者伊利亚·普里高津就是基于对远离平衡态热力学行为的系统的研究，得到了关于耗散结构理论的思考，正是因为远离平衡态的地方物质可能产生新的力学状态，即组织出现了相干性，也就是产生了"耗散结构"。而同样的过程在接近平衡时就会导致旧结构的破坏，远离平衡时就可能产生新结构。简而言之，普里高津论证了一个重要的思想：热力学第二定律带来的不可逆过程不再是一个单一的走向热寂的时间箭头，由远离平衡态表征的不可逆过程也在同时产生，这是所有事物能够有序地新陈代谢和演化的基本原因。

普里高津的研究的巨大贡献使得来自全世界各地的学者都集中在他的身边，形成了国际著名的布鲁塞尔学派，这个学派的最大贡献就在于建立了不可逆过程的微观理论，从而将动力学和热力学统一起来。其理论的核心就是：在非平衡系统中，在与外界有着物质与能量交换的情况下，系统内各要素存在复杂的非线性相干效应时才可能产生自组织现象，并且把这种条件下生成的自组织有序态称为耗散结构。因此，耗散结构是在远离平衡区的非线性系统中所产生的一种稳定的自组织结构。在一个非平衡系统内有许多变化着的因素，它们相互联系、相互制约，并决定着系统的可能状态和可能的演变方向。

正是基于以上的研究，普里高津将宏观系统分为三种类型：孤立系统、封闭系统和开放系统。前两者在达到完全平衡时，不再随时间发生变化。而开放系统既与外界交换能量，又与外界交换物质，普里高津的耗散结构论研究就是以开放系统为对象。他认为，处于远离平衡态的开放系统是在随机因素扰动（即涨落）的诱发下，从不稳定态跃迁到一个新的稳定态的有序结构，在此过程中，其内部各要素之间必定发生非线性的相互作用，各要素之间产生相互效应，这能在多种演化的可能性中出现一个稳定的参量，从而自行产生一种组织性，是一种自组织现象，而孤立系统、封闭系统只能走向"死寂"，不可能产生这种"活的"自组织现象。简而言之，普里高津的耗散结构理论认为，要实现混沌到有序的自组织系统，必须满足系统开放、远离平衡态以及系统各要素的非线性作用三个条件。

其次，讨论哲学中对存在和演化的思考。事实上耗散结构理论中，把系统与外界的物质、能量、信息的交换，看作实现自组织的外部条件；把各要素之间发生非线性的相互作用，看作实现自组织的内在依据；把随机涨落的出现，看作系统实现自组织的直接诱因。这是耗散结构理论关于系统演进的内在机制和演化途径。正是基于这个逻辑，普里高津在《存在到演化》一书中提出了复杂系统从存在到生成、从混沌中涌现有序，是不可逆的充满着不确定性的发展过程。决定论和非决定论在系统的发展中难分难解地联系在一起。这既不是确定性定律所支配的世界，它没有给新奇性留有位置；它也不是由掷骰子的上帝所支配的世界，在这个世界里，一切都是荒诞的、非因果的、无法理喻的。

正是因为这种不确定性的存在，物理学产生了一种新型可理解性，它由不可约的概率表述来表达。当与不稳定性相联系的时候，新的自然法则无论是在微观层次还是在宏观层次都处理事件的概率，而不是把这些事件约化到可推断、可预言的结局。这种对何者可预言、可控制与何者不可预言、不可控制的划界，将有可能满足爱因斯坦对可理解性的探索。普里高津孜孜不倦地对时间的再追问，在哲学的视野中，也就是对于这个世界的存在和生成关系的追问。确定性的存在世界，是古希腊哲学家巴门尼德（Parmenides of Elea）的世界："存在是不生不灭的；存在是完整的、单一的、不动的、没有终结的。"生生不息的生成世界，是另一位古希腊哲学家赫拉克利特（Herakleitos）的世界："这个有秩序的宇宙，对万物是相同的，它既不是神也不是人所创造的，它过去、现在和将来永远是一团永恒的活火，按一定的尺度燃烧，一定尺度熄灭。"主流经济学的研究都是在确定性的存在世界的研究，但是数字经济学是对不确定的世界的研究。

最后，讨论自组织系统以及耗散结构理论对数字经济学研究的启发，要从微观经济到宏观经济的生态演变来看待这个问题。正如普里高津所说："进化理论中最重要的问题之一是宏观结构和微观事件间可能发生的反馈；来自微观事件的宏观结构会反过来导致微观机制的改变。"因此，如何通过自组织理论解决经济学从微观到宏观的过渡问题是非常重要的，也就是经济系统的不可逆性在耗散结构理论下得到的证明，这为理解微观的货币理论和宏观的经济政策都提供了科学的理论基础。例如货币在形式上和时间上的耗散体系结构，以及因此产生的金融体系的不稳定性和随机性问题，从而推导出宏观经济政策的有效性的范畴。限于篇幅，本书从三个地方讨论耗散结构和自组织理论对数字经济学的影响。

（1）正是因为耗散结构的存在，所以数字经济生态中创新的作用就能够被理解了。创新就是一种基于技术和其他经济要素的综合所创造出来的超额利润空间，而创新扩散的结果就是超额利润逐渐从极性分布走向均匀分布，也就是利润平均化的过程。对于孤立的生态系统，创新带来的价值会随着时间变化达到平衡状态，因此数字经济的发展要通过不断创新维持超额利润，以抵抗类似熵增的创新扩散现象。

（2）经济系统的宏观信息转化为微观信息时，会由于随机扰动导致耗散，因此市场价格信号转化为消费者或者生产者的经济行为时，不可避免地也会遇到这种情况。因此，在数字经济生态系统设计时，要考虑到经济系统的信号的信息耗散情况，并对这种价格信号的偏差与货币之间的关系做出一些制度安排，防止整个生态系统的失效。

（3）自组织理论对数字经济生态中的DAO的建构来说，最大的启发在于通过宏观手段调整子系统之间协同作用的过程，本质上就是一个随着时间不断演变的震荡的生态，也就是无序到有序的负熵流的形成。而这种从混沌到有序的过程，就是从微观经济到宏观经济研究的基本逻辑。因此，建立一种基于耗散结构理论的微观经济学的研究思想来理解数字经济学的研究方法，不仅建立了一种不同于传统的牛顿式机械结构模型的经济理论，同时也统一了微观和宏观的经济学研究的框架。

总结一下，本节通过对经济学研究过程中，物理学上的范式转换对经济学范式的影响，来理解经济学的范式转换的逻辑。不确定世界中需要新的范式来理解经济学，而这个理论的基础就在于普里高津所提出来的关于自组织和耗散结构的理论研究中。由于本书中的内容所涉及的范围较广，因此没有对这部分内容在具体的经济学原理中进行深入分析。

我们会在未来关于数字经济资本论以及数字经济的制度经济学研究过程中去深入探讨这部分的内容。数字经济学是一门刚创立的学科，因此需要吸收不同领域的知识来构建整个理论的生态，与此同时基于实践成果进行不断地迭代和演化，这才有可能建立起对数字经济领域理解的经济学的大厦。

值得注意的是，奥派、复杂经济学以及本节提到的基于热力学的演化理论，都在某种程度上是西方演化经济学思想的产物。事实上西方演化经济学也并不是一个单一学科，而是一个在非主流的经济研究领域，由不同经济学思想家构建起来的多个不同的经济学流派。除了本书已经介绍的几种外，还有演化经济学中的制度学派、新熊彼特学派、生态学派等，它们都属于演化经济学中重要的发展分支，而它们的核心就是基于自然演化的思想构建起来的。

事实上，不仅仅是经济学，自然秩序和人类文明秩序都在不断演化，技术和创新范式层出不穷。正如达尔文在《物种起源》的最后提到："生命以此观之，何其壮哉，最初生命的几丝力量被吹入了几种（或一种）生命的形态之中；同时这颗行星依照固有的万有引力运转不停，从这样一个简单的开端，演化出了无穷无尽的、最美丽和最奇异的生命形式，并且这一过程仍在继续。"因此，我也会孜孜不倦地探索数字经济学的研究边界，穷尽所能地完善这个学科的奠基工作，也希望更多的读者和学者们加入其中，将这门学科作为理解世界和研究世界的基础方法论。我们的目标就是通过不断的知识探索来帮助每个个体获得更大的认知边界和更大的自由。正如《共产党宣言》中所说，"每个人的自由发展是一切人的自由发展的条件。"这是我作为从事学术研究的工作者和对人类文明底层逻辑进行思考的思想者的初衷。

在全书的最后，我想对这本书的构思逻辑和理论体系做最后的说明。

作为数字经济学领域的奠基之作,我们并没有在本书中采用一种系统和繁复的常规写作方式,去构建一整套数字经济学的新概念、新理论和新范式,而是通过对数字经济学领域以互联网为核心的新经济现象的分析,以及对以区块链技术为代表的新的技术现象的经济学原理的研究,将不同的经济学思想放在其中进行剖析和研究。采用这样的方式的缘由不仅仅是因为新技术带来的新经济学现象,更重要的原因是我尝试着在构建过程中去解构。也就是说不是一下子割裂了新经济现象与传统经济学理论研究之间的联系,而是在解决和研究新问题的过程中,通过对传统经济学的研究以及新的经济思想引入,逐步建立起数字经济学这一理论大厦,这也是演化思想对我的影响。